和雅教育的文化建构和实践

罗锐 付祥／著

东北师范大学出版社
长 春

图书在版编目（CIP）数据

和雅教育的文化建构和实践 / 罗锐，付祥著. — 长春：东北师范大学出版社，2021.6
ISBN 978-7-5681-7592-0

Ⅰ. ①和… Ⅱ. ①罗… ②付… Ⅲ. ①小学教育－教育研究 Ⅳ. ①G622.0

中国版本图书馆CIP数据核字（2021）第113392号

□责任编辑：石　斌　　□封面设计：言之凿
□责任校对：刘彦妮　张小娅　□责任印制：许　冰

东北师范大学出版社出版发行
长春净月经济开发区金宝街 118 号（邮政编码：130117）
电话：0431-84568115
网址：http：//www.nenup.com
北京言之凿文化发展有限公司设计部制版
北京政采印刷服务有限公司印装
北京市中关村科技园区通州园金桥科技产业基地环科中路 17 号（邮编：101102）
2021年6月第1版　2021年8月第1次印刷
幅面尺寸：170mm × 240mm　印张：17　字数：275千

定价：45.00元

序 言
PREFACE

和风雅韵润人生

我是在第一个教师节那年考上师范学校的，在师范学校学习的3年时间里，教师是人类灵魂的工程师，教师是太阳底下最光辉的职业，教师是园丁，是春蚕，是照亮他人燃烧自己的蜡烛……诸多赞美之词，激发年少的我把做一名好教师作为人生追求。那么，什么样的教师才是好教师呢？对此我的认识和体会是渐进的。

一、好教师要有崇高的理想信念和扎实的文化知识

师范3年，我们主要接受三个方面的教育与修炼：

一是教育理想与人生观的修炼。我在小学和初中遇到两位好老师，他们在课堂上精准而有趣的讲解，精美而秀气的板书，使我不仅为他们的教学技艺所折服，更向往长大后自己也成为他们。怀揣着这份梦想，我进入师范的校园。师范的学习与生活让我对教育满怀憧憬。憧憬之余，我也渐渐地理解了教育的真谛：做一名教师，除了需要有极大的热情，还要有十分的努力与无私的奉献。

二是文化知识和专业知识的丰富。“师者，所以传道受业解惑也。”要想实现这一目标，知识的积累必不可少。我徜徉在知识的海洋里，文学的、历史的、科学的……一道道丰富的精神大餐展现在眼前，让我由一个无知少年成长为“有识之士”。虽称不上“满腹书香”，但也渐渐有了“气自华”的朦胧感。要想成为一名合格的教师，教育理论知识的学习更是重中之重。心理学、教育学等科目，初学起来生涩难懂，却拉近了我与学生的距离；各

科的教育教学方法，虽没有实践的体验，却缩短了我与课堂的距离。3年的学习给予我步入教坛的信心。

三是基本素养与能力的提升。字，犹如人的另一张脸面。一支支钢笔，见证了我硬笔书法的点滴进步；一张张宣纸，见证了我毛笔字的飞速提升；一块块黑板，见证了我粉笔字的得心应手；一次次课前5分钟的学习内容复述和每天晚自习的读报演讲，让原本有些木讷的我也能在讲台上侃侃而谈；一本几乎翻烂的字典，见证了我普通话的字正腔圆。篮球场上有我矫健的身姿，钢琴室里有我优雅的身影，画室里有我专注的笔迹……不知不觉中，我爱上了师范的一切，这一切让我对未来的教师生活充满了无限向往。

“学高为师，身正为范！”师范的校训伴随我慢慢实现自己的教育理想。

二、好教师要有良好的职业修养和扎实的教学基本功

从1988年工作开始的前10年，我对教师工作的认识和体会经历了两个阶段：一是工作后前5年的入门阶段。这时的我认为，能把每一节课的教学目标达成，把教学内容讲完就是一位好教师。所以这段时间我自己钻研课堂教学，主动听老教师的课，不断学习上好课的经验。二是工作后第二个5年的经验提升阶段。随着工作时间的增长，渐渐地，我觉得好教师应该用学生喜欢的方法，教他们感兴趣的知识。于是我积极参加学校教研活动，自觉阅读教研杂志，主动争取在学校的各种教研活动中执教公开课的机会。在上课、说课、评课等教学研究活动中，我对教材的深度钻研，对教学内容、重点难点的把握，对教学过程的把控等教学能力逐渐增强。从1994年起我多次参加县教学比赛并获奖：1996年获淮安市首届青年教师“上课、说课、评课”比赛一等奖（前三名）；1997年获连云港市教学基本功大赛二等奖，同年提前两年破格晋升为小学高级教师。这几年的历程让我深深体会到，教师扎实的教学基本功应该包含教材钻研水平、教学设计能力、课堂教学过程组织能力、课堂教学现场的演绎能力。

工作进入第二个10年。在作为县骨干教师多次参加省级以上各类教学研讨活动的观摩学习过程中，我对教师职业的认识也进入了一个新的阶段。我认真反思前10年的工作，认识到好教师不但要教学生学习，更要教学生做人，好教师要用普爱之心做有艺术的教学。这10年是我在灌南县实验小学连续执教毕业班的10年，也是步入做教务主任和教学副校长等教学管理岗位的

10年。课堂上，我用生动的方法、幽默的语言、精确的类比、精准的讲解，让学生轻松愉悦地学习知识。我更注重学生的学习主体地位，我平视每一个学生，我关注每一个细节，我与每一个学生建立独特的朋友关系，许多学生不仅在学校时就和我是朋友，更是在以后的学习乃至成人后还与我保持长期的朋友关系，保持经常性的联系。我认为，有艺术的教学不在于多花哨的教学方法，而在于“爱”字，像爱自己亲人一样爱每一个学生，看他们的优点，找他们的长处，陪伴他们在阳光下成长，焕发他们的快乐因子，激发他们的内在潜能。

三、好校长要有弥久的教育情怀和果敢的责任担当

2011年8月，我通过竞聘成为灌南县长江路小学首任校长。从参加竞聘演讲那一刻起我就在思考：怎样做一名好校长？如何带领全校教师做一名好教师？一名好教师如何培养一批好学生？在竞聘演讲时我提出设想——以“文化立校”为理念，以“注重文化引领，突出人文熏陶，立足特色强校”为发展思路，通过开展读书、校本研修、教学竞赛等活动着力培养“深厚的文化底蕴、扎实的专业技能、高超的教育艺术和高尚的道德品质”四种素质，凭借高素质的教师队伍实现学校的文化特色建设，打造特色品牌，并提出从“建设精神文化引领学校发展，建设环境文化提高育人品位，建设管理文化促进师生发展，建设课程文化实施素质教育”四个方面办有文化内涵的学校。

在长江路小学校长岗位上的6年多时间里，我更是从文化的层面、课程的高度、课堂的视角深入思考学校教育文化的整体构建，提出了和雅教育的文化理念。学校文化要追根溯源，更要扎根现实，和雅教育应运而生。“和”是和合，是适应，就是要寻找适合的教育，适合中国的文化传统、适合学生的成长、适合教师的教学、适合教育的内在规律。“雅”是素质的体现，雅追求的是中华文明的传承，传承经典文化、传承中国智慧、传承中华美德，让学校各个角落和每个细节都充盈文化的花香，让学生的所有行为和每个师生都浸染文化的气息。于是在这6年多的学校管理中，我们围绕和雅教育文化开展学校的常态工作、课程开发和特色项目的打造，积累了一些办学经验，获得了一定的办学成效，形成了一定的办学品牌。长江路小学的办学品质已牢牢地贴上“和雅”这一特色标签。我们主要从“物行”与“人群”两个维度丰富和雅教育的内涵。

“物行”维度即学校管理与教育教学中的物质文化与行为文化，应努力做好四项工作。

“和合优雅”的环境育人文化：追求办像公园一样的学校，努力营造“和雅温馨、清雅有序、典雅大方”的学校自然环境，全力打造“和爱谦谨、求真向善、书香醇美”的和雅校园环境。

“和善顺雅”的管理育人文化：追求做如相处一样的管理，创新和善顺雅、和合竞雅、和真信雅的管理机制，让学校管理时时焕发和谐的人文关怀。

“和美博雅”课程的育人文化：聚焦核心素养，尊重个性特长，开发和美博雅课程，多元、趣味、自助让学生每一项学习行为及和雅教育的文化建构和实践都饱含和雅文化的内涵。

“和真慧雅”的课堂育人文化：立足自然本真，紧扣关键能力，开启慧雅课堂，自由、自主、自觉让课堂上每一个行为都充满创生智慧与协作共进的育人功能。

“人群”维度的文化主要指“物行”文化实施与受益的主体。在这四项工作过程中，依据教师的主导促进学生主体作用的充分发挥，即抓好两类“人群”的文化建设。

“和爱儒雅”的教师文化：做像孔子一样有爱心、耐心和细心的教师，倾力成就具有“和爱的友善之心、宽雅的爱生胸怀、和合的团队精神、博雅的教育知能、和乐的职业情愫、邃雅的教学艺术”的和雅教师。

“和乐高雅”的学生文化：做像君子一样有信心、恒心和责任心的学生，努力成为“举止谦和优雅、谈吐醇和温雅、品德崇和敦雅、气质贤和儒雅、内涵宽和博雅、学识悦和慧雅”的和雅少年。

在陪伴长江路小学发展的7年多时间里，我感受到学校是传授知识、传播文化、传承文明的场所，办好一所学校应该用恰当的文化理念引领教育，用多元的课程内容引领教学，用合适的教学方式引领学习。“做有品质追求的教师，办有文化品位的学校，用有思想主张的教学，做有课程意蕴的教育，育有文明素养的学生”这五件事应该是每一所学校、每一位好校长、每一位好教师终身的教育追求。

罗 锐

2021年2月20日

目 录

CONTENTS

上篇

和雅教育文化解读

第一节　理念释义

【核心理念】

和·雅。

1. 和

《论语·子路》："君子和而不同，小人同而不和。"长江路小学核心理念"和·雅"取"和而不同"之"和"，蕴含以下四个方面的内容：第一，中和之道，孔子谓之"中庸"，"中者，天下之正道；庸者，天下之定理"体现的是一种和谐、祥和之态；第二，体现多样性的统一与均衡以及海纳百川的包容性；第三，尚和而不盲从，具有自己独特的见解，在文化立场上则体现出刚健守正的固本精神；第四，在精神层面表现为一种生生不息的创造性。"和"之意义与精神为灌南县长江路小学学校环境建设与文化建设指明了方向和路径。

2. 雅

《荀子·荣辱》："君子安雅"，注为"正而有美德者谓之雅"。由"君子和而不同"延伸出的君子风范则体现为"雅"。"雅"是一种气质，一种品位，一种胸怀，追求的是一种抱负，一种理想，一种情怀。梅之骨、兰之风、竹之节、菊之气，君子皆有之。长江路小学以"和"为基点，由"和"而生"雅"，由"雅"而促"和"，这与追求正义、追求真善的教育使命一脉相承，"雅"使教育获得了形态美与内在美的统一。

3. 和雅

《宋书·殷琰传》："琰性和雅静素，寡嗜欲。"和雅在这里是指人温和文雅；北齐卢思道《辽阳山寺愿文》："洞穴条风，生和雅之曲；圆珠积水，流清妙之音。"其中的"和雅"二字则体现了乐曲声调的和谐雅正；清朝陈廷焯《白雨斋词话》卷三：“丁飞涛亦工为艳词，较周冰持为和雅。”其中的和雅意指诗词的风格和平雅正。由此看来，和雅无论是指向人，还是指向物，都体现了一种纯净之美、高洁之美，它都会令人敬仰之，向往之。长江路小学以“和”为径，伴之以“雅”，和而不同，和合而进，先合而后融，融合而至和谐，和谐而至神韵，神韵升华而至雅。和雅是一种愿景，一种过程，一种状态，一种境界。

【基本理念】

校训：襟怀和雅，力行勤创。

1. 襟怀和雅

《旧唐书·文苑传中·贺知章》：“贺知章，器识夷淡，襟怀和雅，神清志逸。”“襟怀和雅”是长江路小学对师生提出的整体要求。它要求师生以和雅为行为规范与言说准则，时刻铭记自己作为现代公民的职责与担当。唯有襟怀，才能视域开阔；唯有和雅，才能成就和雅人生。长江路小学以“襟怀和雅”为校训，为打造和合共济、雅致和谐的校园文化奠定了发展的基调。

2. 力行勤创

长江路小学作为一所新建学校，犹如一张洁白的纸张。正是在这样一个无所羁绊的场域中，却孕育着长江路小学美好的发展愿景。前景是值得期待的，而路途则是曲折的，它需要全体师生努力实践，竭力而行，勤于探索，勇于创新。而提出“力行勤创”正是对长江路小学全体师生的共同要求与行为准则，也是长江路小学通往和雅大道的理性思考与路径选择。唯有“力行”，长江路小学才能实现跨越式发展；唯有“勤创”，才能成就长江路小学的发展理想。

校风：和诚谦雅，求真向善。

1. 和诚谦雅

清代袁枚《随园诗话》卷十：“先生（指邹泰和）戊戌翰林，和雅谦谨。”和雅即为温和文雅，“谦谨”即为谦和谨慎。长江路小学师生浸润在和雅的校园氛围中，长此以往，便生成了和雅的气质，因和雅而谦诚，因谦诚而君子。校园成为有声望的和雅学校，教师成为有才华的儒雅教师，学生成为有才能的文雅学子。“和诚谦雅”体现了长江路小学师生一种和雅的人文气质，一种谦谨的精神风貌。

2. 求真向善

教书育人是教育发展的使命。教书意为引导学生求真，通过知识的学习丰盈学生对世界的认识，进而实现改造世界的目的，是为“求真”；育人，意为关乎人性的发展，教育的灵性在于关乎人性，教育的人性假设在于实现人性的本善，是为“向善”。长江路小学立足于知识传播与传承，蕴含中国古典文化的微言大义，将传统的儒家思想与现代学校理念完美地融合在一起，完成了一次学校文化的升华。“求真向善”的教育理念践履至教育的灵性，合乎教育的本真。

教风：和爱儒雅，实践创生。

1. 和爱儒雅

“人心齐，泰山移。”通过教师的和谐共处、合作共进形成发展共同体，有利于教师团队凝聚力的生成、教学科研氛围的塑造。和谐的师生关系则有利于融合教师文化与学生文化，促进教育教学工作的有效开展。

有爱才为教育，爱生就是用自己的爱心浇灌学生的成长，用语言播种，用粉笔耕耘，用汗水浇灌，用心血滋润；用智慧启迪智慧，用心灵感动心灵，用师表潜移人性，用人格默化人格。爱生如己，教生如子，待生如友，将爱心、耐心、关心注入学生心田，在教与爱中与学生共同成长。

2. 实践创生

在实践中创生课程，在实践中创生知识，在实践中创生智慧。在创造性的研究和实践过程中，点燃学生生命探索的欲望，开发学生创造的潜能，实现自己的生命价值，享受过程本身带来的自身生命力焕发的欢乐。实践创生是教师生命所在，是教育科研的生命所在。教师不再是课程的依附者，而是应当积极参与课程、创生课程，以至达到领导课程，在课程实践的过程中彰显自己的课程主张与课程意识。

学风：和乐文雅，勤学善思。

1. 和乐文雅

和乐，祥和快乐，和睦欢乐，和睦安乐之意。《诗经·小雅·鹿鸣》：“鼓瑟鼓琴，和乐且湛。”《汉书·董仲舒传》：“百姓和乐，政事宣昭。”文雅，谓温和有礼貌。温文尔雅，讲礼仪而不粗鄙，也指文教、文才、文士等。中国素有礼仪之邦之美名，《大戴礼记·保傅》：“答远方诸侯，不知文雅之辞。”《东观汉记·蒋迭传》：“久在台阁，文雅通达，明故事。”由此可见，文雅讲礼仪早已被古人所重视与推崇。和乐文雅是和雅教育的目标之一，也是和雅教育的重要体现之一，体现了学生的道德风范。

2. 勤学善思

《论语·雍也》：“子曰：‘知之者不如好之者，好之者不如乐之者。’”因此，乐学应是学校首要倡导的学习理念，成为校园学习文化的风向标，引领现代学习理念。《论语·为政》：“子曰：‘学而不思则罔，思而不学则殆。’”这句话阐释了学与思的关系，提出了“善思”的思想。善思既是对学习内容的一种内化，也是对学习结果的个性化改造。唯有善思，才能将学习内容的来龙去脉条理清晰地呈现于脑海。学思结合，方能领略知识的真谛，内化为自己所学。

校歌：和雅之歌。

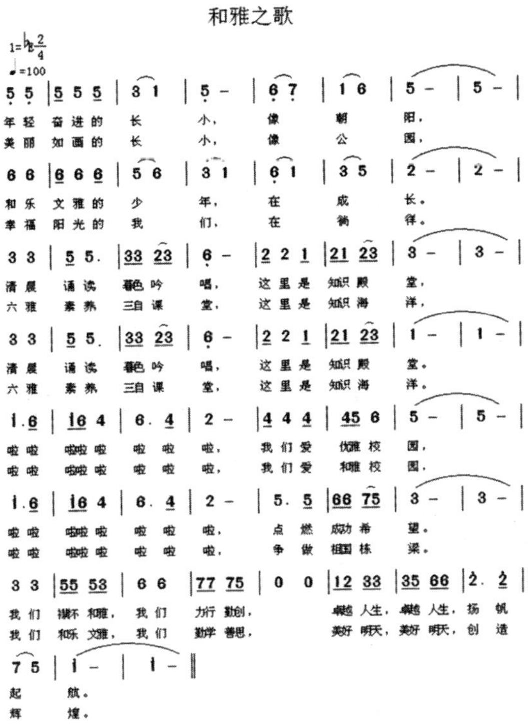

图1-1-1 《和雅之歌》曲谱

学校精神：和合共济，雅行深致。

1. 和合共济

学校的发展需要精神理念的引领，只有教师、学生时刻秉承学校的这种精神，学校发展才能获得充足的动力。长江路小学作为新建学校，更需要师生具有同舟共济、和合而为的精神。“水本无华，相荡乃兴潋滟。石孰有火？互击而闪灵光！”唯有和合共济，才能发挥学校的整体功能，唯有和合共济，才能使学校文化建设走向深远。

2. 雅行深致

“雅行深致”是长江路小学体现出的一种人文风貌。长江路小学以和雅为轴心，不断提升内在精神修养，外显文雅风范，逐步历练为情趣深远之校。“雅行深致”体现了学校对生命的最大尊重和关怀：学校成为培养个体人文精神的殿堂，学生在和雅文化的熏陶下，继承传统精髓，感受时代脉搏，适应社会发展，释放个体能量，发展兴趣爱好，遂成就有才能的文雅学生。

学校形象：书香醇美，雅致和谐。

1. 书香醇美

读书，不仅是一种享受，更是一种幸福。在书籍中品尝文化盛宴，在读书中享受氤氲书香：走进博大精深的书香世界，虚心聆听古圣先哲的谆谆教诲，尽情领略文人墨客的奕奕风采，恣意享受文化知识的阳光雨露，悠然徜徉于智慧的海洋，从而进入一种书香墨韵沁人心脾，文人雅韵油然而生的读书境界。

2. 雅致和谐

漫步于校园，犹如置身于优美典雅的园林：郁郁葱葱的树木，争奇斗艳的花朵，曲径通幽的小径，它们井然有序，充盈着雅致韵调。雅致不仅是一种姿态，更彰显了一种状态——和谐。在自然与人的雅致相处中，人与自然达到了和谐完美的状态。人居其中，变得更加文雅、儒雅与优雅，人与人之间更加宽容、祥和与淡然。

发展愿景：传承经典，厚积学生文化底蕴；追踪前沿，引领教师科研航向；秉承和雅，成就学校特色品牌。

1. 传承经典，厚积学生文化底蕴

中华民族历史源远流长，传统文化博大精深。巍巍中华为和雅文化的建设与发展提供了重要的文化资源与历史借鉴。学校应充分利用传统文化经典，结合学校实际，引领学生读经典、明道理、修雅行，从而厚积学生的文化底蕴，为学生的后发之势奠定坚实的文化基础。

2. 追踪前沿，引领教师科研航向

提高教师的科研能力是引领教师专业成长的核心内容。学校应立足实际，追踪前沿，引领教师的科研航向。学校应借助课题研究强化教师科研意识，通过方法指导培养教师科研能力，通过评价评估激发教师科研兴趣，为教师专业发展提供有力支撑。

3. 秉承和雅，成就学校特色品牌

品牌学校的打造是一个孜孜不倦、长期积淀的过程，是一个持续不断、努力践行的过程，而进行特色品牌的打造更是一个综合各种因素、整体推进的过程。长江路小学提出了和雅的学校文化建设方案，这为学校特色品牌的打造提供了文化框架。学校应在和雅理念的指导下，将和雅精神深入实践，以更先进的教育理念，更科学的教育管理，更务实的工作作风，更具特色的学校建设，牵引学校打造特色品牌。

【办学理念】

办学宗旨：关注教师生存状态，营造学生成长乐园，撑起生命多彩的天空。

学校是师生生命成长的居所。关爱师生，是实现学校可持续发展的重要的保障。关爱师生，生命至上，学校应立足现状，面向未来，实现教师和学生长期、全面、协调发展。关爱教师，即要求学校关注教师的生存状态；而关爱学生，则要求学校为学生营造一个成长的乐园。二者融合为一，即要求学校为生命撑起多彩的天空。

1. 关注教师的生存状态

教师常年坚守在教育的第一线，他们的生存状态直接影响着学生的发展，也对学校发展起着重要的作用。因此，关注教师的生存状态应提到学校发展的日程中来。何谓关注？即为教师生存缓压着想，为教师教学生活着想，为教师专业发展着想，使教师的原有生存状态得到改善与提高，使他们能够真正感受到和雅教育理念所带来的改变。幸福、优雅、超脱、自信应成为和雅教育努力实现的教师生存常态。

2. 营造学生成长的乐园

学校是知识的传播之地，是智慧的生发之地。学生身在其中，能够享受快乐，能够发挥自己的自主性、能动性与创造性，这样的校园氛围才是学校要着力打造的。和雅校园即秉承这一宗旨，以培养学生的学习兴趣为主旨，发挥学生的自主学习能力，营造和雅课堂，让学生在快乐、自主的氛围中获得成长与发展。

3. 撑起生命多彩的天空

每一个生命都是独特的、可贵的，学校应尊重这种可贵与独特，学会热爱生命，善待生命。无论是关注教师的生存状态，还是营造学生成长的乐园，都以生命为基点，使个体的生命能量得到最大释放。作为教书育人之所，理应关怀师生生命质量，在教育实践的过程中，为生命撑起多彩的天空。

培养目标：培养科学精神与人文素养和谐发展的文雅学子。

科学与人文的分离与隔阂由来已久。科学主义的诞生将科学推崇至极，而人文学科的失利使得人文精神跌落低谷。而当代社会的发展则要求科学与人文关系能够重建，做到科学精神与人文精神的真正融合。长江路小学秉承和雅理念，以科学与人文为背景，提出了自己的培养目标，即培养科学素养与人文精神和谐发展的文雅学子，为学校教育目标的具体化提供了典范。

1. 科学精神

科学精神是人们在长期的科学实践活动中形成的共同信念、价值标准和行为规范的总称。科学精神是科学的生命，是科学活动的灵魂。培养学生的科学精神就是要培养学生的创新精神、求实精神、理性精神、实证精神、探究精神、协作精神、民主精神和开放精神。

2. 人文素养

人文素养是一种普遍的人类自我关怀，即“以人为本”，这是人文精神的核心。人文素养表现为对人的尊严、价值与生命的呵护、追求与关切。从某种意义上来说，人之所以是万物之灵，就在于它有人文，有自己独特的精神文化。培养学生的人文素养即培养学生的人本理念、自由精神与人道主义等。

办学特色：团队助推，特色强化，树立“名校”风范；课题引领，校本研修，铸就“名师”风采；慧雅课堂，和雅社团，展现“名学”风姿。

长江路小学作为一所新建小学，将自己的办学特色建立在“三名”之上，提出了“名校、名师、名生”的“三名”办学特色思路，独具一格，引领特色教育发展潮流。

1. 团队助推，特色强化，树立“名校”风范

“名校”风范的树立离不开团队的助推，更离不开特色强化。首先，学校发展离不开学校成员的齐心协力，学校工程化策略的实施、项目的推进离不开团队的支持。因此，打造一个坚实的团队作为学校发展的后盾是长江路小学发展的当务之急。而通过特色强化，开发特色课程，进行特色教育，组建特色教育团队等特色活动则更能使“名校”声名远播。

2. 课题引领，校本研修，打造“名师”风采

“名师”是学校继续前行的智能财富。打造“名师”不仅仅要求教师个体勤学苦练，刻苦钻研，更需要学校为“名师”生成提供成长环境和优越条件。长江路小学以课题引领、校本研修为抓手，结合教师自身的教学实践，培养教师的课程选择、课程调试、课程整合与课程创新能力，为打造“名师”风采提供了外部环境支持。

3. 慧雅课堂，和雅社团，展现“名生”风姿

慧雅课堂是和雅教育理念精华的浓缩。“三自”是慧雅课堂的核心，提倡学生主动参与、勤于探索和勇于实践。“三自”即课前自主预习、课中自主探索、课后自主练习，让学生在和谐、对话、开放、快乐的课堂中探索未知，增长知识。和雅社团则本着和谐发展、共享成长的教育原则，着力打造色彩缤纷的学生课外生活，让每一个参与其中的学生都能感受到成长的快乐。让慧雅走进课堂，让课堂充满人文关怀，让课堂成为师生情感交流的舞台；让和雅走进社团，让社团充满和谐雅致，让社团成为学生生命之花绽放之地。慧雅课堂，和雅社团将课内与课外生活进行串联，共同展现“名生”风姿。

【治校理念】

德育理念：和善敦品，雅德修身。

1. 和善敦品

《周易》：“地势坤，君子以厚德载物。”意思是君子以深厚的德泽育人利物。学校应以崇高的道德、博大精深的学识培育学子成才。“敦品”就是砥砺品德、提升涵养，要求对学生施行品格的塑造，精神的超越，心灵的净化。学校德育应以行导行、以爱育爱、以德育德，在良好的德育氛围中培养学生的道德品质和道德行为。

2. 雅德修身

雅德修身在于引导学生以雅规约，崇尚善行。雅德修身既是一个道德事件，也是一个常规事件，应当将雅行教育贯彻学生发展的始终，从而达到自知、自省、自律、自强的人才培养目标。雅德的最终目的在于修身，以文雅代替粗俗，以儒雅代替愚昧，以优雅代替丑陋，这就是修身。修身在于个体表现为能够独善其身，群体则表现为一种兼济天下的人文情怀。

管理理念：和顺集智，雅而通达。

1. 和顺集智

“和”是长江路小学核心理念的主体，也是其管理理念的核心。长江路小学新建伊始，所有的元素、因素还停留于一种独立的状态，在这种情况下，学校提出“和谐”的理念，其中暗含着一种对新校的期盼：物和、境和、心更和。学校要发展，教育要前行，文化要完善，首要的条件就是打造一个和谐进取的管理团队。和而生顺，顺而集智，方能和谐。

2. 雅而通达

“雅”是长江路小学核心理念的另一重要组成部分。长江路小学在和顺管理的基础上，提出了“雅而通达”的管理理念。和顺集智体现的是一种和谐，和谐的最高境界在于达成“雅”。以“雅”为核心的管理应当是人性化的，趋向专业化的。当管理者将自我定位为思想的领跑者、资源的整合者、创新的实践者、智慧的引领者和人文的践行者并加以努力进取时，就能够实现“雅而通达”的管理境界。

人才理念：敬贤礼士，雅才汇融。

1. 敬贤礼士

《晋书·张轨传》：“实子安逊，学尚明察，敬贤爱士，以秀才为郎中。”礼：以礼相待，尊重；士：古时称有学问的人。意为尊重品德高尚、学识出众的人。长江路小学管理以人为本，以教师幸福为宗旨，敬重有贤之人，礼待学高之士，形成了良好的人才发展机制。

2. 雅才汇融

雅才，指道德思想水平和专业知识水平都达到相当高的境界的人。学校的人力资源管理对优秀人才的选拔要在德行与才能两方面充分考虑，将贤才作为人才培养、人才选拔的标准来执行。长江路小学实施师德工程、教师专业化发展工程和骨干教师队伍建设工程，加强师德建设、师能建设和人才梯队建设，达到扬师德、铸师魂、塑师品、强师能、树师风的目的，也正体现了唯贤是举的理念和精神。

生活理念：和孝义勇，雅趣有信。

1. 和孝义勇

“孝”是中华民族孝敬祖辈、敦风沐浴优良文化的传承。“孝乃德之本”“百善孝为先”。中华传统文化把义与仁并用，作为传统道德的核心内容，提出了“仁义道德”“仁至义尽”“舍生取义”的思想，是作为人应该遵循的最高道义。“勇”就是勇敢果断、徇义不惧、刚健不屈。中国传统文化蕴含的这种自强不息、英勇顽强的刚健精神，是中华民族饱经磨难、历久弥新、愈挫愈勇、愈挫愈奋的不竭动力。长江路小学倡导学生传承中华传统美德，师生共建和谐的校园生活。

2. 雅趣有信

“雅趣”指风雅的意趣，“信”是立身之道、兴业之道、治世之道。诚信求和，诚信是约定俗成的社会交往规则，“以诚待人”“以信取人”“一诺千金”“诚实守信”等传统美德千百年来为人们所推崇并发扬光大。长江路小学积极引导学生做诚信待人、有良好兴趣爱好和生活品位的文雅少年。

第二节　学校发展规划

和爱儒雅育桃李，力行勤创润人生

——灌南县长江路小学三年发展规划（2011年9月至2014年9月）

教育品牌重要的是教育思想的品牌，一所学校文化的构建重要的是教育思想的构建。我们结合地方文化资源和学校办学特色，广泛调研，多方策划，集思广益，缜密论证，最终提出了和雅的办学理念：和而不同，雅而有致。“和”是和谐，“不同”是个性，“和而不同”是共性与个性的统一；“雅”是文雅、儒雅，是内在涵养与外在气质的统一，旨在使全体师生在和雅的环境中共同经历与成长，成为内涵丰富，气质优雅的人。

灌南县长江路小学是一所公办新建学校，位于灌南县新安镇长江路北侧，周口河风光带东侧。校园占地53360平方米，校舍建筑面积4万平方米，按现代学校标准规划设计。学校设施完备，功能齐全，配有生活服务部、少年宫及各种教育教学辅助用房。2011年9月投入使用，现有一、二年级共12个教学班；有教师35人，其中本科（含在读）30人，小学高级教师28人，市级骨干教师5名，县级骨干教师23名。

一、学校现状

在反思与期盼中守望和雅，守望和雅的阳光。

“和雅”之“和”含“和气、和睦、和顺、和谐”之意，“雅”含“文雅、高雅、美好不俗”之意。和雅意为和谐高雅、和平雅正。和雅体现了时代要求和现代办学理念，我们立足现实，在反思与展望中守望和雅。

1. 学生构成状况需要和雅文化的熏陶

我校处于县城开发区中心，学生有城区的，有当地农民和进城务工子女，属于典型的城乡接合学校。加快城市化进程是社会发展的趋势，作为城乡接合部的我们更是担负着学生文明礼仪教育的重要使命。农村孩子需要具有现代文明礼仪的行为，而城市孩子也需要从农村孩子身上学到吃苦耐劳的精神。城市孩子和农村孩子需要共同成长为知书达理、礼正而博学的社会新人。我们要改变教师、家长、学生传统考试观和人才观的看法，“礼正而博学”，让学生在学习文化知识的同时能做到儒雅知礼，诚实诚信。

2. 学校未来发展呼唤和雅文化的引领

其一，我校校名中蕴含着和雅文化，长江是中华民族的母亲河，源远流长，纳百川以入海，兼容，厚德，精深。长江取百川之泽，或激流汹涌，或风光绮丽，“和”使之胸怀博大，能纳众之长，“雅”使之千里绵延，能奔腾不息。

其二，学校初建于2009年，初期依托实验小学品牌，以新区实验小学分校的运作模式，借校舍招收一年级4个班，在第一代长江路小学全体教师的努力下，学校已经步入正常发展的轨道。由于学校刚刚组建，在办学理念、目标追求、领导层的思想、师资队伍的团队意识、教育教学质量、教育教学策略和现代化管理水平等方面还没有形成成熟的体系，与时代发展和社会要求还有较大差距，因此，需要以“和”的理念团结教师队伍，以“雅”的理念助推教师专业成长。

二、指导思想

在追溯与跨越中把握和雅，把握和雅的核心。

我们把和雅作为学校教育文化的核心，追求干群之间的和谐互敬、教师之间的和谐互学、学生之间的和谐互助、师生之间的和谐互动、人与环境之间的和谐共生。

1. 追溯传统文化中的和雅文化

“和”是中华传统文化的精髓，“和”的理念是“和而不同”，孔子说：“君子和而不同，小人同而不和。”“和而不同”追求内在的和谐统一，而不是表象上的相同和一致，“和”的精神是以承认事物的差异性、多样性为前提的，是对多样性的坚守，不同事物或因素之间的并存与交融，相成相济，互动互补，使万物生生不息。“和”表达出和睦、和谐、和平、平和等思想观念。

2. 思索当代中国的和雅文化

树立科学发展观和构建社会主义和谐社会，是以胡锦涛为总书记的党中央在十六大报告的基础上提出的我国经济社会发展的新的战略指导思想。做出构建社会主义和谐社会的重大决策，并把人与自然和谐相处作为社会主义和谐社会的基本特征，体现了我们党对当今世界课题和时代潮流的深刻洞察和准确把握。

3. 反思我校发展理念中的和雅文化

立足我校现状，探索健全的现代学校管理制度，坚持依法办学、依法治校、依法执教，提高办学品位，力求内涵发展，坚持以教育教学为中心，以德育为首位，智育为重点，培养有才能的“文雅”学生，塑造有才华的“儒雅”教师，创建有声望的和雅学校，三年内把学校建设成为省级示范性窗口学校。

创建和雅学校，包括三个层面：一是建设“和雅温馨、清雅有序、典雅大气”的优雅校园环境；二是塑造具有“宽雅的爱生胸怀、儒雅的教育知能、邃雅的教学方法”的儒雅教师队伍；三是培养“举止文雅、谈吐温雅、内涵博雅、气质贤雅、品德敦雅、学识慧雅”的文雅学生群体。

三、发展目标

我们在奔跑中追逐和雅，追逐和雅的足迹。

1. 总体目标

我校的总体目标是3年内将学校建设为“高质量、有特色”的县内家长向往、市内同行认可、省内享有盛名的高品质学校。我们从三个方面实现：一是建设“和雅温馨、清雅有序、典雅大气”的优雅校园环境；二是塑造具有“宽雅的爱生胸怀，即高尚的道德品质；儒雅的教育知能，即深厚的文化底蕴与扎实的专业技能；邃雅的教学方法，即高超的教育艺术”的儒雅教师队伍；三是培养“举止文雅、谈吐温雅、内涵博雅、气质贤雅、品德敦雅、学识慧雅”的文雅学生群体，使他们成为有现代化理念，会生活、会学习、会工作、会健体，有科学思维能力，肯动手，善思考，勤创造、有民族传统美德，知荣辱，明事理，人格健全，品行高洁的现代雅士。

2. 具体目标

（1）建立一种结构合理、相对稳定的创新型人才培养模式，形成团结、协作、务实、创新、高效的领导班子。

（2）探索开发与培养目标相匹配的课程结构和有特色的校本课程，以“六模块”为基本模式，以“三自课堂”为指导思想，构建高效课堂。

（3）有1~2个市级及以上的教育科研课题，开展有针对性的教育科研，形成浓厚的研究氛围，取得一定的研究成果，教师论文获奖居全县前列。

（4）逐步建立一支素质高、有特长，群体结构合理，具备合作、创新精神的教师队伍。

（4）通过思想教育和行为习惯的养成，促进学生德智体美劳等方面全面发展，人人争做文雅学生，达到举止文雅，礼仪文明，诚实诚信。

（6）加强校园环境建设，创建优美型、学习型、和谐型校园，做到环境净化、绿化和美化，氛围书香化，教育阵地化。

（7）广泛参与社区活动，协调多方面的教育因素，有效整合多种教育资源，形成学校、家庭和社会三结合的育人网络。

（8）充分发挥少年宫的作用，建立少儿体育艺术教育中心，抓好学校体育艺术特长教育工作，突出办学特色。

四、发展策略

在拼搏与奋进中书写和雅，书写和雅的精彩。

总体思路：

（1）围绕一个主题：文化立校，建设书香醇美、和谐优雅的校园。

（2）抓住两个重点：传承经典，接轨现代，夯实文化底蕴，提高学生的综合能力；课题引领，自主研修，探究育人方式，提高教师的教育知能。

（3）打造三个特色：德育主题特色、学科思维特色和生命教育特色。

（4）实现四个追求：培养有才能的文雅学生，塑造有才华的儒雅教师，营建有品位的优雅校园，创建有声望的和雅学校。

（5）实施五大工程：和雅管理文化开发工程、和雅课程文化构建工程、儒雅教师团队文化创建工程、和雅课堂文化建设工程及文雅学生培育工程。

（一）实施和雅管理文化开发工程，创建民主、宽松、和谐的管理环境

学校的目标、使命和信念要形成一定的观念体系、制度形式、物质环

境和行为特征，而制度文化是行为与实践层面的根本保证。我们以“和合共济、雅而通达”的管理理念，实施“以人为本、平等对话、民主参与、真诚沟通”的管理机制，凝聚教师之心，发掘个人潜力，从而达到共谋发展的境界。

1. 精神文化

我们把学校的价值和理念贯彻教育工作的过程与始终，从而形成有内在逻辑联系的命题和标识系统。我们从校训、校风、教风、学风等校园良好文化的建设着手，凝聚核心理念，构建文化体系。我们围绕培养有才能的“文雅”学生，培训有才华的“儒雅”教师，培育有声望的“优雅”学校，3年内把学校建设成为省级示范性窗口学校。我们确立和雅为学校的核心理念，以“襟怀和雅，力行勤创”为校训，以“和诚谦雅，求真向善”为校风，以“和爱儒雅，实践创生”为教风，以“和乐文雅，勤学善思”为学风。我们把富有时代气息的标语、口号、校徽、校歌、班徽、班规、名称等融入学校的文化概念体系和标识系统。

2. 物质文化

我们做好校园“绿化、美化、童化、净化”的整体规划工作，突出“育人”特点，以“雅”文化为主题追求，对学校墙壁和道路赋予文化内涵，实现校园处处皆有教育之功效。我们重视现代化的教育设施设备建设，为师生的发展提供坚实的物质设施和技术装备，使学校的物质文化建设充满人文关怀，体现人文精神。我们对于校园环境建设的定位为“书香醇美，雅致和谐”。

3. 制度文化

我们以和雅文化为核心理念，决策学校的各项管理制度的制定与执行。在制定制度层面，我们坚持从群众中来到群众中去的指导思想，通过召开教职工会议、教师代表会议，充分吸纳广大教职员工的意见；通过召开研讨会，深化对校情、社情的把握，把准制度产生与存在的基石。我们坚持制度的人文性与校情的实际性以及操作的可行性。在执行制度层面，我们本着边试行边完善的指导思想，在实践中调整完善学校的各项规章制度；本着制度的严肃性与执行的人文性相结合，坚持以制度约束人，以激励推动人，以温暖感化人的指导思想，实现制度的保障功能。在规划的实践初期，我们围绕和雅文化打造工程，重点分五个方面进行方案的制订与落实，把教职员工的德能勤绩等融入和雅文化的建设。

4. 行为文化

激发主体需求是管理的最高境界。我们从实施师生自主管理工程入手，培养师生行为文化。我们把塑博大胸怀、拥和爱之心、行文雅之举、谈高雅之语等纳入儒雅教师的打造之列，把学生的“十个素质”和“九个习惯”纳入文雅学生的培养之列；定期开展儒雅教师、文雅学生、和雅班级等评比活动，逐步把师生的行为引领到和雅的目标层面。

（二）实施和雅课程文化构建工程，构建自主、个性、特色的校本课程

我们以“和而不同、雅而有致”为开发理念，坚持基础性课程和拓展性课程相结合，课堂学习与课外学习相结合，学校学习和家庭学习相结合的原则，综合开发德育主题、学科拓展、兴趣小学、经典阅读、快乐英语、阳光体育等课程，为学生提供艺术、科学、综合实践、体育四大类多元课程体系，满足不同水平、不同特长、不同兴趣的学生发展需求。

“和”要求学校教育符合教育发展规律，顺应国家新课程改革，“不同”要求学校有自己独特的办学理念和操作模式，从而达到继承与创新的结合。我们在开齐开足国家规定课程的基础上，进行课程选择、课程调适、课程整合和课程创新。

1. 实施每日“三课”

每日“三课”即晨诵、午临、暮说，围绕学校编写的《灌河听潮》，根据学生的年龄特征，每周选定1～2首必背古诗，开展晨诵活动；以《儿童习字册》为重点，跟进教学进度，适时编写学生汉字书写纸进行补充，开展午临习字活动；为培养学生的语文综合能力，每日下午放学前开展暮说活动。

2. 开展每周“三活动”

每周“三活动”即周一的一周德育主题日教育活动，周三的学生体艺特长展示活动，周四的学生单项技能比赛活动，由学校指定部门实施操作，并在周末进行总结颁奖。

3. 阳光体育运动

我们重视体育工作，保证学生每日活动不少于1小时，利用体育课开展体育技能培训；利用每日下午的“大课间”活动，开展跳绳、跳格、棒操等体育传统游戏；每年开展一届校园体育文化节，培养学生的体育情操与素养。

4. 实施校本课程

我们充分利用当前教育研究成果，开发系列生命课程，把生命教育纳入校本课程体系，建设生命教育基地，开展生命教育实践活动，把课堂与生活紧密结合起来，把学习知识与生命成长紧密结合起来，把当前发展与未来发展紧密结合起来。

（三）实施和雅教师团队创建工程，打造精湛、敬业、和谐的儒雅教师队伍

“和”是教师个人的专业追求与生命成长的和谐发展，是教师、师干之间的人格平等、真诚合作。“不同”是个性的张扬与发展的竞争，最终达到追求个性鲜明与和谐发展相结合。我们以“和而友爱、儒而厚德”为价值追求，通过读书习字、课题研究、课堂模式开发等“教、学、研”一体的自主发展活动，促进教师专业发展，着力培养具有“深厚的文化底蕴、扎实的专业技能、高超的教育艺术和高尚的道德品质”的高素质师资队伍。

（1）教师的专业成长要靠内在动力与外在压力的完美结合，形成发展的内驱力，是教师专业成长最有效的策略。①把教学当作校本研修的基点。我们开展以课例为载体或以问题为核心的专题研讨。学期初由教研组拟出研究主题，在活动中，教师根据主题开展研究，共同备课、听课、评课，并进行广泛的互动。②让学习成为校本研修的关键。学习是教师完善自身修养、提升理论水平、转变教育观念和优化教学形式的重要途径，现代学校尤其需要有自主学习习惯的教师。我们把“创建书香校园，成就书香教师”作为目标，开展“名师课堂”“阅读工程”“外派学习”等多种形式的教师学习活动。③用研究凝聚校本研修的核心。我们基于自身发展需求，大力进行校本研究，为教师专业成长提供沃土和不尽的源泉。教师每个人都是一粒火种，通过彼此碰撞，能够闪出耀眼的光芒。

（2）提高教师的科研能力是引领教师专业成长工程的核心内容，是引导教师由经验型教师向科研型教师转变的关键。①借助课题研究强化科研意识。提高教师科研水平需要让教师融入课题研究，亲自去体验，才能在研究中发现问题、解决问题，在研究中锻炼能力。因此，我们结合课题研究内容制订实施计划，使教师从被动参与转变成主动参与。②借助方法指导培养教师的科研能力。科研课题的研究重在过程，量的积累在于过程，质的飞跃来源于过程。从对教师的科研能力的培养上来看，必须给予相应的方法指导。

③借助评价展示激发教师科研兴趣。学校通过各种方式和手段激发教师的研究兴趣，对教师的激励性评价、提供展示舞台都是不可或缺的方法：开展科研档案积累评价展示、课题渗透课评价展示、论文评比等活动，展示教师研究过程资料、录像资料等，并为教师提供参考书籍、提供指导、提供印刷等各项服务，并随时对教师科研动态给予分析鼓励。

（3）积极搭建平台，营造教师专业学习的良好环境有利于促进教师成长。我们充分利用现有条件，挖掘有利资源，为教师专业素养提升创造条件。①“读书怡情”让教师走进书香；②“写字养心”带教师走进墨香；③“课堂求精”引教师谋求高效；④“科研升品”促教师提升素养；⑤“施教以爱”使教师播爱从教。

（四）实施和雅课堂文化建设工程，建设宽松、平等、发展的书香课堂

“和而不同”要求面向全体，尊重个体差异。在教学过程中，“和”是共性，“不同”是个性。我们倡导先学后教，培养学生收集和处理信息的能力，获取新知识的能力，分析和解决问题的能力，以及交流与合作的能力，拓展学生学习时空、培养学生自主学习习惯和能力，努力使学生能够做到：课前自主预习，自觉预览教材内容，初步感知新学内容；课堂自主参与学习活动，能做到“听讲时主动投入，聚精会神，有效率；思考时深入细致，有层次，思路敏捷；交流时清晰明了，有条理，彬彬有礼；活动时安全文明，有秩序，生龙活虎”；课后自觉实践，引导学生将学习的新知识、新方法主动地用于学习实践，独立完成记忆性、应用性、操作性的作业，提高应用能力和实践能力。

1. 创设愉悦、民主、开放的课堂

在课堂上，教师要善于通过各种手段和方法创设一个互相尊重、理解和宽容的课堂学习环境，使学生对教师产生亲近感，即情感上的安全感和心理上的轻松感。这样每一个学生的潜能才会得到淋漓尽致的发挥。教师要让“爱”充盈课堂，爱每一个学生，细心呵护每一颗幼小的心灵，用自己的快乐为学生打造一个快乐的家园。

2. 创设激发兴趣的课堂

教师的责任在于以丰富的教育经验、智慧和教育艺术来培养和激发学生潜在的学习兴趣，使之处于“激活”状态，从而爆发出强烈的学习动机。教师的责任不仅在传授知识，还在于激励、唤醒和鼓舞学生。因此，在教学中教师要结合所教学科内容，激发学生学习兴趣，善于抓住教学内容，巧设导语或问题或联系生活的课堂活动，来激发他们的学习兴趣。

3. 创设平常、实在的课堂

课前的准备有利于学生的学习，但课堂有它独特的价值，这个价值就在于它有自由的空间，这个空间需要有思维的碰撞、相应的讨论，最后在这个过程中师生相互生成许多新的东西。所以教师要做到上的课是平实的课，即平平常常、实实在在的课。

4. 创设成功、高效的课堂

教师的关注不仅是关注学生的现在，更是关注学生的明天、学生的未来。所以在教学中，教师要因材施教，根据不同学生的智力水平，设计不同的问题，这样不同的学生才会在各自原有的水平上有所发展，有所提高。教师要重视培养学生的学习能力，做到先学后教，合作探究；重视课前预习指导，课中自学引导，以学定教，上有针对性的课；追求课堂效率，让每个学生在每节课都能有收获，有发展。

（五）实施“文雅”学生培育工程，培养优秀、高雅、个性的文雅少年

和雅是教育的目标与过程，也是一种教育方法。和雅教育就是倡导以“和”培“和”，以“雅”育“雅”，让儒雅的教师走进课堂，在和谐的氛围中与学生平等对话，共同分享对知识、对人生的领悟，最终培养出知书达礼、和谐发展的文雅学生。教师要以“和而礼正、雅而灵动”的育人理念，培养有理想、有文化、有道德、有纪律的四有新人，使学生形成“每时每刻都热爱运动，随时随地都喜欢读书，无论什么情况下都能快乐地享受生活，正确地迎接成功，坦然地面对挫折、坎坷甚至失败”的积极健康的人生观。

1 .培养学生“十个素质”

“十个素质”是一流好品德（“六爱”育德：国、党、家乡、父母、同胞、自然）、一股好精神（创新精神）、一种好能力（社会实践、实际动手、自理能力）、一副好口才、一门好才艺、一身好体魄、一手好书法、一方好人气（沟通、交际、分享和协作能力，能够融入群体、社会）、一个好成绩、一生好习惯（学习、生活、行为和思维习惯）。

2. 培养学生“九个习惯”

“九个习惯”是讲礼貌、讲公德、守时间、爱清洁、做家务、爱运动、好读书、好思考、记日记。

3. 强化学生“六雅素养”的培养

“六雅素养”是：雅行雅范，走雅步，举止文雅；雅谈雅音，说雅言，谈吐温雅；雅咏雅诵，读雅文，内涵博雅；雅趣雅志，养雅好，气质贤雅；雅度雅怀，炼雅德，品德敦雅；雅学雅思，成雅才，学识慧雅。

五、工作举措

踩踏和雅的节奏。

（一）2011—2012学年

1. 教师发展

（1）加强师德教育。通过教工大会、专家讲座、学术报告等形式，引领教师学习和雅文化，转变教育观念。

（2）指导中青年教师制订个人发展计划，并启动实施计划。学校开始进行“教师发展档案袋”第一年实施、检查、评价。

（3）构建激励机制，开展校级和雅教师、和雅班主任、和雅搭班教师评比工作。

（4）以和雅理念构建课堂，完善学校课堂教学管理流程的标准和要求，明确并履行相关管理人员的职责。

（5）明确各部门的管理目标和任务，积极推进学校各条线的实施和评价反馈工作。

2. 学生发展

（1）加强民族精神教育和公民道德思想建设，注重并加强学生行为规范教育。

（2）开展多种形式的校级“和雅少年”评比活动，培养积极向上的学风和校风。

（3）积极落实好课堂教学常规，培养学生学会倾听、思考，积极表达的良好习惯。

3. 课程教学

（1）充分利用校外教育资源，丰富学校拓展性课程的实施内容。（如聘请校外专业教师等）

（2）积极深化草根化校本研究，通过组内教研课、校内公开课、县内示范课等激发教师研究教学的热情。

（3）加强课堂常规管理，采用推门式听课、跟进式听课等调研形式诊断教师教学情况。

（4）启动“牵手工程”，通过“青蓝手拉手结对”活动，充分发挥骨干教师的示范辐射作用，实现全体教师共同发展。

4. 教育科研

（1）以和雅文化为研究核心，确定校级主课题研究方向，拟订课题申报切入口。

（2）加强课题过程管理，课题组进入实质性研究，依据课题规划的组织实施，加强对各子课题的指导，调控。

（2）新课题申报立项。收集资料，制订新课题方案，成立课题研究领导组织机构，做好教师的思想政治工作。

5. 校园文化

（1）加强制度建设，完善各项管理制度，促进校园和雅文化的宣传和学习。

（2）实施标准化管理，以部门工作为平台，以教育服务为宗旨，制定各部门工作及管理流程标准。

（3）启动校园文化建设工程，以绿化、亮化、美化为宗旨，确立校园文化主题及建设思路，完成规划并实施主体性工程，为和雅校园做铺垫。

（二）2012—2013学年

1. 教师发展

（1）学校管理层队伍积极反思管理推进过程中的制度设计并做出调整，发展优势，弥补不足，在实践中提高管理水平。

（2）继续加强相关教学管理责任人管理课堂教学的力度，深入推进以“三自”为核心的和雅课堂建设。

（3）实施教师成长计划，中青年教师按个人发展规划，开始进行“教师发展档案袋”第二年实施、检查、评价。

（4）结合课堂教学改革，探索并形成以和雅课堂为理念的校本课堂模式，提升课堂教学效率。

（5）开展第二届校级和雅教师、和雅班主任、和雅搭班教师评比活动。

2. 学生发展

（1）以民族精神教育为主题，通过中队主题会开展爱国主义、集体主义教育，培养学生的综合实践能力。

（2）加强学生的良好习惯养成教育，学生课堂行为习惯有所转变和提高。

（3）加强学生的生活能力与交往能力培养，学生能文明、自主地安排自己的课余生活。

（4）继续加强学生的公德意识和社会文明行为的教育与培养，引领学生做气质高雅的人。

3. 课程教学

（1）继续深化校本教研活动，各教研组采用多人一课、同课异构的模式，在“研”字上下功夫，提升教研活动的质量。

（2）继续抓好课堂教学改革，重视课堂与生活实践相结合，着重落实学生对基础知识的掌握和基本能力的提高。

（3）结合学校发展实际，有针对性地补充和发展课程资源。在和雅文化拓展的基础上，梳理和总结有关课程。在科普、艺术类拓展课项目中逐渐形成亮点。

4. 教育科研

（1）加强对和雅文化各科研课题的指导，并按各科研课题的进度做好中期的管理与鉴定工作。

（2）继续开展课题研究，通过邀请专家指导等形式，完善校主课题的研究工作。

（3）继续深化子课题研究，进入主课题阶段性汇报、子课题终结性汇报阶段。

5. 校园文化

（1）完善各项管理制度，构建一整套以和雅为核心的学校管理制度文化。

（2）实施标准化管理，以目标管理为核心，细化流程管理，构建完整的校园管理文化。

（3）实施校园文化建设工程，实现绿化、亮化、美化，按照校园文化主题及建设思路，基本完成规划工程，和雅校园初见端倪。

（三）2013—2014学年

1. 教师发展

（1）形成各部门、各条线目标责任体系，管理人员各司其职，形成稳定的、科学合理的和雅学校管理运行机制。

（2）开展学校第三届校级和雅教师、和雅班主任、和雅搭班教师评比活动。

（3）实施教师成长计划，中青年教师按个人发展规划开始进行“教师发展档案袋”第三年实施、检查、评价。

（4）结合教师队伍建设计划，全面总结3年内教师专业成长经验，形成骨干引领、全面跟上、争相超越的发展势头。

2. 学生发展

（1）品行优良，在课堂上表现为文明、自信、自律、积极，形成积极、良好的社会公德与道德行为。

（2）以个性为基础，以和雅为主题，为未来形成健全、向上的人格打下基础。

（3）以兴趣培养为基础，培养学生的兴趣爱好，使其形成自己的兴趣特长。

3. 课程建设

（1）以草根教研为基础，深入开展各学科教研活动，并在原有教研基础上，形成教师教学研共同体，初步形成一支以业务为基础，以发展为动力，以成长为目标的学习型教师团队。

（2）整合梳理学校艺术、科普、文化类的拓展课，形成以“和文化”“雅文化”为核心的、基本固定的相关拓展型课程。

（3）整合社会和社区资源，形成基本固定的科普教育基地等校外的大课程资源。

（4）利用互联网和现代信息技术手段收集处理信息，进一步提高驾驭课堂和信息处理的能力。

4. 教育科研

（1）进行课题结题准备工作，整理资料，归纳、综合、梳理各子课题结题论文及课题研究总报告。

（2）总结研究成果，推荐论文发表、参评，总结课题研究中的成绩与不足，进行评价和整改完善。

（3）做好新课题立项准备工作。

5. 校园文化

（1）提升管理品位，以制度建设为手段，构建理论与实践相结合的、科学合理的各项管理制度，形成富有特色的和雅学校管理制度文化。

（2）完成校园文化建设工程，全面实现绿化、亮化、美化，初步建成公园式生态校园。

六、保障机制

深化和雅内涵。

实施既定规划，实现学校跨越式发展，制度是保证，机制是关键。为此，学校将从以下几个方面构建规划实施的保障机制。

（一）组织保障

学校成立以校长为组长的规划管理领导小组，具体实施三年规划的全程管理，各分管领导、处室、教研组具体落实。全员参与是完成规划的可靠保证。管理小组负责本规划的全程实施和管理，努力做到团结协作、分工明确、条块清晰。

（二）制度保障

1. 构建督查机制，加强监督反馈

我们不断完善校内各项规章制度，健全民主管理制度，根据实际情况对本规划不断修订、完善和提高，并对实施过程进行调控和改进。在规划的具体实施阶段，学校规划管理领导小组和各部门做好规划的咨询指导、检查控制和调节平衡工作，及时纠正偏差的管理行为，形成干部接受群众监督的工作机制，齐心协力，保证三年规划的顺利实施。

2. 绩效管理，综合考评

我们及时做好规划各阶段的检查测评工作。我们通过建立一套科学评价标准，对各部门及个体的短期目标行为进行评估，将规划实施情况与绩效考核挂钩，奖勤罚懒，激励全体；对未能完成的规划项目及时分析原因，整改落实，确保三年规划能按序时进度顺利完成。

（三）后勤保障

外延上，我们积极争取县委县政府、县教育局以及社区的大力支持，给予政策和经费上的保障；内涵中，我们创新后勤管理，努力做到后勤工作精细化、信息化、全程化，开源节流，合理配置资源，提高教育经费的使用效益，为学校发展目标的实现提供物质保障。

第三节 理念行动

和雅教育文化开启师生幸福人生

2011—2014年，灌南县长江路小学走过了3年的成长之路，3年里在县委县政府的关怀下，在县教育局的指导下，可以说学校是从高原上出发、在山腰上攀登，起点高、标准高、目标高，学生素养、学业质量、教学改革、师资培训等各项工作一直处于全县领先地位，特别是课堂教学改革在省、市具有一定的知名度。学校已经成为全国生命教育优秀学校，江苏省珠心算实验学校、数学文化传播基地学校、小学教育专业委员会理事单位、绿色学校、节水型学校，连云港市课改领航学校、数学课程基地、小学数学专业委员会常务理事学校、教学质量先进学校。

是什么让一所新校在短短3年的时间里取得如此成就呢？这首先源于县委县政府的关注与重视，源于县教育局的关心与指导，源于我校教师团队的爱岗与敬业，更源于我校把“文化立校”的发展策略付诸实践。

灌南县委县政府在2011年8月5日的教育发展专题座谈会上，对长江路小学发展是这样定位的：“办有品位的学校，办名列全市前列的学校，办全省知名的学校。”于是我们提出了以“和雅”为核心的教育文化主张，“襟怀和雅，力行勤创！”努力打造“和爱儒雅”的教师团队，创建“和美优雅”的学校，倾力培养“和乐文雅”的学生群体。我们探索构建了“和爱向善，博雅启智；和顺至孝，文雅明礼；和合立仁，儒雅求真；和乐有信，贤雅尚美”的师生校园生活价值体系，引领师生快乐地学习、幸福地生活和健康地成长。

一、建设“和美优雅”的书香校园

我们建设“和美优雅”的书香校园，让学校各个角落都充满浓郁的和雅文化氛围。我们学校的校舍为徽式建筑风格，特别像古代的学堂，我校在校园环境建设方面提出了办像公园一样的学校的目标，努力营造“和雅温馨、清雅有序、典雅大方、书香醇美”的校园。

1. 让校园充满文化

我们把办学理念、团队精神与“三风”等主流价值观制作成简明易懂的文化标签，融于景观，布置于校园各处，让中华传统美德的传承布满校园，形成学生校园里的视觉课程。我们以“雅”字命名各栋楼（文雅苑、慧雅苑等），以“和”字命名每一条路（和爱路、和善路等），以优良品质命名各个园（智园、礼园等），把古今中外名人介绍制作成牌匾，悬挂在每一条走道和每一面墙壁上。校园里处处都是励志文化，激励学生做人求学。

2. 让校园充满书香

我们把古诗、成语、对联等经典作品制作成音频文件，作为每天的铃声，让经典作品充斥学生的听觉。我们设立了开放的读书吧，把图书室从室内移到室外，布置在走道边、教室前，发动学生把自己的书带到学校来进行“漂流”，让学生随时随地能泛舟书海、浸润书香，让阅读成为校园的“最美姿势”。

3. 让校园充满趣味

我们以“七彩童年”为创意，开发以“诗文阅读、书法绘画、音乐欣赏、运动健身、科普创新、生活实践、成就自我”为主题的文化长廊和主题广角，定期更换体验内容和实践要求，定期开展校园“达人”展示和“星满校园”的评选，让学生时时都能徜徉在自己喜爱的文化中，时时都能沉浸在成功的喜悦里。

我们用文化陪伴师生，用经典引领师生，用榜样激励师生，努力让校园成为师生的精神家园和生活乐园。

二、打造“和爱儒雅”的教师团队

我们要让学校每一个教育行为都充满亲切的和雅文化因子。我们追求做像孔子一样耐心、细心和有爱心的教师，倾力成就具有“和爱的友善之心、宽雅的爱生胸怀、和合的团队精神、博雅的教育知能、和乐的职业情愫、邃雅的教学艺术”的和雅教师，让每一位教师成为学生喜欢的“最美老师”。

1. 创新教研范式

我们开展“研—促—学”的校本研修，以课堂教学改革、课程资源开发，教学技能创新为宗旨，开设和雅讲坛，开发出“1 + 2 + 5”教研范式，每周围绕课堂教学中亟待解决的问题，确立研究主题，开设一个主旨微讲座，2节主题微课，5名教师课堂评析，交流教学经验、拓宽教学视野、涵养教学素养。这一草根化的教研范式有效地解决了教师课堂教学中的问题，提高了教师的教学艺术，形成的教研范式，赢得了省、市到访的课改专家的赞许。

2. 抓实教师业务

我们注重教学思想、生活理念的提升，教学技能、教学艺术的提高。我们做实做细教师基本素养的自我修炼，粉笔字、毛笔字、葫芦丝、读书等教学素质与人文素养的提高已成为教师校园生活的“新常态”。我们做深做透教师教学素养的专业引领，成立特级教师工作室、首席教师学术团队、骨干教师教学共同体三级研修团队，为教师量身定制专业成长方案，让每一位教师都能找到自我成长点；邀请专家开展“渗透式研修”，专家深入教师课堂，参与教研活动，为教师专业成长、校本教研指导把脉；开展学术沙龙，组织教师研磨精品论文、打磨精品课堂、开发精品课程，努力做好教学论文的写作工作，课堂教学的改进、升级、提档；开展课改“领航教师”评选活动，为每位教师的专业成长提供强劲的动力源泉。目前学校已有省特级教师1名，县级以上骨干教师20余名，有4人次获市优质课一等奖，在县课堂教学改革优课评比中参赛教师全部获一等奖，并获团队第一名。

3. 举办研讨活动

学校举办教研活动，为教师成长成名搭台。3年里学校主办或承办3次省级、5次市级、10多次县级教学研讨观摩活动，与县内学校开展校际互动式教学研讨活动和送教到乡活动。目前我校有6名教师获全国电教优课一等奖，并录制教学光盘全国发行；4名教师上省级示范课或讲座，12名教师上市级示范课，每一位教师都参加过一次送教到乡活动。这些活动搭建了不同的平台，为教师展示教学技艺，彰显教学素养创造了机会，既促进了教师成长，也促进了学校成名。

教科研让每一位儒雅教师在科研引航中提升，在和雅文化沐浴中自由绽放；教科研，让每一位文雅学生在潜移默化中发展，在和雅文化熏陶下快乐成长。

三、开发“和乐博雅”的校本课程

我们要让学生每一项学习都饱含丰厚的和雅文化内涵。学校重心工作应该是为了学生的生活、为了学生的成长、为了学生的幸福，也就是我们常说的“以学生发展为中心”。学校以“传承经典，接轨现代，夯实文化底蕴，提升学生的综合能力”为育人目标，引领学生做像君子一样有信心、恒心和责任心的人，成就“举止文雅、谈吐温雅、内涵博雅，气质贤雅、品德敦雅和学识慧雅”的文雅少年。（我校称为“六雅”少年。）

我们积极创新课堂教学方式，拓展学习时空，以自主的课堂学习、丰富的课余活动、个性化的校本课程，促进学生的成长。

1. 构建“慧雅课堂”

我们构建“慧雅课堂”，引导学生自主学习，关注学生的学科思维，通过自然本真的教学，开展读写算的项目学习，引导学生多学博识，让他们拥有智慧的知识人生；构建“三自”课堂，让学生课前自由预习、课上自主探索、课后自觉学习，积淀文化底蕴，提升学生学习力；实践大小课相结合的方式，开展晨诵读、午临写、暮演说的小课堂，丰富学生的课堂学习。

2. 开发“博雅课程”

我们开发“博雅课程”，引领学生快乐生活，掌握生活技能。教育就是教会学生生活，要让学生学会生活所需要的技能和知识，我校校本课程开发以提升学生“生活技能”为宗旨，把生命教育、学科思维和艺体素养作为特色项目融入教学过程，开展全科课程的开发与实验，根据学生的个性特长、兴趣爱好开设精品课程、开辟课程“超市”，让学生在“选课走班”的教学中发展特长。

我们重视学生的生命状态，通过“六雅”素养，小课堂大社会，生活技能课的融合，规范学生行为，提升学生品德修养，让他们过有品位的幸福人生。通过德育主题活动和生活技能课程的开发，把学生的生活应用引入教育，把社会移植到学校，让学生在实践中提高认知、获得体验、提升能力。例如，我们为培养学生的自我管理能力，成立校园小警察队伍，处理学生在校园里的违纪与秩序问题；为了让学生能更好地维护校园卫生，我们成立校园环保局；为了规范教师的教育教学行为，我们在学生中组建校园教育局，监督教师布置作业、规范教学等各方面的行为；等等。

3. 组建“高雅社团”

我们组建“高雅社团”，尊重学生差异，发展其个性特长。我们通过特长项目的教学，兴趣小组和文化社团的开展，丰富学生的学习过程，提升学生的生活品质，让他们拥有高雅的快乐人生：在统一开展跑步、跳绳的基础上，让每个人掌握一项锻炼身体的技能；统一学会葫芦丝的基础上，每个人会一项娱乐的乐器；掌握基本绘画技能的基础上，每个人能创作一幅画等，力争每人都有特长。

4. 成立“和雅研究院”

我们成立“和雅研究院”，开展学科体验式学习，培养学生的学术研究能力。学校在完善各学科专用教室的基础上，成立和雅研究院，建设了“人文读写”“数学探索”“科技创新”三个层面的体验式实践学习馆，开展研究性学习活动，让学生把从课本上学习来的知识与掌握的技能进行拓展、应用与实践，提高学生学以致用的能力。

因为和——和爱、和善、和乐、和美、和合、和顺，所以我校的师生是愉悦快乐的；因为雅——文雅、温雅、博雅、贤雅、敦雅、慧雅，所以我校的师生是满足幸福的。

和雅教育营造幸福的校园生活

——灌南县长江路小学现代化办学标准建设工作汇报

灌南县长江路小学位于县城开发区的硕项湖畔，建于2010年，按现代化标准建设，2011年9月投入使用，各项办学条件符合省现代化建设Ⅰ类标准。办学以来，我们积极探索与实践和雅文化理念，在“襟怀和雅，力行勤创”校训的引领下，逐步完善“三风”建设（校风：和诚谦雅，求真向善；教风：和爱儒雅，实践创生；学风：和乐文雅，勤学善思），形成具有校本特色的“123456”办学策略。在“建设书香醇美、和谐优雅的学校，让校园各个角落充满浓郁的文化氛围”的主题指引下，我们围绕“传承经典，接轨现代，夯实文化底蕴，提高学生的综合能力；课题引领，自主研修，探索育人方式，提高教师的育人知能”两个重点工作，着力打造“和雅的生命体验，博雅的内涵修养，慧雅的科学思维”三个维度的学校特色；积极追寻“培养有才能的文雅学生，打造有才华的儒雅教师，营造有品位的优雅校园，培育有声望的和雅学校”四个教育理想；全力实践“和爱儒雅的教师团队打造，和乐文雅的学生群体培育，和美博雅的课程文化研发，和谐慧雅的课堂文化建设与和合顺雅的管理文化开发”五项教育文化工程。

下面向大家汇报学校三个方面的工作。

一、营造“和美优雅”的书香氛围

我们努力营造“和美优雅”的书香氛围，让学校每一个角落都充满浓郁的和雅文化氛围。

我们以“雅”字命名每栋楼（文雅苑、慧雅苑等），以“和”字命名每条路（和爱路、和善路等），以优良品质命名每个园（智园、礼园等），在走道、墙壁悬挂牌匾介绍古今中外名人事迹。校园里处处都是励志文化，激励学生求学做人。

2. 让校园充满和雅书香气息

我们把古诗、成语、对联、歌曲等经典作品制作成音频文件，作为铃声，让经典作品充斥学生听觉；我们还设立了开放的读书吧，让阅读成为校园中的“最美姿势”。

3. 让校园充满和雅生活趣味

学校以“七彩童年”为创意，逐步开发建设以“诗文阅读、书法绘画、音乐欣赏、运动健身、科普创新、生活实践、成就自我”为主题的文化长廊和主题广角，定期开展校园“达人秀”和“星满校园”的评选活动。

4. 让校园充满现代化和雅元素

我们从学校发展和教师专业成长的需求出发，逐步推进数字化校园的“学校管理家校通”“优质资源班班通”“网络学习人人通”的“三通”工程建设，尝试通过微课、幕课和翻转课堂等现代化手段拓展学生的学习，实现家校互动，让家长与学生共同参与网上学习。

我们努力用文化陪伴师生，用经典引领师生，用榜样激励师生，让校园成为师生的精神家园和生活乐园。

二、打造“和爱儒雅”的教师团队

1. 文化与业务并重，丰富教师的人文底蕴

教育其实就是生命长河中学生与教师在学校的一段特殊的相遇。学校应该做的就是关注学生的生活、关怀学生的成长、关心学生的生存、关爱学生的生命。而这些要求教师注重教学思想、生活理念的提升，注重教育技能、教育艺术的提高，用自己的儒雅培育学生的文雅。所以我校十分注重教师课堂教学业务能力以外的人文素养的提升，引导教师进行自我修炼。粉笔字、毛笔字、葫芦丝、读书等教学素质与人文素养的提高已成为教师校园生活的“新常态”。

2. 教学与研究同步，提升教师的育人艺术

我们开展“以研促学”的校本研修活动，开设“和雅讲坛”，提高了教师的教学艺术。学校注重教师教学素养的专业引领，成立特级教师工作室、首席教师学术团队、骨干教师教学共同体和青年教师启航行动四级研修团队。

三、开发“和乐博雅”的多元课程

我们把学校内涵发展的现代化作为办学追求。我们认为办学思想与理念的落实、质量与特色的彰显、个性与品牌的形成都要通过扎实的办学行为来实现，而现代化办学行为落脚点应该在课堂上，关键点在课程上，所以我们积极探索课堂教学方式，开发多元的校本课程，以自主的课堂和个性化的课程，促进学生的成长。我们主要做了三个方面的尝试。

（一）构建“和谐慧雅”的课堂模式，激活学生的科学思维

我们认为“慧雅的科学思维”注重的不仅仅是学科知识的学习，还要关注学生的思维。我们通过自然本真的教学，开展读写算的项目学习，引导学生勤思博识，让他们拥有智慧的知识人生；构建“两段三自五要素”学习范式，引导学生课前自由预习、课上自主探索、课后自觉学习，丰富学生的学习方式。

（二）开发“和美博雅”的课程体系，释放学生的内在潜能

学校教育就是要教会学生学会生活，学会生活所需要的技能和知识。我

校的校本课程开发以提升学生生活技能为宗旨，把“生命教育、科学思维和内涵修养”作为特色项目融入教学过程。

1. 发挥综合实践与课程基地的功能，引领学生的生命体验

为了培养学生自我管理能力，我校成立了校园公安局、校园环保局、校园教育局，维护校园秩序、保护校园环境、监督教师教学行为等。

2. 创新“选课走班”与兴趣社团的形式，丰富学生的内涵修养

我们根据学生的个性特长、兴趣爱好和成长需求开设“精品课堂”、开辟“课程超市”、开展“选课走班”与文化社团，使学习与实践有机融合、学习与生活有机融合、学习与研究有机融合。

（1）关于“选课走班”我们主要从两个方面开展实验工作。

第一个方面“组建教学共同体”，谨慎探索语数英学科课程的“选师走班”，让师生的学科教学在趣味里提“效”增“质”。我们紧紧围绕学科思维特色，以“和谐慧雅的课堂文化”理念为指导，开发“两段三自五要素”的教学范式，促进教学质量的提升。在市“选课走班”实验精神的引领下，我们组建了语数英三门学科的“教学共同体”，引导学生“选师走班”，即同一年级同一学科教师“两两组合”，共同备课，统一内容与进度，让这两个班的学生从这两个教师中选择听课。由于课堂上教师与学生交流方式不同，师生亲和度不同，教师幽默风趣程度不同，学生也就有了选择的理由。实践告诉我们，教学效果的提升需要改进的不是教师讲得多与少，也不是学生练习做得多与少，而是学生对教师的认同度、教师教学过程中采用的方法与技巧。

第二个方面“开发课程超市”，大胆创新素养类课程的“选课走班”，让师生的校园生活在丰富中多“智”多“才”。我们重视学生的生活素养，开展好每周五下午的快乐“选课走班”学习活动。我们从“生命教育、学科思维和内涵修养”三个维度设计出“生存技能类、学科体验类、强身健体类、音乐艺术类、书画艺术类和表演艺术类”等10个类别共60余门课程。

（2）关于兴趣小组与社团建设，我校主要是成立“和雅研究院”引导学生开展学科探究式学习，培养他们的探索学习能力。学校在强化常规管理的基础上，建设“和雅研究院”。在学校管理层面，我们成立了“和雅文化”“校本课程”“民主管理”三个维度的管理研究院，把传统文化与现代理念结合起来，把民主管理与法治建设结合起来；在教师层面，我们成立了

“教育创新”“生命教育”“科技探索”三个维度的专业发展研究院，把课题融于课堂，把发展融于实践，理念与实践相结合，课题与课堂相结合；在学生层面，我们成立了“经典读写”“数学探索”“艺体熏陶”三个维度的体验式学习研究院，开展探究性学习活动，让学生把从课本上学习来的知识与掌握的技能进行拓展、应用与实践，提高学生学以致用的实践能力。

（三）运用“和合顺雅”的评价机制，激发学生快乐学习

我们主要采取即时激励的评价方式，把以往每学期评奖一次的表彰转移到平时，把各种特长卡片发给每一位教师，所有教师都是管理者，平时走进学生，寻找先进典型，即时奖励他们，每一个学生集齐5张卡片可换一张荣誉证书，每周利用升旗仪式进行换证表扬，每月评选一次“文雅少年”与“和雅班级”。

1. 搭建表现平台

“校园达人秀，秀出我功夫。”每个年级每周组织一次校园“体艺达人秀”活动，彰显个性特长，促进学生学习。

2. 搭建分享的平台

“优秀作品”展，展出我特长。每个年级每周一个版面的作品展示，分享收获的喜悦，增强学生自信。

3. 搭建欣赏的平台

“星满校园”炫，炫出我风采。我们开展系列化的“文雅少年”的评比活动，周评、月奖、学期公示，让文雅之星在班级、年级和校园里闪耀，让学生品味成功的快乐，激励学生成长。

“没有最好，只有更好。”我校在教育现代化发展征程中尽管也有浓墨重彩的风景，但我们知道，自己就像一个刚刚成长的少年，未来很美好，需要我们更加努力奋斗。我们以此次现代化办学标准建设为契机，继续深入推进长江路小学教育现代化建设工作，促进我校办学水平和办学质量进一步提升，构筑师生的“幸福家园”。

（注：本文是2014年6月在连云港市学校教育现代化建设标准推进会上的发言）

让学校教育充满文化芳香

——2014年教师节表彰会上的发言

尊敬的阮书记、伏部长、张县长、程局长，各位领导：

下午好！

我是长江路小学的罗锐，向大家简要汇报长江路小学3年的发展情况。

2011年至今长江路小学走过了3年的成长之路，3年里在县委县政府的关注关怀下，在县教育局的指导下，可以说我们长江路小学是在高原上攀登，我们的起点高、标准高、目标高，学校各项工作一直处于全县领先地位，6个学期的综合评估中有2次获得第一和4次第二；在省、市具有一定的地位。如今我们已经成为连云港市唯一的一所省数学文化传播基地学校、省珠心算特色学校、省小学教育专业委员会理事单位，市课改领航学校、市数学课程基地、市小学数学专业委员会副理事长学校，县综合评估先进单位，县教学质量先进单位。

是什么让我校在短短的3年时间里取得如此成果呢？我想这首先源于县委县政府的关注与重视，源于县教育局的关心与指导，也是我校爱岗敬业的教师团队勤奋实践的结果。

我校的全体教师一直牢记县委阮书记在2011年8月5日的座谈会上对长江路小学提出的期望——要“办有品位的学校，办全市第一的学校，办全省知名的学校”。我们把这一期望具体为“名师、名校、名学生”的“三名”办学目标，我与学校教师一起学习、深入研讨、广泛调研，逐步形成共识。我们认为有品位的学校应该是有文化内涵的学校，是有个性特长的学校，是有学业质量的学校。学校品牌建设文化是关键，应该让学校教育充满文化芳香。于是我们提出以“和雅”为核心的教育文化主张——努力打造和爱儒雅的名师团队，创建书香和雅的名校品牌以达成培养和乐文雅的名学生群体的育人目标。实践证明，文雅少年的培育体系符合党的十八大提出的社会主义核心价值观对人文素养的要求，也是我省“八礼四仪”的校本化实施。

一、建设书香校园，让学校各个角落都充满浓郁的文化氛围

我们学校的建筑风格，特别像古代的学堂，结合这一特点在校园环境建设方面我们提出了“办像公园一样的学校，努力营造和雅温馨、清雅有序、典雅大方、书香醇美的校园”。

（1）首先是把学校理念文化制作成简明易懂的文化标签，布置于校园各处。（楼名：尚贤楼、儒雅阁、博雅阁等；园名：善园、爱园、智园等；路名：和乐路、和爱路、和雅路等。楼道墙壁处处都是励志文化，激励学生做人求学。）

（2）设立开放的读书吧，把图书室从室内移到室外，放在走道边、教室前，让学生随时随地能阅读。

（3）以“七彩童年”为创意，开放以“阅读、书画、音乐、健身、科学、生活、创新”为主题的文化长廊，让学生随时徜徉（浸润）在自己喜爱的文化中。

（4）以研究院的形式尝试建成“人文读写”“数学探索”“科技创新”三个体验学习馆，让学生学以致用。

二、打造学习型教师团队，让教师的每一个教育行为充满文化因子

（1）我们开展以研促学的评价方式，以课程教学改革、课程资源开发、教学技能创新为宗旨，开发出“1＋2＋5”（一个主题讲座，2节主题微课，5名教师课堂评析）的教研范式，赢得了市课改专家的赞赏。

（2）举办主题研讨活动，为教师成长成名搭台。3年中学校主办或承办两次省级、3次市级教学研讨观摩活动，2名教师上省级示范课，8名教师上市级示范课。在上学期县课改优课评比中参赛教师全部获一等奖，并获团队第一名（其中两人获单科第一）。

（3）加强教师业务培训，统一思想理念，提升业务水平，提高教学技能。

三、开展丰富的课程文化活动，让学生的学习生活饱含文化内涵

（1）关注学生的学科思维。（构建三自课堂，让学生课前自由预习、课上自主探索、课后自觉学习，提升学习能力；实践大、小课结合的方式，开展晨诵读、午临写、暮演说的小课堂，丰富学生的课堂学习。）

（2）重视学生的生命状态，培养学生“六雅”素养。

（3）培养学生的艺体素养，让他们过高雅的快乐人生。（统一开展跑步、跳绳的基础上，每个人掌握一项锻炼身体的技能；统一学会葫芦丝的基础上，每个人会一项娱乐的乐器；掌握基本的绘画技能基础上，每个人能创作一幅画。每个人都有特长，在每周的校园“达人秀”的舞台上展示。）

这些富于文化内涵的教育活动大大提升了学生的素质。我校在县教育局组织的学生阅读、写字、质量调研等活动中多次取得第一名的好成绩，特别是在上个学期县组织的二至六年级小数学科竞赛中我们拿了4个第一，毕业会考中语数英三科均分都是第一。可以说我们已经具备了与县实验小学竞争的能力，离3年前阮书记给我们的“赶超实小”的发展目标，已经越来越近了。

2011年至2014年，我们用3年的时间走好了启航之路，圆满完成了首个长江路小学人自己制定的3年发展规划。现在请再给我们3年时间，我们将开启学校腾飞之路，我们将更加努力地探索和实践提升学生学习水平与学习能力、提升学生综合素质的路径与方法，探索学校品牌打造的策略与方法，把学校办成县内首屈一指，市内排头，省内知名，国内有位置的品牌学校。

诚请各位领导指导、监督和帮助我们。谢谢!

（注：本文是2014年8月25日在县委县政府举办的教师节座谈会上的发言）

和雅文化引领学校高位发展

——2016年教师节表彰大会上的发言

尊敬的各位领导、各位同仁：

下午好！

灿烂金秋盛载收获与喜悦，魅力灌南绽放希望与活力。在这美好的时刻，我有幸参加教师节表彰大会，并代表长江路小学汇报工作，倍感振奋。我汇报的题目是“和雅文化引领学校高位发展”。

长江路小学2011年独立建制，经历了5年的发展历程，从当年的500名学生壮大到现在4000多名学生，从当年学区内学生向县内其他名校流失，到如今学区外学生挤着要来我校就读，这其中我们有拼搏，也有汗水；有收获，更有喜悦。几年来，我们以和雅文化为引领，立足办学设施的高起点，瞄准学校发展的高目标，坚持内部管理的高标准，追求教育教学的高质量，各项工作市县领先，先后获得全国生命教育优秀学校、省珠心算实验示范学校、市教学质量先进单位、县综合评估先进集体等30多项荣誉，率先跻身江苏省小学特色文化学校行列。仅有的3年毕业会考中，我校数学获全县三连冠，语文、英语各获两次第一、1次第二，办学经验与成果两次在省级、5次在市级现场会上交流发言，多次接待外校教师的参观考察。成绩的取得凝聚着县委县政府等四套班子领导的悉心关怀，部委办局的鼎力支持，社会各界的厚爱与理解，谢谢大家一直以来的关心。

5年办学中，我们坚持儿童立场，围绕“立德树人”的育人目标，聚焦核心素养，倡导和雅教育。我们从“和雅的生命体验、博雅的内涵修行、慧雅的科学思维”三个维度开展教学改革，通过六大行动来追寻“和风雅韵”的教育理想。

一、大力营造和合优雅的环境

我们建设文化长廊、数学步道、开放书吧、美德景观，让校园充满文化，弥漫书香，彰显趣味，处处充满浓郁的和雅文化气息和潜移默化的育人功能。

二、全力推行和善顺雅的管理

教师民主管理委员会、学生自主管理委员会、第三方评价与监督委员会和家校共建委员会四大管理平台，让学校管理充满和善文化因子，增强欣赏激励的育人功能。

三、竭力开发和美博雅的课程

我们从“和、博、慧”三个生长点开发了80多门校本课程，开设“课程超市”，开展“选课走班”，让学生在多元的课程中，感受生活的和谐美，唤醒生命的人性美，激活成长的潜能美，学生的每一点成长都饱含和雅文化内涵与润物无声的育人功能。我校先后获1个省课程基地，2个市课程基地。

四、合力探索和真慧雅的课堂

自然、本真、智慧、灵动的课堂上，学生通过自主探究、对话交流来生成新知、生发智慧，每一节课都充满创生智慧与协作共进的育人功能。我校建有多个市级学科专用教室，“慧雅课堂”教学模式获市课改创新奖，学校被评为市课改领航学校。

五、着力打造和爱儒雅的教师

我校搭建长江论坛、和雅讲坛、名师工作室等研修平台，提升教师的教育理念，锤炼教师的教学方法，精心打造具有宽雅的爱生胸怀、博雅的教育知能、邃雅的教学技艺的学生喜爱的“最美老师”。我校60余人获省、市、县教学竞赛一等奖，我领衔的数学团队3次荣获市十佳研修团队，并于今年3月份升级为省骨干教师培育站。

六、倾力培育和乐文雅的学生

我校开展主题德育、生活技能、智慧学习和达人展示等活动，让学生的每一个行为都充满激励潜能和增强自信的育人功能。学生参加市阅读、书法、珠心算等学科知识竞赛和绘画、合唱、演讲等才艺表演，多次获得省、市、县一等奖，特别是我校的60多名学生两次荣获全国葫芦丝才艺竞赛团体金奖，学校也因此成为全国葫芦丝教学特色学校。

成绩属于过去，未来更需跨越。我们将在县委县政府的坚强领导下，瞄准新一轮教育现代化的发展目标，积极推进“建名校、塑名师、育名生”的和雅教育战略，紧跟教育改革步伐，携手共进、力行勤创，为建设“强富美高”的新灌南，实现灌南教育新提升做出长江路人应有的贡献。

踏着和雅教育的文化节拍　迈向课程改革的质量高地

灌南县长江路小学占地53360平方米，2011年9月投入使用，从当初的4个班500名学生发展到现在60个班，4000余名学生，120多位教师。学校教学设施齐全，校园环境优美，文化氛围浓郁。

可以说我校诞生在课改进行时，成长在课改深入中，经过3年时间，学校文化内涵、课堂教学、办学品牌等各方面都得到了一定的发展，现已成为全国生命教育优秀学校、江苏省慧雅文化小学数学课程基地学校、江苏省珠心算实验学校、江苏省平安校园、江苏省节水型学校、连云港市课改领航培育学校、连云港市小学数学课程基地、连云港市选课走班试点学校、连云港市学科教室创建实验学校、连云港市课改优秀团队、连云港市教学质量先进单位。是什么让我们这所年轻的学校取得这样的成绩呢？这是因为我们把握正确的育人观和质量观，用恰当的文化理念引领教育，用合适的多元课程体系引领教学，用本真的教学方式引领学习。

我校从儿童立场出发，遵循“自然本真”的教育理念，聚焦核心素养，以优化育人方式为抓手、以提升教育质量为目标，全面探索素质教育新模式。我校以和雅文化为教育的核心理念，把“和、雅、慧”作为学校文化建设的生长点，从“和雅的生命体验、博雅的内涵修养、慧雅的学科思维”三个维度打造学校文化特色，全面开展学科教学、艺体素养和生命教育三项办学特色的改革与探索，培养文雅少年，造就儒雅教师，建设幽雅校园。我们主要通过“和爱儒雅的教师团队打造，和乐文雅的学生群体培育，和美博雅的课程文化研发，和真慧雅的课堂文化建设，和善顺雅的管理文化开发，和合优雅的环境文化创建”六项工程来追梦“和风雅韵”的教育理想。

一、打造“和谐优雅”的环境文化

我校营造书香氛围，构建环境课程，让校园每各个角落都充满浓郁的和雅文化氛围，具有潜移默化的育人功能。

二、打造“和爱儒雅”的教师文化

我校激活教师潜质，开发师本课程，让教师的每一个教育行为都充满亲切的和雅文化因子，具有润物无声的育人功能。

1. 教学与研究同步，提升教师的育人艺术

我们把教学研究与教育科研有机整合，开展“以研促学”的校本研修方式，形成的教研范式赢得了省、市到访的课改专家的认同。我们让教师融于课题研究，在研究中锻炼教学能力；借助评价展示激发教师的科研兴趣，通过各种方式和手段激发教师的研究兴趣。

2. 教师与学生共生，激活个体的内在潜能

3年里学校主办或承办3次省级、5次市级、10多次县级教学研讨观摩活动，与县内学校开展“校际互动式”教学研讨活动，定期开展送教到乡活动，为青年教师成长搭建展示自我的平台。目前我校有6名教师录制的教学光盘在全国发行。

三、开发“和美博雅”的课程文化

我们尊重学生情趣，开发生本课程，让学生的每一点成长都饱含丰厚的和雅文化内涵和自我教育的功能。

（一）课程内容

我们聚焦核心素养，把“和”“雅”“慧”作为课程生长点，从“和雅的生命体验”“博雅的内涵修养”“慧雅的科学思维”三个维度开发“和美博雅”多元课程。我们把“生活技能、人格品质”等生命体验类内容有机地融合在学校教育中，突显课程的“和合”特性；把“体育艺术、人文素质”等内涵修养类内容作为课程开发的主要内容，突显课程的“博雅”特性；把

“获得知识的方法、解决问题的思维”作为学科教学的核心要素，突显课程的思维价值。

1. 生命体验类

我们开发了以生活技能、人格品德等生命体验为主要开发内容，涵盖生存技能、心理健康、社会能力三种类型，包括营养美食、生活安全、社会公益、环境保护、手工制作、动植物研究等15个课程。

2. 内涵修养类

我们开发了以体育艺术、人文素质等内涵修养为主要开发内容，涵盖强身健体、修身养性、表现艺术三种类型，包括足、篮、排等球类，吉他、二胡、葫芦丝等器乐类和版画、泥塑、剪纸、书法等16个课程。

3. 科学思维类

我们开发了以课堂、课本学习为主要载体，培养学生科学思维，提升学生聪明才智，涵盖益智体验、科学技术、学科素养、创造创新四种类型，包括以实验、实践和应用为主的趣味数学、珠心算，经典诗文的读写绘，英语视听说，航模制作，科技创意等29个课程。

（二）课程实施

多元课程应该有课程内容的多元、课程功能的多元、课程学习方式的多元、课程评价的多元等因素，我校用“课堂+”的理念保障“和美博雅”多元课程的有效实施。“课堂+”有这样几个意义：一是课本学习“+”，丰富、整合教材内容，每一节课都要体现课程资源的拓展与多元；二是学科课时“+”，每一门学科都要用好基本课时与机动课时，让机动课时更好地为“和美博雅”多元课程的有效实施服务；三是学习空间“+”，学校教育时空应该是立体的，多元的，不能只局限在课内，还应该延伸到课外，不只局限在校内还要拓展到校外，让课程贯穿学生生活的全过程；四是课程设置“+”，在扎实上好国家规定课程的基础上，创造性地利用校本课程的课时，每周专门设计两课时开展“选课走班”实验，让学生从众多课程中选择自己喜欢的课程学习；五是课堂教学“+”，即以课程的理念做学校教育的每一件事，把课堂教育延伸到学校各个层面，让学校的环境建设、学生管理、活动开展、评价等都成为学校课程的一个组成部分，真正实现“学校无小事，事事皆教育”。

1. 凸显探究性，基础课程的全面实施

我校开发饱含生成因素的生本课程，激活学生的学习潜能。我校紧跟新课改步伐，提出“自然本真”的课程理念，不断完善和丰富“三自五要素”教学模式（三自：课前自由预习、课堂自主探索、课后自觉实践，五要素：尝试、引导、交流、感悟、应用）。课前自由预习，积累丰富的生本课程资源。课内自主探索——通过精彩2分钟的学前展示和课内8分钟的小组交流，呈现多样的生本课程资源，作为师生课堂探究性学习的重要课程资源。课后自觉实践，将生本课程资源有效延伸到更深层次的学科学习中，拓展到学生的课外生活中，激活学生自主学习的潜能。

2. 凸显体验性，行为课程的有机补充

我校整合饱含教育因素的校本课程，涵育学生的生命潜能。我校从课程的角度整合学校的教育教学行为，构建立体式的“行为课程”，以视听感悟课程和活动体验课程作为学生行为规范、文明素养、品德形成与个性化发展的主要形式，让学生在体验、实践中获得认知、形成技能、提升涵养。

（1）开发视觉课程。我校以“七彩童年”为主题开发视觉课程，将传统文化渗透在阅读、书画、音乐、健身、科学、生活、创新七个方面，把中华美德、健康心理品质和高尚人文素养等作为课程元素纳入校园环境建设。

（2）整合听觉课程。我们以经典古诗文和儿童歌曲为主要内容，从网络上优选经典“声音”作为铃声，形成校园听觉课程。我们开设小预备古诗诵读、课前铃声助读、课间音乐欣赏，让学生在美妙的声音中享受和传承经典文化。

（3）开展活动课程。我校以课程的理念设计与组织学校的各类活动，以社会实践活动和丰富多彩的德育主题活动为载体，让学生在活动中增长知识，提升能力，形成文雅素养与自主意识。

德育主题与仪式活动：我校利用升旗仪式、班（队）会开展主题德育活动，引领学生明道理、修雅行，让德育的生命特色更浓；把规范走路、文明说话、平等交往和独立生活等作为学生生活技能类课程，引导学生形成遵守公共秩序和社会公德的公民素养。

社会体验与自主管理：我们把社会管理机构和资源作为课程引入学校，开展校园内的社会实践活动。我们成立校园公安局、校园教育局、校园环保局、校园小法庭等学生自主管理机构，让学生模拟社会环境与机构，进行自主管理与监督，在实践中提升社会认知能力和适应能力。

3. 凸显选择性，拓展课程的深度挖掘

我校开设饱含智慧因素的“课程超市”，释放学生的个性潜能。我校积极创新课堂教学方式，拓展学习时空，以个性化的课程促进学生快乐成长。

（1）开发“精品课堂”，组建教学共同体，谨慎探索“选师走班”，让师生的学科教学在趣味里提“效”增“质”。

语数英学科每周各安排一节“精品课堂”，每个年级两至三个班级结成学科共同体，尝试“选师走班”，学生在共同体中根据自己的学业基础和兴趣自主选择，去听自己喜欢的教师的课。

（2）开辟“课程超市”，组建课程研习团队。我校大胆创新“选课走班”，让师生的校园生活在丰富中多智多才。每周五下午，全校学生打破传统的班级建制，按照自己的喜好进行“选课走班”。学生按照选择的课程组成新的课程学习班，共同就感兴趣的内容进行学习。“课程超市”不仅促进了学生多元化发展，也为师生发挥自身特长，体现自身价值提供了平台。

（3）开创“基地课程”，建设学科专用教室。我校作为江苏省慧雅文化小学数学课程基地，建设了“一室一角一中心”，即一个珠心算实验室、一个数学游艺广角、一个校园数学体验中心，重视课程文化的外显与体验功能，建设长度体验的路面、方位体验的路牌、高度体验墙、教室里的时间和重量体，将数学课程融入校园。我校依托连云港市博雅文化体艺特色课程基地的优势，建有音乐、版画、数学、科学等学科教室，陶冶学生艺术情操，为学生的幸福人生奠基。

4. 凸显赏识性，评价课程的有效保障

我校构建饱含自信因素的评价体系，激发学生的才艺潜能。

学生的学习行为应该成为其内在的需求和自觉的行为，这就需要我们引导学生沿着自己的兴趣点进行更深层次的探索，为学生个性发展提供展示的平台。

（1）开展专项评比活动。为了让学生在课堂上学来的知识有可用之处，让学生获得的才能有施展的平台，我校每学期开展“数学小博士”“小小版画家”“校园足球小子”“小小发明家”等专长评选活动，丰富学生的学习过程。

（2）办好“达人秀”展示活动。每周的“优秀作品”展，每学期的学校运动会，每年的六一艺术节，为学生提供展示才艺的舞台。

（3）和雅教育促进学校特色发展。学校先后被评为“新教育实验优秀学校”“生命教育百佳学校”“江苏省慧雅文化小学数学课程基地”“连云港市小学数学课程基地”“连云港市选课走班试点学校”“连云港市教学质量先进学校”“灌南县教学质量评估先进集体”。

（4）和雅教育促进“儒雅”教师专业成长。在“和美博雅”多元课程的开发过程中，每位教师都参与了课程研讨、制定目标、确定课程内容、开发编写校本教材，有效地提高了教师的课程研发能力和课堂教学水平。目前我校已有市、县名师、学科带头人16名，22位教师在市基本功大赛中获奖。

（5）和雅教育激发“文雅”学生的个性潜力，使不同个性、不同层次的学生都有长足发展。例如，我校的版画社团参加连云港市小学生综合实践活动优秀成果展评，葫芦丝社团参加首届葫芦丝巴乌陶笛全国邀请赛获得2金、3银、6铜的成绩，在省金钥匙竞赛、省诗歌竞赛、市读写大赛、市小主播大赛中共有85人次获得一等奖。

“没有最好，只有更好。”在教育现代化发展的征程中，我们也曾有过浓墨重彩的风景，但我们仍需努力奋斗。我们希望以此为契机，继续深入推进长江路小学的教育改革，构筑师生的“幸福家园”，促进我校办学水平和办学质量的进一步提升。

中篇

和雅教育文化行动

第一节　和合优雅的环境

一、圣德广场

灌南县长江路小学校门口两侧的10根思想文化柱上，介绍了古代10位著名思想家、10位著名教育家和我们学校的10条办学信念。门楼醒目位置的社会主义核心价值观让师生沐浴先进的思想光辉，心怀伟大中国梦步入校园，开启一天的教育生活。

图2–1–1　圣德广场

二、数学步道

我校是江苏省慧雅文化小学数学课程基地，将小学数学知识符号化的标签布设在校园路面上，形成数学步道，目的是让学生体验数学、亲近数学，增强学生学习数学的兴趣。

图2-1-2　数学步道

三、正德广场

正德，寓意正品立德、尚贤求善。我们把和雅教育的核心内容做成文化标签墙，“德行并举做儒雅教师，和爱相融育文雅学生”，把“襟怀和雅，力行勤创”的学校精神浸润到师生的血液里，付诸师生的行动。

图2-1-3　正德广场

四、敦雅廊

敦雅廊是我校学生和雅品质的展示区。长廊一面是“八礼四仪”，另一面是经典古诗，学生从这里体验与学习仪表、餐饮、待人、行走、游览、观赏、仪式等德行规范标准。

这里也是学生课间休息、阅读和娱乐的好去处。

图2-1-4　敦雅廊

五、美德墙

由师生共同绘制的美德体验墙，图文并茂地向学生展示了经典的中华民族美德。这里也是展示学生德行与素养的地方。

图2-1-5　美德墙

六、明星廊

明星廊是师生共同学习的地方，也是群星闪耀的地方。每学期评选产生学习、品德综合发展的“和雅少年”，他们的事迹将在这里展示一学期，激励全体学生做和乐文雅、勤学善思的好少年。

七、韵雅亭

古色古香楼观台，风光韵雅皆诗情。韵雅亭四周果树环绕，磐石小径别具一格。身处古色古香的韵雅亭，长江路小学校园美景尽收眼底。

图2-1-6　韵雅亭

八、读书吧

我们把图书室从室内移到室外，放在走道边、教室前，形成开放式的读书吧，方便学生阅读，让校园处处浸润书香。

图2-1-7　读书吧

九、和乐运动场

和乐运动场是师生健身的场所。阳光大课间——跑步、跳绳、太极、武术操……全体师生乐此不疲。每逢升旗仪式、运动赛事、节日庆典，这里人山人海。这里还是师生特长展示的大舞台，体艺“达人秀”、大师课程都在这里开展。

图2-1-8　和乐运动场

第二节　和善顺雅的管理

建设优雅校园　实施和雅教育

江苏省小学特色文化建设方案关于校园建设提出了这样的要求：校园要有山水气象，以生态式的优美环境促进学生乐山爱水；校舍要有艺术美感，以格调大方、色型大气、装饰大雅的建筑之美熏陶学生；绿化要有人格寓意，能引发学生托物言情，咏物言志，以物感心；文化景观要有“故事”，让学习内容在校园成“象”、成“型”，成为课文掌故、历史经典的再现、延续和创生。为此，学校要重点加强教室、走廊、过道等校园文化载体建设，让“学校的每一面墙壁都能说话”；在生活、自然与课程的有机结合中，释放教育之美的正能量，开拓环境育人的新境界。

学校应该是师生生活、成长的乐园。“办像公园一样的学校，努力营造‘和雅温馨、清雅有序、典雅大方、书香醇美、和谐雅致’的校园环境”是我校从创办之初就确立的办学目标，“关注生存状态，营造成长乐园，撑起生命多彩天空”是我们的办学宗旨。在办学实践中，我校以和雅文化为核心理念，关注学校的两类发展主体——教师和学生。我们努力让学校成为师生快乐学习、幸福生活的场所。

我们主要从以下几个方面进行探索实践。

一、创设具有鲜明特色的育人环境

我校的校园整体以徽式建设风格为主，真正把学校建成学堂。学校文化渗透分整体环境、局部主题和班级特色三个层面进行。

1. 将和雅文化核心镶嵌在整体环境的建设中

我校将学校主体文化渗透在学校的楼、路、园、景观等场所建设中，以

“雅”命名各栋楼［把学校综合楼取名为尚贤楼（意即“希圣希贤”）教师办公楼命名为儒雅阁，学生综合学习区为博雅阁，力求以儒雅的教师培养出博雅的学生；教学楼取名汇川楼，按结构特点分别取名为文雅苑、贤雅苑和慧雅苑］，以“和”命名道路（有和雅路、和乐路、和美路等），引导学生在和谐状态下追求文明高雅的生活，以“品质特征”命名绿园和景观，让学生见物思贤。

2. 将和雅文化分布在学校的各个场所

我校开展局部主题文化建设，根据不同楼房的使用情况，分别进行不同主题的文化建设：在教师办公区，我们以“追寻教育家的足迹”为主题介绍古今中外著名的教育家，让每一位教师追寻一个心中敬重的教育家，研究他的教育教学理论，学习他的教育教学方法，提升自己的教育行为；在学生综合学习区，我们以“我的成长榜样”为主题，把具有相同特质的学生组合成校园学习生活共同体，让他们自己选择他们心目中的榜样人物，学习他们的品质，学习他们的精神，用积极引领积极，以榜样促进优秀；在教学区的廊道，我们则将各种励志的名人警句张贴悬挂，引领学生做乐学善思的好学生。

3. 班级特色

我校要求每个班级都有自己的班级文化特色建设主题，有人文的、音乐的、文学的、书法的、美术的，也有体育的，学生在教师的指导下，根据自己的兴趣爱好和个性特长，选择他们喜欢的、感兴趣的内容作为自己班级特色建设项目，将自己的教室内外打扮成一个内容丰富的综合馆。每个班级在特色文化建设上还十分重视行为文化的建设，关注学生课堂听课行为、学生课间活动行为、学生课后实践行为，能从学习、娱乐、活动等方面引导学生自觉学习、安全运动和快乐实践，全面提升学生素养。

二、搭建自主互动的育人平台

1. 自我教育平台

我们利用学校建设的楼道文化对学生进行潜移默化的浸润式教育。我们在做好学校图书室和阅览室建设使用的基础上，还在学生易到达、常停留的地方设置开放式读吧，培养学生随时阅读的好习惯。我们通过积极的引导，把学生上学、放学、集会等各个等候时段充分利用起来，让他们诵读经典，提升素养。

2. 网络交流平台

我们通过学校网站的学生专栏，让学生在家长的带领下开展开放式学习。我们还根据学科，结合学生发展水平建立QQ群，把兴趣相同的学生组合到一起开展网络交流与学习活动，拓宽学生的学习渠道，丰富学生的学习内容，激发学生的学习兴趣，提高学生的学习质量。

3. 拓展学习平台

我们倡导在自然状态下的本真教学，倡导学生自由、自主、自觉地学习；课堂上我们让学生在独立探索、小组合作、师生交流中学习；我们更注重拓展学习空间、延展学习时间；我们通过教师合理的引领把学生的时间、兴趣、精力和智慧投入到自觉学习、主动发展上来。为此，学校除了构建开放的、自主的课堂外，还建有多个课外学习专用场所，如数学学习体验室、科学探究实验室、美术练习室、音乐室、书法室、读书吧、体育锻炼馆等，在学生课堂学习时间以外，随时向学生开放，让他们读书、习字、实验、健体、放声歌唱，丰富他们的课外生活。

三、打造“和谐雅致”的精神文化

1. 和雅的团队文化，引领学校和谐发展

和雅即“和合共济、雅行深致”，就是学校教育要在儒家传统文化“中庸”“和谐”精神的引领下追求雅致的品质。我们从优雅校园、儒雅教师和文雅学生三个维度，努力打造和雅特色教育文化。

2. “和爱”的教师文化，促进教师爱心从教

我们以“和爱儒雅”为教师文化核心，以“和而友爱、儒而厚德”为价值追求，着力培养具有深厚的文化底蕴、扎实的专业技能、高超的教育艺术和高尚的道德品质的高素质师资队伍。

我们把教学当作教师发展的基点。我们以课例为载体，以问题为核心开展课堂教学专题研讨：“读书怡情”让教师走进书香；“写字养心”带教师走进墨香；“课堂求精”引教师谋求高效；“科研升品”促教师提升素养；“施教以爱”使教师播爱从教。

3. “和乐”的学生文化，引导学生快乐学习

我们以“和乐文雅，勤学善思”为学生精神文化建设核心，以孔子教育思想为理论支持，以“立德树人、立学培智”为根本任务，构建“和谐雅致”的教育文化课程体系，努力通过学校教育活动培养出德美、人和、礼正、学术高的现代人。我们追求自然本真的学校教育，一是探索实施以提高学生学习能力为主的课堂教学模式，以“三自”学习理念为指导开展课堂教学改革，开发“三自五步”教学模式，倡导自由学习，引导自主探索，追求自觉成长；在班级中组合学习与成长共同体（学习合作小组）共同学习、相互促进、相互监督、共同成长。二是拓展课堂教学时空，实践创新大小课相结合的课程方式；在认真做好课堂教学的基础上，开设“晨诵读、午临写和暮演说”三节小课，引导学生读经典、写汉字、说成长过程与学习收获，培养学生的综合能力。三是扎实开展以培养学生综合素养为目的学生社团活动。我们根据学生的特长爱好，开展“班级兴趣小组、年级特长团队和学校文化社团”三级社团培训活动。我校的社团主要有文学社、合唱队、武术队、葫芦丝演奏队等。我们通过开展社团活动培养学生文学的、艺术的、体育的综合素质，让学生快乐学习，健康生活。

四、创新“雅行修身”的管理与评价机制

学校组建四个民主管理平台（学生自主管理委员会、教师民主管理委员会、家校共建委员会和第三方评价与监督委员会），引领师生、家长和社会各界参与学校管理，关注学校发展。

和乐文雅，绽放学校教育的生命活力

连云港市灌南县长江路小学坐落于东海之滨，占地面积53360平方米，现有60个班级，4000余名学生，120多位教师。建校3年来，学校以和雅文化为教育的核心理念，紧紧围绕“立德树人”的育人目标，聚焦核心素养，以“和、博、慧”作为学校教育文化的生长点，从“和乐文雅的生命体验、和美博雅的内涵修养、和美慧雅的科学思维”三个维度打造学校文化特色，构建学校课程体系。我们以“和乐文雅”作为生命课程开发的落脚点，优化配合学校课程，通过课堂学习、社团活动等开展生活体验、生命感悟活动，着

力培养文雅、健康、灵动的具有优雅气质的少年。

一、追根溯源，探寻教育生命之源

关于生命的起源，神话论、宇宙论、自然论……大家众说纷纭，直至恩格斯提出“劳动创造人类”的理论，才得到广泛共识。关于教育的起源，恩格斯也做了明确的表述：教育就是在生产劳动的实际需要，即传授生产劳动经验和社会生活经验的需要中产生的。

可见，教育一直是伴随着人类生命的诞生而逐渐发展的，生命与教育一直紧密相连。

二、探索求真，确立教育生命之本

我们认为，生命教育应该是学校教育的核心价值追求，就是让学生在学校教育中学会生存、健康成长、快乐生活、创造幸福人生。我们从“生存技能、生活情趣、生长动力、生命品质”四个层面开发生命课程，丰富学校教育的生命内涵与意蕴。

1. 培养生存技能，关注学生发展的空间

实施生命教育的过程中，我们按照学生的身心发展特点和教育规律，整体规划生命教育的内容序列。我们以“认识生命”“珍惜生命”“热爱生命”为主线，以实践体验为主，开展形式多样的生命教育活动，使学生形成强健的体魄、健康的心理、良好的意志和优秀的道德品质。

2. 培育生活情趣，丰富学生发展的环境

文化建设是学校建设发展的灵魂，我们高度重视以“生命教育”为主题的校园文化建设，启迪学生思想，陶冶学生情操，培育学生的生活情趣，让每个学生参与学校与班级管理，培养学生的自主意识和创新精神，让集体和个体的生命价值都在自主活动中获得提升和超越。

3. 助推成长动力，丰厚学生发展的底蕴

教育就是要努力回归本真，让学生形成必备的文化知识、良好的学习习惯、灵动的思维方式以及与人相处的能力，让每一个生命在校园里幸福歌唱，让每一个生命在校园里灿烂成长。我们通过各种形式的主题活动，开阔学生视野，提升学生生活趣味，助推成长动力，让学生在丰富的活动中智慧、灵动地发展，留下小学美好的回忆。

4. 追求生命品质，提升学生发展的质量

追求生命品质，就是要让每一名师生的生命活力得以迸发，生命价值得以提高。我们把“生命教育”纳入学校发展规划，通过活动，唤醒学生的生命意识，让每一个学生都意识到自己的价值；通过学校教育的切入，点燃学生的生命之火，让学生的生命活力得以迸发，为其精彩人生奠定根基。

三、春风化雨，浇灌生命教育之花

生命教育作为教育的存在形态，就是为了让生命主体的自由和幸福成长而进行的生命化教育。我们积极建构生命教育体系，帮助学生认识生命、珍爱生命，促进学生主动、积极、健康地发展生命。

（一）自我服务，锻炼学生的独立自助能力，为生命增技

独立自助是健全人格的重要构成，是人能够立足于社会，发挥其潜力的基础。我校在生命教育实施过程中，通过丰富多彩的活动挖掘学生的“独立基因”，教给学生一些自我服务的技能，培养学生的独立自助能力和责任意识。

1. 健康生活

我们将良好的体育锻炼作为提高学生生命状态的第一要务，积极开展“阳光伙伴”体育运动，重点开发大课间游戏，将武术操、太极操、轻松晨跑、花样跳绳等常态内容当作丰富学生生命成长的课程来打造。我校组建了校体育运动队，举行师生体育运动会、亲子体育运动会，让学生在校园内充分享受生命的乐趣。学校还积极创造条件，开展体育艺术节，利用啦啦操、小足球、羽毛球等体育类社团活动平台展示阳光运动成果，使阳光体育运动成为张扬学生个性的舞台。

2. 劳动生活

我们将生命教育与生产劳动结合，让学生在劳动中学会生活，体验生活的乐趣。我们开辟了种植园实践场所，建立了一块块长满各种蔬菜水果的“班级责任田”……包饺子、叠被子等生活实践竞赛不仅让学生在学习之余感受比赛带来的竞争乐趣，更让学生体会到了劳动的艰辛，培养了学生独立自助的意识与能力。

3. 感悟生活

我们引导学生形成遵守公共秩序和社会公德的公民素养，积极开展心理教育、安全教育、健康教育、环境教育和法制教育等主题活动，培养学生与他人和谐相处的能力和强烈的社会责任感、使命感和正义感。

（二）自我管理，提升学生生活文明水平，为生命增质

人创造了环境，优美的校园环境也能创造优雅的人。我们将文化建设纳入学校的整体规划，以课程的理念建设校园，关注师生的生命状态，努力用文化陪伴师生，用榜样激励师生，让校园“说话”，润心无声，为生命发展添彩增质。

1.建设优雅校园，润泽生命心灵

我们将以人为本的育人理念蕴含在校园环境建设中，努力将校园建设成一本具有生命气息的教科书。我们在校园中建设慧雅文化长廊，介绍书法、国画、葫芦丝、版画、二胡等传统艺术课程，让学生感受中华文明的博大精深；建设数学体验馆、文化主题园、身高体验壁、长度测量线等具有生活实践特点的场所，将教育与生活有机融合建设文雅苑、和雅路、仁义礼智园、晨光阁、夕驻园等特色建筑，将学生引进了优美的学习胜境中。校园里处处都充满生命气息，激励学生做人求学。

优雅的校园浸润生命的心灵，学生自然地将心灵与校园融为一体，自觉地维护与爱护美丽的校园，心境合一，润泽生命。

2. 强化自主管理，提升生命品质

我们重视学生的生命状态，小课堂大社会，通过德育主题活动和生活技能课程的开发，把学生的生活应用引入教育。

（三）自我教育，丰富学生文化知识能力，为生命增智

生命教育作为教育的实践领域，是一个有着明确的价值追求而又涵括多重主题的综合性领域，因而也是地方课程与校本课程开发与建设的重要领域。

1. 塑造生命教育课堂范式

学习活动是当下学生主要的生命历程，我们着力营造快乐而富有生气的课堂，给学生一个灵动而充满生机的学习场所，让他们享受学习的乐趣。

我们从课堂教学入手，以尊重学生与自主学习为主线，开展“三自”课堂的探索与实践。课堂上没有了“满堂灌”，更多的是生生合作、师生合作的学习形式；没有了“呵斥教育”，更多的是“慧雅小明星”“谦雅好少年”等激励性评价。我们倡导课前自由预习、课中自主探索、课后自觉学习的学习方式，将“试、交、引、悟、用”作为课堂的五个要素，形成语文学科的“问题引领—感悟”教学范式，数学学科的“五步引探式”智慧课堂，英语学科的“引悟用”体验式教学范式。

这样的课堂教学成了学生展示自我的平台，放飞童心，让生命之花在课堂上绽放。

2. 丰富多元生命教育方式

在学科教学中，我们注重渗透生命教育内容。我们发挥语文、音乐、美术等隐性学科所蕴含的丰富的生命教育内容的优势，如语文课主要通过文学作品中的典型人物和典型事件，让学生认识自我，感悟人与自然、社会、与他人和谐相处的重要性；发挥科学、品德与社会、体育等显性学科的优势，分层次、分阶段，适时、适量、适度地对学生进行生动活泼的生命教育。

3. 拓展多元生命教育内涵

我们还结合学校特点，开发生命教育校本课程。我们推出了刺绣、葫芦丝、剪纸、航模、篮球、足球、羽毛球、版画、吉他、民族舞蹈、拉丁舞等80多门自主选修课程，建设数学体验室、珠心算室、科技展室、地质展室、版画室、剪纸室、刺绣室等20多个专用教室，购置版画机、数学学具、吉他等教学设施。

（四）自我赏识，激发学生发掘潜力，为生命增色

我们通过多元课程，激活学生的学习潜能，把赏识评价当作学生认识自我、发展自我、热爱自我的有效手段。

我们搭建了多个平台激发学生的兴趣爱好（搭建表现平台——“校园达人秀”，秀出我功夫；搭建分享的平台——“优秀作品展”，展出我特长；搭建欣赏的平台——“星满校园炫”，炫出我风采），让有特长技艺的文雅之星在班级、年级和校园里闪耀，品味成功的快乐，激励学生成长。

尊重生命，以人为本。回首过往，我们甚感欣慰，全国生命教育百佳学校、江苏省绿色校园、江苏省平安校园、连云港市课改领航学校、连云港市选课走班试点学校等荣誉的取得是对我们最高的赞赏；展望未来，我们将继续前行，去探索思考生命教育的内涵，探寻生命本真教育的和雅乐章，让生命之花绚丽绽放。

（注：本文是2015年4月22日在湖南省长沙市北京师范大学生命教育研究中心举办的生命教育高峰论坛上的发言）

提高校长思想力，做有品位的学校管理者

——第四期京苏粤中小学优秀中青年校长高级研修学习体会

2015年4月17—29日，我有幸参加为期半个月的第四期京苏粤中小学优秀中青年校长高级研修活动。3月份接到通知后我心里认为这又是一次行政任务和例行的业务培训，多少有些无所谓的心态，反正就是放下手头的工作出去"休闲"几天。可从活动的第一天起这一想法就被本次培训的组织方北京市普教系统干部培训中心、江苏省教育行政干部培训中心和广东省中小学校长培训中心的精心安排、悉心指导和用心组织而改变：这是一次教育思想再提升、教育认识再梳理、教育理念再建构、教育文化再凝练和教育方法再创新的活动，是一次个人教育思想、人际交往方式、办学行为水平再提升活动，还是一次三地校长办学思想互融共通的活动，可谓是一次意想不到的提高。

囚水平能力有限，研修收获只能做以下简短呈现。

一、培训全面统筹与协作管理，让我走进教育者"心灵"之家

从报到时拿到精美的研修手册到住宿的精细安排，从培训须知到课程安排，从会场布置到人员分组，从大家互不相识到破冰之后建成的缘分之家，从讲座会场到考察学校时胡淑云主任的亲临，徐超、马甜甜等老师台前幕后的奔忙，等等，无不折射出培训计划的精致与精细。我省回俊松和曹树两位老师对我们学习的关注和生活的关心，让身在外地的我们如在自己的单位、在自己的家一样惬意。

二、专家的高端思想与前位理念，让我尽享教育文化的"洗礼"

在10多天的学习中我们聆听了10位专家的报告，我把这些报告分成三类：一是宏观的战略思想。国家行政学院杜正艾的"习近平的对外战略思

想”、中国青少年研究中心洪明的“社会主义核心价值观的内涵与培育”让我们从国家层面把握教育发展的时代脉搏。二是中观的教育规划。教育部基础教育司司长王定华的“我国基础教育改革发展形势分析与政策走势”、北京市教育委员会李奕的“北京基础教育改革实践与思考”、北京教育学院杨志成的“厘清教育综合改革历史逻辑，推进教育治理和能力现代化”、中国教育学会陶西平的“以教育信息化推动教育现代化”让我们厘清教育发展的目标与方向。三是微观的教育策略。北京市第八中学校长龚正行的“给校长的建议”、北京市第四中学校长刘铭的“学校教育的价值”、北京市第八十中学校长田树林的“教育思想课堂教学”、北京教育学院李春山教授的“中小学教育科研中问题与选题指导”，在教育行为、教学改革、学校发展、学生成长等方面总结出许多可行的策略、方法。

三、名校的办学思想和育人效益，让我看清繁华背后的教育本真

我们先后走进北京市育英学校、北京市第二实验小学、北京市东城区灯市口小学、北京芳草地国际学校、首都师范大学附属育新学校等全国知名学校。这些学校校舍精美、硬件一流，管理精致、办学一流，活动精彩、学生一流，让我们深深体会到办学的品位在于办学思想的先进、管理思想的科学、教育改革的得当、育人目标的准确，在于学校内涵、特色、文化、品质的个性化，在于课堂教学的智慧、自主与灵动，教育的本真在于成长、发展与快乐。

结合学习对照自己的日常工作实际，我认为有效而成功的教育应该是和谐的教育，应该是努力“打造有素养的教师、培养有教养的学生、打造有涵养的学校”的教育。为此必须提高校长的领导力。现代教育理论认为校长领导力应关注以下几个方面：学校教育领导力建设与学校内涵发展、校长领导力与课程发展、校长领导力与学校管理、校长领导力与教师专业发展等。我们应抓好以下三个方面的工作。

（一）注重目标引领，构建发展愿景

校长作为学校的第一责任人，担负着学校管理与发展的重大使命。要改变学校的面貌，办一所具有内涵发展活力的学校，必须把学校的基础打好，筑牢学校发展的基石。为此，确立正确的发展目标是学校发展战略选择的关

键，也是学校可持续发展的需要，是解决办学中“做什么”的大问题。

（1）构建科学合理的学校发展目标。科学合理的发展目标是学校发展的方向和航标，是凝聚人心的动力源泉，也是校长对教育的理解和把握，是校长教育思想的集中体现。用科学合理的发展目标来统领学校教师的工作、学生的学习和办学行为，才能使学校上下心往一处想，劲往一处使，并为实现共同理想而任劳任怨，孜孜以求。这样才能办出一所有自己独特面貌和深刻内涵的特色学校。

（2）构建符合教育规律的学校发展目标。学校发展目标的追求要回归教育本源、遵循教育规律；要始终基于贯彻党的教育方针，全面实施素质教育，以全面提升学生的综合素质为出发点和归宿点；要改变以往片面追求升学率，不注重探索教育规律与教学活力，不注重学生快乐学习与健康成长，占用学生节假日，不能给学生自主学习、自我管理、自由发展的空间与时间的应试教育模式，严格执行管理规范和“五严”规定；改变学生过度依赖学校、依赖老师，离开了老师和学校，学生就不懂得学习，学生自我管理、自主学习的能力全面下降的现象；改变过度关注学生分数和成绩排名，而忽视了学生品德操行、心理健康等其他方面素质的培养的现象；改变过度重视考试课程，而忽视体育、艺术、技术、综合实践活动等课程；改变考什么教什么，选修课程必修化、学校课程应试化，不利于学生全面发展，有缺失的教育。今天学生掌握多少知识不是最重要的，最重要的是养成终身学习的习惯，培养学习的兴趣、掌握科学的学习方法和有健康的体魄、良好的心理素质。这才是影响并决定人的一生的关键。

（3）构建符合现实需求的发展目标。学校发展目标的制定要立足当前，着眼未来，从自身所处的位置来考虑，既要有近期目标、阶段性目标，也要有长远发展目标。从纵向看，不同学段的发展目标是不同的，幼儿园、小学阶段发展战略目标的制定不要过于成人化，要突出本学段学生的年龄特征及其教育特点，尊重儿童天性，寓教于乐；从横向看，不同层次的学校发展目标也是不同的，要面向全体、为了每个学生的发展，要关爱全体学生并力求使每个学生在原有基础上都能有所进步和发展。

（二）提升自身功力，以高超的专业力引领发展

校长是学校改革发展的总设计师，是学校全局工作的总指挥，是师生素养提高的领跑人。校长在当好行政管理方面专家的同时，更应是教育、教学业务方面的能手。

1. 校长要做教学研究的专家

“课堂教学是学校的核心领域和中心环节，是学生全面发展的园地，是教师专业成长的场所，也是校长教育思想的基石。”作为学校校长要经常深入课堂一线开展教学研究。校长只有深入课堂，才能了解师生的酸甜苦辣，教与学的实际情况，才能掌握教学管理的主动权，才能将先进的办学理念落实到具体的教育教学中去。

2. 校长应做教学管理的行家

校长作为学校的领导者，需要对教学工作准确定位，并预设教学质量目标，领导教师以研究者的工作姿态，认真完成教学任务，全面提高教学质量；要深入到教学管理工作中，促进教学管理工作的制度化、标准化、序列化，推动教学管理向纵深方向发展，向教学管理要质量和效益；要以教学管理健全的组织建构和规章制度、完善的教学评估体系、积极的绩效考核机制，引领教学正常有序发展。

3. 校长要做羊群中的“头羊”

校长要做领头羊，在学校管理工作中学会分权、放权和授权，学会借脑、借力，发挥团队精神，协同作战，善于开发与合理配置学校的资源；校长要善于发挥整个组织的作用，充分调动学校领导班子、中层干部、教研组、备课组等的主动性和积极性，凝结集体智慧，使整体功能有效发挥出来。

（三）完善课程体系，以和谐的教育发展学生

（1）学生的发展才是真正的发展。我们学校把培养有教养的学生作为学校办学信条之一。学校管理中校长要注重学生理想抱负的教育引导，激发学生的学习热情。我校实施开放教育，提高学生在校的生活质量，提高学生对学校生活的满意度，提高学生对教学活动的兴趣和参与程度，提高师生关系的融洽程度，让学生快乐地学习，改变学生被动、消极的学习态度，促进学生快乐成长。

（2）构建多元化的教学体系。一要构建和谐高效的第一课堂。学校要通过学生参与构建自主的课堂，提升学生学业水平，为此我们学校构建了拓展学生学习时空的“三自五步”教学模式。二要丰富第二课堂。我校通过开展丰富多彩的社团活动，提高学生的综合能力，增强学生对学校生活的满意度。我校创立足球、书画、合唱、田径、鼓号、雏鹰广播站、科技等社团，每周开展两次团队活动，培养学生的个性特长和综合素质；通过节日文化，如举办读书节、数学节、体育节、艺术节、科技节等活动，为学生创设了发展兴趣、挖掘潜能、提高素质的舞台，把校园建设成为学生健康成长的乐园，成为培养学生各种才能的基地。

（3）搭建多元化的综合实践活动。我校通过实施自主化工程，让学生自我约束，培养学生自主管理的能力，让学生在参与的过程中体现主人翁意识，增强责任感，体验成功感；通过实施社会化工程，对学生进行责任感教育和感恩教育，在活动中培养学生的社会责任感；多元实践，让学生全面体验学习、生活、社会的丰富多彩，感受知识就是力量，能力与情商决定成功，激发学生认真学习的内在积极性和服务社会的责任意识。

（4）实施多元化的评价。为促进学生全面发展和激励每个学生的发展，学校的评价体系应建立在尊重学生人格，承认学生个性，呵护学生天性，赏识学生特长，欣赏学生进步的基础上，营造充满活力的校园氛围。学校要创造各种各样的条件，让有一技之长的学生都得到展示自己才华的机会，得到成功的体验，鼓励学生学会做人、学会求知、学会做事、学会分享。我们学校通过建立校园吉尼斯评定院对学生的字、画、读、体育、艺术等各个领域的能力进行等级认定。

（5）培育有内涵的校风、学风。良好的校风、学风是又一个影响学校发展的核心要素。校风、学风作为学校精神文化建设的一种核心力量，在学校发展中具有重要地位，它深刻影响着师生的思想行为，因而深受人们的重视。尤其在家长中，这一要素成了家长衡量学校的重要标志之一。很多家长将校风、学风作为择校的一个重要参考方面，他们认为好的校风、学风是重要的外部环境因素，能促进学生学习成绩的自觉提高。

（6）确立教师的成功就是学校的成功的理念。高素质的教师队伍是学校发展的有力支撑点，是促进学校发展不可忽视的第一要素。教师作为课程与教学实施的一个重要组织者、实践者，是促进学校发展的第一要素。我们应将教师教育工作提到学校发展的战略高度来认识，切实做好校本培训，培养出一支高素质的教师队伍。

（7）构建学校领导力。作为学校的重要组织资源和核心竞争力，学校领导力是指学校领导团队通过一系列外在行为相互协调整合而形成的服务于学校组织目标，确保领导过程顺畅运行的影响力。它具有逐步生成、不断内化的动态特征，能够发挥导向、凝聚、规范、辐射功能。从策略上讲，学校领导力的构建与提升依赖于校长领导能力的提高、领导团队结构的优化、学校管理制度的调整和良好组织气候的营造。

创建书香校园，打造特色学校

——灌南县长江路小学“书香校园”汇报材料

苏霍姆林斯基说：“无限相信书籍的力量，是我的教育信仰的真谛之一。”在他看来，读书是教育最本质的活动，是学校最根本的任务，是发展学生智慧最基本的途径，是教师精神成长最重要的源泉。新教育实验发起人朱永新教授说，一个人的精神发育史就是他的阅读史，一个没有阅读的学校永远不可能有真正的教育。把阅读作为“过一种幸福完整的教育生活”的基础，通过推进师生阅读，与伟大的智慧对话，让我们的精神丰富起来，让我们的社会走向崇高，是我们的梦想，更是我们学校担当的一份责任。

阅读让贫乏和平庸远离儿童，阅读让博学和睿智丰盈人生。阅读是学生获取知识的主要途径，学生通过阅读认识自然，了解社会，在阅读中开阔视野，丰富人生体验。灌南县长江路小学自2011年开始，一直注重学校阅读工程的建设，通过创设浓郁的阅读氛围，探索以课堂为主，课外校外为两翼的新的教育模式，努力营造“书香醇美的优雅校园”，努力打造内涵丰富、特色鲜明的校园和雅文化。长江路小学的师生积极参与书香建设活动，在阅读之路上共同享受幸福完整的教育生活。

结合本校实际，我校积极深入地开展“书香校园”创建活动，精心构思创建书香校园的工作方案，借助各种读书活动的开展，引领全校师生从自身做起，从点滴做起，培养浓厚的读书兴趣，养成良好的读书习惯，营造人人热爱读书、善于读书的氛围，积极践行“阅读生活化、学习终身化”的学习理念，真正让书香溢满校园。

一、搭建校园文化平台，营造浓郁书香氛围

我校把“书香校园”建设列为学校特色，纳入学校的发展规划，列为校园文化建设的重要内容。我校坚持把书香校园的创建作为我校的重要工作来实施，将读书活动和学校常规活动有机结合起来，使校园散发浓郁的书香。

1. 加强领导，多部门落实书香建设工程

创建“书香校园”，构建“学习型学校”是我校的重点工作之一，学校高度重视“书香校园”的建设工作，成立了“书香校园”活动领导小组，形成由校长罗锐任组长，副校长付祥任副组长，成员有教科室曾庆荟、教务处张海涛、六个级部主任协同实施的管理格局，在各年级教研组研讨，制订了切实可行的阅读计划，并将各年级阅读任务分解到每个月，附在各班级的课程表之中，保证阅读计划的可行与实施。

2. 做好宣传发动工作，多渠道参与读书活动

学校利用每年的4月22日世界读书日和9月28日校园阅读节、教职工大会、德育主题班（队）会、国旗下的讲话和文雅少年广播站等多种途径，向师生提出“读书好，读好书，好读书”的倡议，积极宣传创建“书香校园”活动，提出了“读书涵养儒雅教师气质，读书培养文雅少年品质”的口号，倡导全体师生参与读书、参与阅读，快乐自己，幸福人生。

3. 建设书香阵地，多形式营造浓郁书香氛围

我校在教学楼的走廊里、墙壁上悬挂着学生的诗词、书画作品，并经常进行更新，使学生进入学校就处于一种浓浓的书香氛围之中，可谓“一墙一角皆文化，一草一木蕴教育”。学校充分利用校园道路两侧的古诗词阅读长廊，和雅大厅开辟的读书苑，各年级教室外的读书吧、教室的读书角、读书文化墙，办公区的名人名言等阵地，把图书流动起来，把书香飘逸起来，书橱内外都是学生带来的图书、学校图书室提供的图书。我校通过“星满校园读书之星”评比，张贴学生读书作品，进行读书成果展示，展示读书的收获和阅读的快乐；开辟读书活动专栏，推荐学生的优秀读书笔记，展示“书香学生”“阅读之星”读书事迹和图片；用好板报、手抄报等，向学生介绍优秀的读书方法……我校用多种方式激发学生的读书热情，营造出一种浓郁的书香氛围。

4. 开放书香功能室，多角度丰富图书室藏书

学校打破条件局限，积极创造条件建图书室、阅览室，并不断添购适合师生阅读的图书。从校园的图书室丰富的藏书量，到荷叶大厅的级部学生藏书量，到班级的书橱，学生书包里规定的必读图书和选读图书，现有藏书近6万册，藏书有古典的也有现代的，有国内的也有国外的优秀作品集，时代性强，囊括文史、社会和自然科学等。学校图书馆、阅览室有专职教师和图书管理员负责，做到书橱专用，整洁卫生，图书摆放整齐美观，并设有定期“图书推借”专栏。

5. 创建校园开放书吧，多形式拓海量阅读空间

学校各班都有图书橱，学生将自己喜爱的书籍带到学校，进行图书换读，让其他同学分享书籍的美妙，感受读书的乐趣。每班的图书达人手10册左右。班级图书有专人管理，设图书管理登记本，根据班级实际情况，选定小助手操作登记事项，保证既开放阅读，又管理有序。每个年级的廊道里专门开辟“我们读书吧”，教室的读书吧专门安排了小小图书管理员安排每天图书的更换、收发和管理，和雅大厅内的级部图书是开放的阅读书吧，每天专门安排一个班级阅读好书，撰写读书心得，交流读书感受。现在学生最喜欢的地方，就是我们的读书苑，读书苑的图书包括绘本、童话故事、科普作品、文学作品等适合学生阅读的各种优秀读物。示雅大厅内的图书来自各个班级，让每个班级的图书从班级内流动到年级内，让更多爱读书的学生在课余时能够随时享受到读书的快乐时光。

6. 开设经典诵读课程，多方位培养学生的读书好习惯

学校开设专门的晨诵课和阅读课。晨诵课每天早晨20分钟，学生阅读课本，阅读经典美文。阅读课由语文教师带领学生开展形式多样的读书交流课、读书汇报课、新书推介课、童书导读课等课型。每个月德育处专门安排一次读书主题班会课，班主任带领各班级学生开展读书交流汇报和成果展示活动，绘制读书手抄报，书写读书心得，设计读书黑板报，张贴学生读书作品，不断提升学生的读书质量，展示学生的读书收获，让学生领略中外名著，吟咏古今诗文，在阅读实践中培养学生的阅读习惯和兴趣。

（1）晨诵，吟唱经典名篇。每天7：40—8：00晨读20分钟时间，诵读经典，各年级层级递升，一、二年级重点是《三字经》《弟子规》等，三至六年级重点是唐诗宋词，同时每班可自行选择书目。我们经常采用教师带读、学生齐读、优生领读、学生自由诵背等多种形式，让学生坚持天天吟诵，并提倡制定恰当的周背诵量。

（2）午间，静读文学经典。每天中午的午餐生班级，辅导教师带着学生开启阅读时光，教室都是极其安静的，学生认真地阅读。午休回家的学生就来到和雅大厅内安静阅读，各得其乐。

7. 展示读书成果，多层面分享读书的智慧果实

学校每学期高年级部开展师生读书交流展示活动，推荐一本好书，中年级部开展读书主题演讲，低年级部开展“我是小小故事王”讲故事比赛评比活动，培养师生共同的读书习惯。学校为每位教师配齐教师专业发展图书，为启航行动青年教师配足教师必读教育名著，如《迷人的阅读》《给教师的建议》《魏书生班主任工作漫谈》等，鼓励师生多读书、读好书，博览全书，厚积薄发。学校还通过多渠道搭建校园文化平台，展示师生的读书活动成果，教师积极参加连云港市教研室举办的阅读工程大赛、阅读工程比赛，学生参加县、市级阅读工程读写比赛，我校张娟、庞海霞、孙晓娟老师分别获得市一等奖，胡金金、孟思雅、汤舒涵等20名学生获得市阅读工程读写大赛一等奖。武晓波老师的阅读专题论文在《教书育人》《新疆教育》等刊物上发表。曾庆荟、温广利老师参加江苏省瑞云杯教师诗歌创作大赛获得二、三等奖。积极健康的读书活动，切实引导我校师生多读书、乐读书、读好书，帮助文雅少年树立正确的人生观、价值观，提高人文素养，为学生终身发展夯实了阅读基础。

二、开展丰富多彩的读书活动，激发阅读兴趣，品尝书香硕果

爱因斯坦有句至理名言：“兴趣是最好的老师。”而活动能点燃兴趣的火花。因此我们开展了丰富多彩的读书活动，把读书和活动紧密结合起来，活动的趣味性越强，读书就更富有吸引力。学生通过实践活动学到知识，得到锻炼。

1. 定期举办主题读书活动，让书香提升学生素养

学校多次开展各种主题的读书活动，如以“诵读经典　学会做人”为主题开展读书活动，使学生在品味经典著作的同时，体会到读书能让人成长；利用国庆节期间，读一本好书，开展“书香假期”主题读书活动，深化学生利用时间多读好书的意识；以“我爱书香校园”为主题，开展“诵读诗

歌”“故事会”“亲子共读”“好书伴我成长——好书推荐会”等读书系列活动等。

2. 经常组织学生参加读书比赛，让书香成果濡染同伴

我们提倡学生“多读名著、读懂名著”，组织学生参加征文活动和各项比赛。学生不仅积极参与，并且取得了成果。近年来，我校学生参加各类各级讲故事比赛、演讲比赛、朗读比赛、读书征文比赛，如胡金金、潘昭宇、纪敏等同学参加市“风华小主播”比赛获得市特、一等奖；在县新华杯读书活动征文比赛中，王中亚和曾庆荟老师指导学生读书征文获得一、二等奖；2015年6月，王娥老师在市领航课改学校验收中上了一节阅读指导课《上下五千年》，获得市教研室马建明主任的高度赞誉。近两年来，我校参加市、县师生阅读工程比赛，有近30人次获得市、县一等奖，在读书成果方面获得市、县主管部门高度肯定。

3. 每学期举办读书交流活动，让书香涵养学生的底蕴

学校少先队大队部结合读书节、儿童节、国庆节等重要节日纪念活动，在文雅少年中开展以名人为榜样，或以爱国主义教育为主题的各项读书比赛活动，激发学生的读书热情，培养学生的爱国主义情感。学校每学期由学校教务处牵头，德育处、语文教研组主办“好书伴我成长”等主题读书比赛活动，各班学生人人参与，热情高涨，极大地提高了学生读书学习的热情。在每次读书活动中，各班级涌现出许多阅读明星，更多的班级被授予书香班级荣誉称号。

4. 经常举办各种读书知识活动，让学生视野更加开阔

我校结合公民道德教育、爱国主义教育、国防知识教育、普法知识教育和环保知识教育等，开展主题鲜明的知识传递活动，引导青少年读书学习。每学期我们结合本校的特色读书活动，指定书目全校师生共读，要求读中华传统文化，灵活运用文化知识。我们在学校的各种板报、专栏中开设读书角，展示学生作品或学生的读书成果，并在每周二的语文天地中，结合读书活动开设广播栏目，如诵读优美文章、诗歌、童谣和名著片段等。

5. 开展“三读一诵”及经典诵读展评活动，让经典伴随学生成长

学校扎实开展了“三读一诵”活动，确立了专门的读书时间，各班明确读书要求，要求师生坚持做到早读、午读、晚读和课前精彩2分钟演讲，旨在通过诵名诗、读名篇、看名著，引导全体学生在耳濡目染中潜移默化，让学生传承民族精神，鼓励其争当文雅少年。为丰富校园文化生活，陶冶学生的情操，提高广大师生的综合素质，每学期我们在全校范围内分教师组和学生组开展经典诵读展评活动，激发了师生诵读经典的热情。

6. 开发古诗铃声诵读，让古诗词在每课一诵中得以落实

学校为了推动书香校园建设，把古诗铃声资源作为学生诵读的一个重要渠道。我校通过每周古诗铃声的安排，每周五制定好下一周的古诗诵读，每人一份古诗，利用周末自由诵读。周一到周五课前全班诵读，学生在长期积累中不知不觉完成了对优秀古诗文的诵读任务，达到了水到渠成的最佳效果。

7. 开展多种交流评比活动，让书香学生彰显风采

为营造书香校园的氛围，激发学生的读书热情，同时丰富学生的业余生活，培养学生对绘画的兴趣，我们举办了手抄报、读书卡、读书笔记、阅读体会等交流活动。少先队大队部还通过红领巾广播站，倡议全体学生养成“好读书、读好书”和“文明读书”的习惯。学校每学期还根据各班学生的读书情况，进行“书香班级”“阅读之星”等评比活动。学生在活动中认真准备，积极参与，既增强了审美意识，又在交流评比活动中互相学习、提高，极大地调动了读书的积极性。

“好书相伴，幸福师生。”我校师生畅游书海，与和雅结伴，与经典相约，与诗词握手。师生生动活泼地学习，争先恐后地表演，身心自由地发展，焕发了灵性的创造力，智慧的火花不断迸发，创新与开发的能力不断提高。

三、让读书成为一种习惯，让书香伴随和雅文化散发馥郁芬芳

不读书，无以知窗外的精彩；不读书，无以知世界的宽广；不读书，无以晓知识的力量。走进灌南县长江路小学的校园，随处可见读书的画面，时时响起诵读的声音，书香飘满校园的每一个角落。我校开展读书活动，创建“书香校园”，每位师生都满腔热情地读书，写读书笔记，交流读书心得，并积极参与有关读书的活动。喜爱读书、买书的学生多了，学生养成了良好的读书习惯，提升了素养，丰富了文化内涵。学校师生在书香校园里读书、思考，丰富思想；在心灵沟通中对话、感悟，品味生活；在求索之路上实践、发展，积淀人文精神。读书，使师生的生活更丰富、更幸福；读书，使师生的思想更成熟、更健康。

腹有诗书气自华，最是书香能致远。我们深知，是读书滋润了我校师生的底气，是读书给予了我们灵气，是读书让我们得到了提升。让书香熏染每个学生，“撑起学生多彩的天空，构建书香四溢的和雅校园”的办学理念，是我们不变的追求，为此我们将不懈努力！我们坚信学生与书相伴，一定有思想、有活力。我们要让学生在读书的过程中不断完善自己的人格和品德，做一个爱祖国，有追求，讲文明，有毅力，善于拼搏，不断进取的人。我们也相信书香飘溢的校园，一定会有内涵、有发展！“让读书成为习惯，让书香飘满校园”，将会发挥更大的育人作用，盛开出更艳丽芬芳的花朵，结出更大、更香甜的硕果。

和爱儒雅做优秀教师，力行勤创办品牌学校

——2012—2013学年第二学期工作述职

尊敬的综合评估专家：

大家好！

我今天述职的内容分两部分：一是学校工作，二是个人工作。这两方面的工作我以“和爱儒雅做优秀教师，力行勤创办品牌学校”为目标追求，努力做一名有思想的好校长，力争办一所有声望的品牌学校。

本学期我们在县教育局“创新教育、精致学校、高效课堂、幸福师生”方针的指引下，继续以和雅文化为核心价值观，践行“用智慧教书，以爱心育人”的办学理念，以文化建设为核心，以课程改革为突破口，以管理规范为抓手，以提高教育教学质量为目标追求，做有效教育、做特色教育、做适合师生发展的教育。

围绕学校发展规划确立的“培养有才能的文雅学生，造就有才华的儒雅教师，营造有品位的优雅校园”这三个重点，我们以“和”育心、以“德”树人、以“雅”引智、以“读”增才，着力实现六个“再提升”：①教育教学质量再提升；②教师专业素养再提升；③学生综合素质再提升；④自主管

理水平再提升；⑤“三自”教学模式实效再提升；⑥校本课程开发品质再提升。

一、在校园建设方面

我们坚持“和谐雅致”，办像公园一样的学校，努力让学校成为学生学习、生活、娱乐和成长的乐园。

1. 多渠道争取支持　美化育人环境

灌南县委书记阮冰心系学生安全，亲自解决学校周边环境治理问题。学校位于硕项湖畔，因周边工程建设，门前道路施工车辆和放学时家长接送车辆拥堵，给学生安全造成很大隐患。阮书记十分关心学生安全，多次在放学时段来校视察指导，并会同相关部门研究制订解决方案：在中专院内开辟广场，供我校学生放学等候。县教育局程局长关心校园环境美化。学校的绿化面积大、资金需求大、质量标准高，为了能尽早完成校园绿化，在县教育局程局长、董局长和孙书记的指导下，学校绿化施工得到县委常委杨新忠、副县长张文艳的大力支持，两位领导带领林业局和园林所工作人员到学校现场办公，确立学校绿化方案，划拨专项资金26万元，由县园林所以移植和新栽两种方法进行施工。如今，校园景色如画。

2. 多策略全面开发　打造书香校园

为营造浓郁的育人环境，打造书香校园，我们开发文化墙、创建书香班级、开辟开放式阅读书吧，让学生把读书作为最常态的校园生活方式。

3. 多层面积极创建　提升学校品牌

我们抓住上级部门安排的所有创建机会，积极做好学校品牌的彰显工作。这学期我们参加了省平安校园创建、市合格警务室创建、省绿色学校创建、省节水型学校创建、五五普法先进学校创建活动，在创建验收现场，我们工作的创新措施、各种材料的准备都受到验收专家的高度评价。这从一个层面向上级部门和社会各界彰显了我校工作的严谨、高效和优质。

4. 多方位获取合作　促进规范治校

为了提高校长办学的科学性、规范性和民主性，让校长工作有监督、有检查、有考核、有质量意识，我校成立教职工代表监督团、家校共建委员会和第三方评价与监督委员会，在一些重大决策上把校长行政会议研究的方案在这三个委员会上征求意见，接受监督。

二、在学生教育方面

我们坚持“和乐文雅”，努力引导学生像君子一样“博学、笃行、善良、高雅”。

1. 以雅育德，强化德育主题教育

我校进一步深入探索学生“举止文雅、谈吐温雅、内涵博雅、气质贤雅、品德敦雅、学识慧雅”的“六雅素养”的内涵与培养途径，提出和雅素养文化标签“和爱向善、和顺至孝、和合立仁、和乐有信，文雅明礼、博雅启智、儒雅求真、贤雅尚美”，开展守规范、求安全、强身体、健心理、增知识、长智慧等各个主题教育活动，以德育主题活动、生活技能活动为平台发展学生的综合素养。

2. 以雅启智，深化课堂教学改革

我校以建构式生态课堂为指导，实施有效的、体现学生自主性的教学；完善“三自”课堂教学模式（课前自由预习、课内自主探索、课后自觉学习），以引导学生自学为主要目标，加强少讲、精讲，优化练习的研究；以因材施教为原则，加强培优补差，追求整体提升。

3. 以雅引趣，优化特长社团活动

我校以读书、写字、艺术修炼、体育锻炼、数学思维等社团活动促进学生开展丰富的课余生活。如今我校学生每人都能吹奏葫芦丝，每人都跳得一手好绳，有自己丰富的课余学习与生活方式。

4. 以雅激励，搭建全面评价平台

我校在学生管理方面坚持标准引领、过程指导和激励促进的原则，以安全教育为核心，以卫生习惯为重点，以行为规范为抓手加强日常管理，创新管理策略；以积分增强班级、学生的自主管理意识，以分组定位、提升学生的自主管理水平；以日常卡片激励学生自主守纪，以周评、月评促进学生提升素养、以雅促雅；通过读书节、校园体艺达人秀、六一体育艺术节、数学节等活动，为学生搭建表现才艺的舞台，激励学生自主提升综合素养。

三、在教师队伍建设方面

我们坚持“和爱儒雅”，引领教师做像孔子一样“有爱心、有耐心、有责任心、能细心、能将心比心”的有思想、有智慧的儒雅教师。

本学期我们结合全国上下整顿行风的要求向全体教师提出校园生活六项规范，即“廉洁清明、爱岗敬业、遵守规律、执行规范、创造快乐、缔造幸福”。

1. 用“和爱”修炼师德，提升教师的职业幸福指数

在县教育局“铸师魂　强师能　正行风”主题教育活动精神的指导下，我校创造性地开展了学校的“三比三”注重行风建设活动——教干层面比奉献，注重工作状态；比质量，注重工作原则；比实效，注重工作常规和创新。教师层面比教学，注重课堂行为；比管理，注重课余活动；比学习，注重专业成长。这样引领全校教职工“讲团结、树正气、讲成绩”，通过趣味体育比赛、包饺子、葫芦丝吹奏、教学业务技能等文体和专业竞赛活动的开展，提高全校师生校园生活的职业幸福感。王敏老师荣获县“学生最喜爱的班主任”评比小学组第一名，并成为市“学生最喜爱的班主任”评选活动候选人。

2. 用“儒雅”强化师能，提高教师的专业技能水平

我校通过教师个体自学、教研组同伴合作和专家渗透式引领三种形式创新抓实教师培训与研修工作。在做细、做实日常教研活动的基础上，这学期我们还邀请连云港师范高等专科学校第一附属小学和第二附属小学、南京长江路小学、《小学数学报》、江苏省教育科学研究院基础教育研究所等单位的专家做讲座。我校成功举办第二届和雅教育长江论坛。全校57名教师安排外出（县外）学习达60人次。高投入的培训收获喜人的成果：在参加县统一安排的远程教育培训中我校教师参训学习状况和学习成效得到县教育局领导的高度评价，在县举行的基本功竞赛中我校教师冯会芹、孟云、韩张惠子、宋凌等6名教师获县一等奖，庞海霞、孙红、刘秀凤等获市二、三等奖，曾庆荟等20人次80余篇论文在市、县获奖。

在全体教职员工的共同努力下，学校办学质量得到了上级部门的认同，学校的办学品牌得到了家长和社会的赞誉。在县教研室举行的小学生写字与阅读比赛中，从目前公布的写字成绩看我校取得了一、二年级全县第一，三年级全县第二的好成绩，12名学生都将代表灌南县参加连云港市书法竞赛，其中一年级的张志坤同学、二年级的王雨蒙同学、三年级的王尧同学分获所在年级的全县第一名。有12名学生参加市阅读比赛（达每校规定名额的最高限）。我校还荣获县广播操比赛一等奖。学校在教师专业成长和学生综合素养培养等方面的创新做法被《现代教育报》专题报道。

四、在个人成长方面

我不断提醒自己要做到德正、技强、清明、友善、节约和敬业，向教师认同，学生喜欢的好校长方向努力，使工作中的每一件事都与学生成长、教师成长、学校发展联系在一起思考。

1. 努力做上班最早，下班最晚的人

只要我不出差，每天早上我就在6点半来到学校，检查住校学生的晨起、检查早到校学生的读书，检查食堂师傅接收食材……晚上等学生都安全进入宿舍后，我再在校园里查看一番，在确认所有门窗、所有水龙头、所有电器开关全部关闭后我才放心回家……

2. 做教学研究的带头人

我坚持参加学校所有学科的教学研究活动，听课、评课、上观摩课，一学期听课60余节、开设讲座10余场、上9节市级以上观摩课。

3. 做专业发展的引路人

我利用自己省特级教师和市小学数学专业委员会副理事长的身份，邀请市内众多教学名家为我校教师专业成长指导引路，为教师的成长成名搭台。我校熊敏杰老师被市师资处安排在全市珠心算实验现场会上执教示范课，冯会芹、孟云和张伟平三位教师入选中央电教馆优质教育资源开发项目组，进行微型课的录制。

4. 做学生学习与生活的知心人

我经常利用学生课余时间走进学生，与他们一起跳绳、一起跑步、一起读书，了解他们在学习与生活上的想法与要求，为教育教学管理决策提供来自学生需求的信息，让我们的教育更加适合学生。只有适合学生的教育才是自然本真的教育。

耕耘校园，收获讲坛，做缔造幸福的教育人

作为教师的我，在三尺讲坛上已经工作了25个春秋，2012年对于我这个老教师而言是收获的一年；作为校长的我，校长岗位上管理学校仅仅是第二年，对于我这个校长新兵而言，2012年是耕耘的一年。现将这一年的工作做简要汇报。

一、收获讲坛，品味幸福的教育人生

自工作以来，我一直坚持以提高工作质量、确保教育效率为职业追求，认真学习理论知识、积极探索教育方法、不断提升教学艺术，努力建构民主平等的师生关系，想学生所想、教学生所需，教育教学质量一直名列前茅。在提高教育教学质量的同时，我坚持提高自己的教育教学业务水平，坚持教师专业发展，不仅收获了学生的成长，也收获了自己的发展。2012年上半年，我再次荣获市名师称号，2012年下半年被评为江苏省特级教师，这是我从教以来一直追求的梦想，从10年前第一次申报，用了整整10年的时间。教育需要的就是一份执着、一份坚持和一份守候。任尔东南西北风，咬定青山不放松。坚持自己的教育梦想，就能走到理想的彼岸。

二、耕耘校园，缔造幸福和谐的环境

校园是一方净土，是一方生活与成长的净土，是一方学习知识的净土，是一方创造快乐的净土，是一方缔造幸福的净土。在这片净土里，所有的收获都需要我们用心耕耘。

（一）耕耘思想的园地，缔造教育文化境界的幸福

2012年，我们在2011年学校创办之初确立的和雅教育文化品牌的基础上，深入探索与创新和雅教育的理念和实践，提出“和爱务实、儒雅求真”的核心价值观，加强文化氛围的营造，引领教师像孔子一样做“有爱心、有耐心、有责任心、能细心、能将心比心”的“五心”教师，用儒雅教师的学

术和情怀做好教育。

我们主要的工作措施有以下几点。

1. 开设读书吧，引领教师品味书香

教师在“读书增知、书香怡情”思想的指导下通过读书丰厚底蕴。凡是教师需要读的书，学校全额报销。每周一的下午学校“教育大讲坛”和“好书推荐”活动，促进教师教育思想的形成和思想的交流。

2. 优化机制，实施和雅文化建设

我们创新工作举措，用活奖励机制，围绕和雅文化打造工程，细化学校各项制度的制定与落实，提出以“和爱向善、和顺至孝、和合立仁、和乐有信；儒雅求真、文雅明礼、贤雅尚美、博雅启智”为和雅文化的标签，引领大家把德、能、勤、绩等融入和雅文化建设的自觉行动。

3. 美化环境，营造和雅书香氛围

我校利用大厅、廊道、教室、橱窗等营造浓郁的书香文化环境，栽种树木、种植草坪对地面进行绿化。

4. 创新管理，打造特色品牌学校

我校实行自主管理，以榜样引领、激励引领和发展引领，促进师生的健康、自觉发展。特别是在学生的评价方面，我们以日常激励卡片及时发放、每周文雅少年奖励、每月和雅少年评比、校园值得欣赏的年度人物评比为主要平台，促进学生全面发展。

（二）耕耘学习的园地，缔造学生成长的幸福乐园

校园是学生成长的主要地方，要让它成为学生乐意来的地方、乐意投入精力和智慧的地方。

1. 打造“三自”课堂

我校以“和而有序、雅而自主”的课堂学习理念，开发学校课堂教学主模式——“三自”教学模式。

2. 实施每日“三课”

每日“三课”即“晨诵、午临、暮说”，围绕学校编写的校本文化读本，开展晨诵活动；以《儿童习字册》为重点，开展午临活动；以培养学生的口语表达能力为目标，开展暮说活动。

3. 开展每周“三活动”

每周“三活动”即周一的德育主题日教育活动、周三的学生体艺特长展示活动、周四的学生单项技能比赛活动。

4. 开发校本课程

我校每月出版一期《雅荷》校报，整理编印学生的经典读本《少儿诗词》、长江文化《江海潮韵》《汇川雅韵》、校本文化《荷风雅韵》，并把校本特色课程融入学校的日常教育教学活动。

5. 打造艺术特色

我校每年开展一届校园体育文化节，培养学生的体育情操与素养。我校把武术操、韵律操、葫芦丝作为特色打造。我校还倾力打造和雅社团，开展包含音乐、美术、书法等7个门类、16个学科的兴趣小组活动，每周二、周四开展社团活动。

（三）耕耘研修的园地，缔造教师发展的幸福空间

我们倡导教师工作之余休闲生活，用读书怡情、写字养心、锻炼健体、研究增智的工作与生活理念，引导教师走进书香、浸润墨香、放步操场。我校扎实开展教师"读书研究共同体"教研周周有活动，"粉笔字、钢笔字和毛笔字"天天练活动，每天锻炼一小时活动，促进教师业务水平、身心健康发展。

1."三级教研"，助跑专业成长

我校以教研组为载体，采用"校本教研""校际交流""名师指导"三级研修模式，有效提高教师的业务素养和科研水平。

我校多次与新安小学、孟兴庄小学等县内小学开展"建构式生态课堂"研讨活动。为引入名校品牌与管理机制，提升我校办学品位，2012年4月，我校与南京市长江路小学结为"联盟共建"学校，长期邀请南京市长江路小学校长担任学校的发展顾问。2012年3月、10月和11月，我校组织三批骨干教师组成的学习团队进驻南京市长江路小学，分别进行为期一周的学习交流活动。2013年1月6日，南京长江路小学4位名师到我校开展"自主课堂"送教活动，我们先后邀请特级教师马建明、教授李明高、正高级教师顾长明为我校教师进行前瞻性业务指导。

2. 课题研究，打造学者型教师

我校每月开展一次课题研究沙龙，目前，我校有4个市级"十二五"规划研究课题已经结题，2个市级课题、5个县级课题已经获得立项，还有11个校级课题，正在实践研究之中。2012年，我校多篇论文分别在《小学教学研究》《江苏教育报》《读写算》《教师》等核心期刊上发表。全校有80多位教师的论文在省、市级论文评比中获奖。

2012年对于灌南县长江路小学来说，是非凡之年，是学校成长发展的第二年，是我们创业立名之年，大家用短短的1年多时间，将学校创办成县内一流的学校，和雅教育品牌在灌南大地上生根发芽，“名校”的气势在市内得到认同，“高质量”办学效果得到了家长的一致认同。

在县级历次质量调研中，我校均名列前茅，荣获2012年县教学质量奖和县综合评估集体奖。女教师健美操队获得县“三八”教师健美操比赛一等奖，两名教师在连云港市航模科技竞赛活动中荣获“连云港市优秀辅导员”，所有参赛学生均获市一等奖，学生的武术操在全县创建活动中展示。在省教育均衡化验收中，我校高标准通过省督查组的督查、验收。学校先后被评定为江苏省教育现代化合格学校、江苏省珠心算实验学校、连云港市平安校园、连云港五星级工会、连云港节水型学校，与江苏省南京市长江路小学结成“联盟共建”学校，被北京师范大学生命教育学院评为生命教育优秀实验学校，被中国教育学会评为先进单位，《江苏教育报》、《教师》、《苍梧晚报》、《灌南日报》、县电视台等多家媒体做宣传报道，和雅文化建设在市级学校管理论坛中交流，《文明网》也做了专题推介。

在师生共同努力下，2012年我们在收获中享受幸福——收获“学生的成长”，体会教育的幸福；收获“教师的发展”，体会职业的幸福；收获“学校的成名”，体会立业的幸福；收获个人的健康，体会生活的幸福；收获家人的和睦，体会家庭的幸福。

2013年，我们盘点前一年的收获，挖掘快乐因子，品味工作与生活幸福的同时，我们将用心播种新的希望、激活奋进的动力、焕发我们身上的正能量与爱心，为新一年的幸福生活继续努力。

和爱儒雅建校路　雅行深致育少年

按照县委组织部的要求和教育局的安排，我需要把一年的工作向各位领导和我们学校的教职员工做一次汇报，接受大家的考核。我先做一个申明：我的工作实际上是大家做的，我的成绩就是大家的成绩、学生的成绩和学校的成绩。

2011年对于灌南县长江路小学来说是良好的开端之年，对我个人而言是人生新征程的开始之年。2010年一年的过渡时期，我们借灌南县实验小学的品牌，以实验小学分校的形式，招收一年级4个班，在15名教职工的共同努力下初创特色，为学校发展奠定了坚实的基础。

随着学校工程进度的不断加快，以及学校周边居民上好学的迫切需要，为促进教育高位均衡发展，县委县政府决定将长江路小学从实验小学中分离出来，成为一所独立的学校。教育局创新三大措施为长江路小学招聘人才：①公开考聘，选骨干。招聘于2011年7月23—28日通过笔试和面试优选20名骨干教师。8月20日正式确定到长江路小学任教的有17位骨干教师。②公推竞选，定校长。7月29日—8月4日，由县委组织部安排实施的县城4所学校公推竞选校长活动中，我有幸被选为长江路小学第一任校长，于8月5日上午获得任命，当日下午进入工作状态。③校长择优，挑教师。教育局决定由校长从县城学校和优秀大学毕业生中挑选部分教师。通过这三种方式，学校教师共35人，于8月21日齐聚长江路小学，召开第一次会议，研讨学校发展策略，制订暑期培训计划，布置落实开学各项工作。在短短的10天时间里，全体教师齐心协力，清理建筑垃圾，整理校内外环境，以洁净的新貌迎接长江路小学新校区的第一次开学。学校在管理与发展方面，以高目标、高起点、高质量为标准要求，在做好做细常规的同时，努力提升内涵建设，强化品牌特色。

一年来，在县委县政府的关心、县教育局的悉心指导、家长的积极支持和社会各界的关注下，我与全体教师一起，走过了创业、创新、创品牌的启航之路。现将主要工作做简要汇报，敬请各位领导批评指正！

一、紧催急赶，高效率推进工程进度

2011年8月5日上午参加县聘任大会，接到教育局颁发的长江路小学校长任命书后，我于当天下午就与杨波和陆宇两位副校长来到学校建设现场。记得当时的工程还没有结束，离上课的标准还有一定的差距，我们就和施工单位（万年达建设集团）的领导召开协调会，与他们一起定工程进度推进时间表，定落实责任人、定督促检查人。在双方的共同努力下，工程终于在8月26日全部竣工，学生如期开学。

二、思考论证，高品位确立发展思路

如何才能完成县委县政府“办全市第一”的学校的宏伟目标，是摆在全体长江路小学人面前的一个课题。仅仅满足于做好常规管理工作显然是不够的，我们有高位发展的优势，35名成员的教师团队是一支高素质的队伍，大家在研讨中生成思想、凝聚理念，和雅应运而生，像办公园一样办学校，建设“和雅温馨、清雅有序、典雅大方、书香醇美”的人文校园，成为我们所有人心中理想的教育目标；在“和合共济，雅行深致”的学校精神引领下，努力培育“书香醇美，雅致和谐”的学校形象；紧紧围绕“关注生存状态，营造成长乐园，撑起生命多彩的天空”的办学宗旨，以“襟怀和雅，力行勤创”为校训，围绕一个主题——“文化立校，建设书香醇美、和谐优雅的校园”，抓住两个重点——“和爱共融育文雅学生，德行并举塑儒雅教师”，通过传承经典，接轨现代，夯实文化底蕴，提高学生的综合能力，以课题引领，自主研修，探索育人方式，提升教师的育人知能。

三、和爱儒雅，高素质打造教师团队

我们用“爱心、耐心和细心”打造精品教育。全体教师肯担重担，无私奉献，在教育现代化创建过程中加班整理与清洁校园，每人的清洁区任务之多、之繁、之难全县仅有。全体教师的学习精神强，研究习惯好，课堂教学“三自学习”模式在大家的教学实践中得到完善，教材教法讲坛与网上茶吧式研究，读哲学人文教育类书，习毛笔、钢笔和粉笔“三字”等不是行政任务而是大家生活、工作之余的重要生活方式。这一举措掀起了全县各校教师的练字热。所有这些活动激活了我们的思维，拓宽了我们的视野，丰厚了我们的底蕴，提升了我们的教育技艺。

四、文雅勤学，高质量提升学生品行

学生素质的高低是学校办学水平的晴雨表。对于学生素质，我的认识是：高素质的学生要有良好的心理品质、健康的身体、勤奋的学习意志力和文明的人文素养；要有丰厚的知识基础、扎实的学习能力和灵活的思维水平；要有独特的个性、鲜明的特长和前卫的眼光和境界。育“举止文雅、言谈温雅、内涵博雅、气质贤雅、品德敦雅、学识慧雅”的文雅学生，让学生像君子一样生活，是每个教师的育人理念和工作指南。大家在“三雅”引领下，研究、探索、实践，创新、创造、创生。“自由预习、自主构建和自觉实践”的三自学习模式，“我是小主人”的自立管理体系，“我是正人君子”的德育主题体验活动，“我是小艺术家”的体艺达人展示，即时奖励卡片和每周文雅少年评比等一系列教书育人的措施扎实推进，并初显成效。学生形成爱读书、讲卫生、守纪律、有礼貌的良好风尚。学生课堂专心投入，课间礼让恭谦，课后浸润书香，在家里尊老爱幼孝敬父母，在社会上文明守纪，初具君子品质，尽显雅士风范。

五、科学规范，高强度建设学校品牌

和雅已经成为灌南县长江路小学的代名词，得到各级领导与相关学校以及家长与社会的认同。在县教育局学校文化建设检查评比活动中我们的和雅教育文化理念被教育局确立为优秀典型并进行推广；在教学视导检查中“三自”课堂、教师自主研修、文雅少年培养策略和成效受到肯定；在教育现代化创建活动中学校各项工作多次受到省、市、县领导和专家的赞赏；在教职工篮球赛中，我们以和雅的参与理念、不屈的拼搏精神，勇战强队，给全县教育系统的同仁留下了深刻的印象；在市级各项创建活动中平安校园、心理咨询室、星级食堂和优秀教科室等均以高标准、高质量通过；在县教学质量调研检测中一年级第4名、二年级第2名，荣获县教学质量奖；在综合评估中我校名列全县第4名，获教育教学管理先进单位，被评为省珠心算实验学校。所有这些充分说明我们长江路小学的团队是乐于奉献、勤于做事、善于创新的有战斗力的群体。

六、优化整合，多方位搭建学校发展平台

学校的发展离不开教师的付出，离不开政府的关心支持，离不开教育行政部门的指导。我认为学校的发展更离不开家长的理解宽容、支持认同和配合。为调动各方资源，我们一改以往家长会学校一言堂的做法，开发整合家长与社会资源，与家长和社会共同撑起教育的天空，成立家校共建委员、第三方与评价监督委员会，通过召开专题会议研讨教育学生的策略方法，商谈解决教育热点问题。实践证明，这样的平台对化解家校矛盾，化解社会误解，促进家校合作起到了一定的作用，有效地提高了学校工作水平。

七、公正民主，高标准要求自我

从实验小学分管教学的常务副校长，成为一所新建学校的校长，于学校于我都是第一次。上任伊始，我给自己的校长角色做了定位：做管理层的领头人、做教师的知心人、做业务的领军人、做学校经费管理的吝啬人、做专业发展的痴心人、做学生幸福成长的守护人。一年的时间里我在这个团队中没有特权和特殊，我要求副校长做的我做到了，要求教师做的我做到了，别人没有做到的我也做到了。我与大家一起研究、一起读书、一起上课、一起练字、一起分配各项校园里的劳动任务，我就是这个学校的责任担当人、问题化解员和大家需要的服务员。在学校财务管理和资金使用上我努力做到公平、公正、透明、民主，每一笔资金使用都经校长办公会研究、教职工代表审议、部分教师参与市场价格调研，然后才能确定；在师生发展方面，我努力为大家创造机会，60%的公用经费用于教师培训；在自我发展上，我要求自己像以前一样执着，上公开课、做讲座、参加比赛、撰写论文，所有教研活动积极参加，我终于圆满走完10年评选特级教师之路，从市名师、县首席教师光荣地成为省特级教师。

回顾成绩，我们欣慰，我们的付出是有回报的；展望未来，我们乐观，学校的前景会更美好，祝愿我们的学校在全县各方瞩目下会一天更比一天好！

不当、不妥、不完善之处诚请各位教师审议，敬请各位领导指正！

和爱儒雅的教师创建和雅的品牌学校

——2013—2014学年第一学期工作述职

2013年即将过去，
当我们站在岁末边缘回望来路时，
我们共同走过的那些甜美的日子，
在漫天飞舞的雪花中渐渐凝成了。
一个个温暖的记忆、喜悦的收获和动人的幸福。

每一个回忆都有勤奋的努力，
每一分收获都有着喜悦与幸福，
在依依惜别2013时，
总会因一些幸福而产生的感动，
更因为感动而留下了永久的记忆。

在快乐迎接2014时，
总会有一些希望而孕育梦想，
更会因怀揣梦想而仰望星空！
因播种希望而脚踏实地！
我们一直是播种希望之路上勤劳的行者！

——题记

2013年是我校成长历程中的第三个年头，在学校发展的起始阶段，大家用短短两年的时间将学校创办成县内一流、市内有名的学校。2013年我们巩固自己的办学成果，延续自己的工作作风——敬业、勤奋、合作、创新，让和雅教育品牌、博雅教育特色在长江路小学生根，在市、县教育界立足，在江苏省名校中崭露头角，让高效的课堂模式促进师生的发展，精致的名校气质得到各界的认同，优质的办学效果受到家长的赞誉。

一、坚持办学目标

用“任尔东西南北风，咬定青山不放松”的精神恒守目标不偏离。

2013年是落实党的十八大精神的第一年，是县教育局实施“创新教育、精致学校、高效课堂、幸福师生”主题活动的第二年，也是我校发展的第三个年头，我校坚持办学以来确立的办学目标——培养科学精神与人文素养和谐发展的文雅学子，切准主题，理清主线，紧凑实施，用爱心育人，用智慧教书。我们以文化建设为核心，以课程改革为突破口，以管理规范为抓手，以提高教育教学质量为目标追求，做有效的教育，做有特色的教育，做适合师生发展的教育。我们坚持以“和”育心，以“德”树人，以“雅”引智，以“读”增才的实践目标。

二、坚持教育实践

用“纸上得来终觉浅，绝知此事要躬行”的风格做实教育的每一件事。

（一）做像孔子一样耐心、细心、有爱心的教师

1. 关注教师工作与生活状态

让教师拥有积极的心态、健康的心理和强壮的身体投入工作。

（1）建设教师民主管理委员会，让教师参加学校管理与决策。我校由工会牵头，在全体教师中海选出12名教师组成教师民主管理委员会，负责对学校重大事情的民主监督，参与学校管理。

（2）爱心早餐，让教师带着温暖的心走进课堂。我校每天早餐从6：30—8：30，解除教师上班路远、心急，来不及吃早餐的后顾之忧，增强了教师的工作热情。

（3）儒雅教师评比，让教师积极高效的教学。“学身边的榜样，做同事的标兵”，我们用评价学生的方法来激励教师，每月评选一次儒雅教师、和雅班主任与和雅配班教师，用成功激励、用认同引领，让教师在品味工作辛劳的同时品味收获的幸福。

（4）养心健身活动，让教师心平气和地工作。我们十分关注教师工作之外的业余生活，学校设立休闲茶吧让教师有放松的场所，为教师的生日送上一个甜蜜的蛋糕共享快乐，倡导教师与学生共同健身，每月举行一次文体活动愉悦身心。

2. 关注教师的业务素养和专业成长

让教师有信心、有底气、有质量地进行教学。

（1）课堂改革，艺术而有效。我校认真贯彻落实市“建构式生态课堂”和县“自学、交流、反馈”课堂教学模式改革精神，结合我校师生的教与学的实际情况，提出具有校本特色的“三自两段五步”课堂教学模式，被立项为市级课题（也是我校的课改主课题）。我校还被评为市课改领航学校。每位教师都围绕学校的教学模式创造性地进行了课堂教学改革实践与探索工作。在教学视导中我校的课堂教学改革实践与创新工作得到检查组每一位专家的高度赞扬。

（2）校本研修，科学而合理。我校立足课堂教学开展校本教研，构建“教师自学式—校际互动式—专家渗透式”三级研修形式；搭建“引领青年教师成长的青蓝工程、骨干教师提高的教学研究院和教学能手提升的特级教师工作室”三级教师成长平台，全方位提升教师的业务素养。

我校围绕和雅教育，开展课题研究。目前《构建学校和雅教育文化的实践研究》已立项为省级课题，《基于学生发展的“三自”学习模式研究》等5个市级以上课题，10多个县级课题研究同期开展，每个教师还结合自身的课堂教学实际，直面教学问题、解决教学问题，开展课题研究。

3. 关注教师的文化素养和人文底蕴

让教师有文化、有品位、有特色地从事教育。

（1）我们注重教师的人格品位、生活态度、工作责任、心理品质等健全人格的修炼。

（2）我们注重教师的文化素养，以传统的“儒雅”文化熏陶与涵养教师的文化底蕴。我们开辟开放式阅读书吧、教师共同成长读写室、开设读书大讲坛、推介名师、品评名课，提升教师文化素养。

（3）我们注重教师的教学基本功训练，每天书写粉笔字、钢笔字和毛笔字，定期开展“三字”、业务、演讲等竞赛活动，促进大家主动学习提升，努力让教师素养更全面，使其具备以下素养：

① 和爱儒雅的学者气质。

② 传统经典的文化素养。

③ 琴棋书画的艺术才华。

④ 现代文明的时尚元素。

在学生方面，我们坚持既定的育人目标，实施五项育人工程，努力培养“六雅”少年。

（二）引领学生做像君子一样有信心、恒心和责任心的人

我们努力培养争做“举止文雅、谈吐温雅、内涵博雅、品德敦雅、气质贤雅和学识慧雅”的文雅少年。

我校以学生的全面发展为教育教学的主流价值，在高效课堂教学的基础上，着力打造三个特色，即生命教育特色、学科思维特色和艺体素质特色。我们把校园生活当作学生成长的重要部分。学生能否快乐成长、幸福生活很大程度上取决于学校生活质量，我们在关注学生行为习惯的同时还关注对他们生活方式、生活技能、气质素养的培养。

1. 基于学生的学力提高，构建“三自两段五步”学习模式，培养学识慧雅的学生

“三自”是惠雅课堂的核心：

（1）课前自由预习。

（2）课中自主探索。

（3）课后自觉学习。

“两段”是学生自主学习的两个阶段：

（1）准备性学习阶段。

（2）探究性学习阶段。

“五步”是具体的课堂教学行为：

（1）迁移式学科能力训练。

（2）主问题引导自由预习。

（3）提纲式指导自主交流。

（4）内化式建构与反馈。

（5）有针对性的课堂练习。

2. 关注学生的外显素质，成立自主管理委员会，培养谈吐温雅、举止文雅的学生

在学生管理方面，我们坚持“标准引领、过程指导和激励促进”的原则，通过发放日常激励卡片、评比文雅少年、学习之星、文明礼仪形象大使，引领学生沿着“文雅”大道不断前行。我们主要加强学生的三级团队管理：

（1）班级组建成长共同体，引领学生共同成长。

（2）定期评选榜样小标兵，引导学生快乐成长。

（3）设立校园小警察，引导学生和谐发展。

3. 尊重学生的个性特长，组建兴趣小组和文化社团，培养气质贤雅的学生

我们通过健美操、书法、航模等社团活动和德育主题活动、艺术达人评比、生活技能展示三项专题教育活动，陶冶学生情操，放飞学生心灵，展示学生才艺，激发学生潜能。

快乐音乐，让学生唱出幸福生活。我校选择小巧轻便的葫芦丝作为艺术教育的突破口，摸索出“每人一丝、每月一曲”的艺术教育特色模式。当前，全校1000多名学生，人人都能吹奏出一曲优美的葫芦丝乐曲。

快乐体育，让学生享受健康生活。我们做实学生体育锻炼活动，上午坚持1000米的跑步，下午在交叉做好广播操和武术操的同时，每天还坚持组织3分钟的跳绳。

快乐美术，让学生描绘美好生活。每一节美术课、每一次绘画兴趣活动都是学生发现美、感受美、创造美的活动。学生喜爱上美术课，在美术课上充满信心，尽情绘画，陶冶情操，领悟美术的无穷魅力，享受自身价值实现的快乐。

快乐科技，让学生创造现代生活。“做中学”是科学教学的核心理念，我们在认真上好科学课的同时，做好科技知识的普及，科学素养的提升工作。学校组织科普小组、航模等社团活动，让学生在活动中学科学、用科学。具体做法是：

（1）班级兴趣小组。

（2）年级特长团队。

（3）学校文化社团。

4. 注重学生的道德修炼，开展主题德育活动，培养品德敦雅的学生

我们创新学校德育，构建德育新体系，将学生日常行为规范教育、生活技能教育、安全教育、健康教育和心理健康教育等纳入德育范畴，通过每周德育主题活动、国旗下的讲话、主题班（队）会等形式深入开展学生的道德与品德教育。德育内容突出两个方面：

（1）传统道德：感恩教育、安全教育。

（2）现代文明：心理健康、生活方式。

5. 重视学生的综合素养，开发校本课程体系，培养内涵博雅的学生

在做好课堂教学的基础上我们创新探索，实施了三节小课（晨诵读、午临写、暮演说），引导学生“读经典、写汉字、说收获”，培养他们读书、写字、反思、演讲的习惯。为提高学生的综合学习能力，我们还积极拓展学生的学习空间，做好两个特色课程的研发，做好“数学珠心算——数学思维课程基地”与和雅素养培养课程基地的建设。在课程开发过程中，我们始终关注学生成长的四个关键点：

（1）传承经典（读写）。

（2）生活技能（实践）。

（3）学科思维（数学）。

（4）娱乐健身（体艺）。

三、坚持职业操守

用风正一帆顺，清廉本我心的良好心态守好职业本分。

我校在2013年初提出了新一年学校工作生活的关键词“廉洁清明、爱岗敬业、遵守规律、执行规范、创造快乐、缔造幸福”，引领教师像孔子一样做“有爱心、有耐心、有责任心、能细心、能将心比心”的“五心”教师，用儒雅教师的学术和情怀，做好教育。一年来我也是这要求自己的，做“德正、技强、清明、友善、节约、守纪、敬业”的校长，是我一直的追求与座右铭。

我各项工作坚持民主决策、率先带头、广泛听取意见、积极调整策略。一年来我努力做按时上班的表率，只要不出差我最早来校迎接校园第一缕阳光和第一个学生，最迟下班送走最后一位学生，关好最后一扇门；努力做教学研究的带头人，全程参与所有学科的教研活动，深入课堂听课调研，一学期听课40余节；做教师专业发展的引路人，带头上一门专业课，积极主持省、市级课题研究活动；努力做大家学习与生活的知心人，主动走进师生，了解他们的需求，带助他们解决困难。

四、坚持成绩引领

用“百尺竿头，更进一步”不懈追求的意志不断创造新的成绩。

在全体教师的共同努力下我校办学取得了一定的成绩。

1. 和雅学校的品牌进一步彰显

我校成功举办多次省、市活动，推介学校品牌，如第二届和雅教育长江论坛邀请省教科所所长彭刚来校讲学；省小数报名师大讲坛邀来众多数学名师汇聚我校；市青蓝课程、珠心算现场会，师范专科学校的教师李明高、刘秀梅专场培训等活动的开展辐射我校办学特色。一年里我们还承办了体育特色教育等6场县级活动，接待了4个县外教育访问团的参观。

我们用优异的成绩荣获诸多荣誉：江苏省教育学会小学教育专业委员会理事学校、江苏省平安校园、江苏省节水型学校、江苏省数学文化传播基地学校、连云港市小学数学课程基地学校、连云港市课堂教学改革领航学校、灌南县综合评估先进集体、灌南县教学质量先进单位等。

学校的办学成果被省教育电视台、《江苏教育报》等媒体报道。

2. 儒雅教师的业务进一步提升

在2013年各级各类教师业务竞赛中，我校有50余人次获得市、县一等奖及以上奖次。其中，庞海霞、张娟、周晓丽、孙晓娟老师获得“市阅读工程竞赛”一等奖，庞海霞老师获得市优课竞赛二等奖，王中亚老师获得市写字比赛一等奖。

2013年，我校教师共有160余篇教育教学论文获奖、发表。其中，姜道霞老师获得省“师陶杯”论文评比一等奖（2013年度灌南唯一），庞海霞老师获得省“教海探航”论文评比三等奖。周晓丽、冯会芹、武小波、郭园等老师获得市教案评比一等奖。“共筑中国梦”灌南县2013中华经典诵读大赛《青春中国》荣获教师组一等奖，温广丽老师获得优秀辅导员称号。

3. 文雅学生的素质进一步提高

在各级学生竞赛活动中，我校有130余人次获奖。在市小学生读写大赛中，我校获得6个一等奖、6个二等奖。胡源涛等8位同学获得市“主题读书征文”评比一等奖，杨瑾宁同学获得省“小学生听力口语网络测试”二等奖，6名学生获得省“我与美德有约”绘画竞赛一等奖。“共筑中国梦”灌南县2013中华经典诵读大赛《满江红》荣获学生组一等奖。长江路小学荣获“共筑中国梦”中华经典诵写讲系列活动优秀组织奖。

牛顿曾说过，“如果说我比别人看得更远些，那是因为我站在了巨人的肩上”。其实我们不仅要站在“巨人的肩上”认真学习他们成功的经验和优秀的做法，我们还要认清自我，反思与总结自己获得的成绩，分析成功做法，坚持实践与创新，不断谋求发展。

2013年我们在收获中享受幸福——我们收获学生的成长，体会教育耕耘的幸福；收获教师的成长，体会职业奉献的幸福；收获学校的成长，体会创新立业的幸福；收获个人的健康，体会人生的价值与幸福；收获家人的和睦，体会家庭的温馨与幸福。

2013年在“爱你一生”的美好情结中幸福度过，2014年在“爱你一世”的美好憧憬中悄然走来，让我们用“爱”共筑教育的星光大道，为学生的成长、教师的成长和学校的成长再谱新的篇章！

弘扬主流把握主线，促进学校自主发展

一、树立民主意识，优化学校管理，弘扬主流

1. 文化自觉

以“和”育心、以“德”树人、以“雅”引智、以“读”增才，学生文化以“和乐文雅”为核心，进一步丰富学生行为文化和学习文化的实践体系。教师文化以“和爱儒雅”为核心，构建新时期教师文化素养的自我提升策略。

2. 业务引领

学生以阅读、健身为引领，开启生活新形式；教师以教学研究为引领，开发教学新方式。

3. 民主参与

学生自主管理，抓实班级的小组与共同体建设，创新设立校园小警察。教师民主管理，通过教职工代表大会和教师民主管理委员会的建立，让全体

教师全面深度地参与学校工作。

4. 教育服务

我校具有午餐生多的特点，每天有近千人在校就餐，为了做好工作我们提出教育即服务的理念。

5. 榜样激励

学生文雅少年的周比月评和年度人物竞选，引领学生争先进做优秀，全面发展；教师每周评比各项工作领先人物，每月评比工作标兵，每学年评比值得记忆的校园年度人物。一学期学校涌现了文雅少年孟思雅、张正等，学生最喜爱的班主任孙素玲、孙晓娟，课改领航教师孙建平等榜样与标兵。2014年3月5日《灌南日报》对我校的学雷锋活动进行报道。

二、树立创新意识，深化教学改革，把握主线

（一）六雅素养

我校探索“立德树人”与“八礼四仪”校本化实施，强化学校文雅少年培育，让生命教育特色更浓。

回顾本学期学校紧紧围绕“八礼四仪”开展的未成年人文明礼仪系列教育活动，我校做了许多工作，文以咏志，以鞭策激励自我。

1. 营造气氛，宣传学习

开学初，我校就制订了“学八礼四仪，做文雅少年”的活动方案，做到行动有计划、有安排、有部署，利用国旗下的讲话宣传文明礼仪，各少先队中队利用黑板报和班（队）会对“八礼四仪”的内容进行宣讲，营造了良好的学习氛围，也使广大学生对“八礼四仪”的深刻内涵有了更深入的了解。

2. 学习礼仪，亲身践行

（1）家校共建，亲学礼仪。3月5日晚，长江路小学家校共建会如期举行，花红阳副校长就“八礼四仪”的内容对家长进行了解读，并且建议家长配合学校加大对孩子这方面的教育力度，为孩子的健康成长开辟了一条阳光大道。

（2）学习雷锋，亲身践行，做文雅少年。学生立足校园做好事，净化、美化校园，做到“杂物三不扔”“两见两主动”。立足校园，走向社会，利用节假日，我校经常组织少先队员到社区清理道路两侧的白色垃圾，清除杂物，为人们营造一个优雅洁净的生活环境；多次前往敬老院打扫卫生，为老

人们洗衣服、洗头、剪指甲、叠被子，送温暖、献爱心。学生学习雷锋，亲身践行，做文雅少年。

（3）爱心在传递，爱心捐款活动。3月13日，灌南县长江路小学举行了爱心捐款活动。全校学生以班级为单位，纷纷献上自己的一份爱心，一股暖流在长江路小学校园内涌动。我相信，涓涓细流可以汇聚成浩瀚的大海，点滴爱心可以汇聚成爱的洪流。一笔笔爱心捐款，承载着学生的关爱，展现着和谐社会的温情。

（4）开展清明祭扫烈士墓活动。“青山绿水存浩气，苍松翠柏慰英灵”。3月31日长江路小学全体六年级师生来到烈士陵园，面对革命烈士纪念塔，全体立正，唱中华人民共和国国歌，举行了庄重的清明节扫墓活动。

（5）集体活动防踩踏安全演练、地震疏散演练。3月26日学校质量调研防踩踏安全演练，增强了学生在集体活动中安全防护应急避险的自救能力，提高了全校师生的安全意识。5月12日的地震疏散演练为全校师生上了一堂生动的生命教育课，整个演练活动井然有序，仅用时2分28秒，学校34个班级的1900余名学生全部安全疏散。整个演练过程严肃、认真、紧张、有序。

（6）硕项湖踏青活动。4月8—11日，长江路小学师生沐浴着和煦的春风，在美丽的硕项湖畔踏青、赏景、吟诵诗词，共享春的惬意。整个活动中学生能善待景观、爱护公物，注意保持环境卫生，始终以班级为单位开展活动，充分体现了学生的团队合作精神。

（7）三年级学生成长仪式。四月如歌，万物齐吟。23日长江路小学迎来了“感恩、祝福、展望”三年级学生10岁生日成长仪式活动。三年级的全体师生一起见证了这一幸福而难忘的时刻，他们一起度过了人生的一个难忘而有意义的生日。

（8）“八礼四仪”体艺特色展演系列活动。长江路小学各级部开展了丰富多彩的体艺活动：葫芦丝达人展示、感恩主题演讲、防震减灾手抄报、一年级大合唱比赛、消防安全知识绘画、诗词朗诵大赛等系列活动，充分体现了长江路小学学生的文明礼仪。

长江路小学充分利用传统文化经典，文明礼仪系列教育活动的开展已春风化雨，深入人心。相信不久的将来，文明礼仪教育定会为学生撑起生命多彩的天空！

（二）三自课堂

我校创新“以生为本”与“高效课堂”的校本化实施，深化学校“慧雅课堂”的实践，让学科思维特色更深。

（1）做优“1+2+5”特色教研范式（一位教师一个主题讲座，2位教师2节主题微课，5位教师课堂评议）：本学期共计活动12次。

（2）做实“教师达标课”的验收工作：分学科做好教师的课堂评级活动，按3：3：3：1的比例确定领航教师、探航教师、启航教师、不合格教师。本学期语文、数学、英语、音乐、体育、美术分别放在第12周、18周开展了达标课的验收工作，评出了孙建平、曾庆荟、孟云、许伟伟等领航教师22人，为做实“三自课堂”提供了强有力的支撑。

（3）多次承办各类现场会活动：市级生态课堂研讨课活动（孟云、冯会芹执教）、县级数学高效课堂研讨课（孟云执教）、县级英语高效课堂研讨课（江海潮执教）、县级数学课改课评比活动（冯会芹执教）、县级劳技基本功竞赛（庞海霞、吴燕青参加）、县级品德基本功竞赛（孙建平、孙小娟参加）。

（4）取得成果：长江路小学荣获连云港市中小学“百位名师百节好课百乡行”暨“青蓝课程”展示活动十佳组织单位；罗锐校长领衔的“‘自由、自主、自觉’学习模式建构与实践”项目团队被连云港市教育局表彰为优秀项目团队；付祥执教的“加法交换律和结合律”被市教育局评为百节精品课程；孟云荣获连云港市数学优课评比一等奖（8人入围）；王娥、冯会芹、江海潮在县级课改优课评比中荣获一等奖；庞海霞、吴燕青代表灌南县参加连云港市劳技、计算机学科基本功竞赛；汤云云代表灌南县参加连云港市音乐基本功竞赛；冯会芹、张伟平、孟云录制中央教科所微课。《连云港日报》两期刊登我校课改快讯。

（三）全科课程

我们开启“全面发展”与“课程超市”的校本化实施，尝试学校“博雅课程”的开发，让艺体个性特色更艳。

（1）6月9—13日举办长江路小学第二届数学文化节。

（2）学校投入8万余元筹建数学实验室。

（3）建立长江路小学数学素养专题网。

（4）建立12个学生数学实践室。

（5）学生获奖：在全国第十九届华罗庚金杯少年数学邀请赛中，12名教师获得优秀辅导员奖、20名学生获得一等奖、42名学生获得二等奖、96名学生获得三等奖；在江苏省“小数报杯，小小数学家”数学竞赛中，12名教师获得辅导奖、11名学生获得一等奖、14名学生获得二等奖、9名学生获得三等奖。

（四）领航教师

我校做细校本研修与专业成长的校本化实施，优化学校“儒雅教师”的打造，让每一位教师都成为学生喜欢的“最美老师”。

（1）做实、做细教师基本素养的打造：粉笔字、毛笔字、葫芦丝。

（2）每周一次教师和雅讲坛：交流教学经验、拓宽教学视野、涵养教学素养；开展“领航教师”评比，分学科开展教师的课堂评级活动，按比例评定领航教师、探航教师、启航教师。

（3）领航教师承担课改示范课人均在2节以上。

（4）领航教师优先安排参加高一层次的外出学习机会，夯实基本功：领航教师人均参加市级以上学习活动在1~2次，如钱素青、苏文华、陈静妃、庞海霞、王娥、孙媛媛、孙素玲、刘秀凤参加江苏省教育科学院的人才梯队培训，周丹老师在盐城市参加江苏省语文学科教材培训，江海潮、韩张惠子、李春参加全国在西安市举行的英语新教材培训会等。

（五）梯队发展

特级教师工作室和首席教师研修团队为教师量身定制专业成长方案，让每一位教师找到自我成长点。

长江路小学教科室立足教育实际，追踪课改前沿，引领教师科研航向。在和雅文化背景下，在打造儒雅教师团队的过程中，学校教科室举办专项课题研讨，为骨干教师提供课题研究平台，力争使骨干教师在课题研究中提升素养。我校成立教师发展梯队，特级教师工作室和首席教师研修团队为教师量身定制专业成长方案，让每一位教师找到自我成长点。我校组织教师研磨精品论文，提高论文发表和获奖的档次，为每位教师的专业成长提供有力的动力源泉。我校开展“教师讲坛”活动，开阔教师视野，开辟《教科资讯》栏目，丰富教师阅读途径。长江路小学教科研让每一位儒雅教师在科研引航中成长，在和雅文化沐浴中绽放！

三、树立品牌意识，强化特色打造，突出主体

学生是学校工作与教师教育的主体，学校的各项决策与举措、教师的各种教育方式与策略都是同一个目的，那就是让学生快乐生活、健康成长，提高他们的素质，为他们的幸福生活奠基。

（一）课程基地

我们在做好“自主、智慧课堂”教学的基础上，积极创建数学课程基地，拓展学生的学习时空。

（二）特长展示

我校开展“体艺达人”系列活动，为学生个性发展提供展示的平台。我们通过活动的推进，创造学生施展各项才能的机会与条件，充分发展每个学生的个性特长。借助学生个性发展来重新构建学生的自信，鼓励学生从成功走向辉煌。

（三）兴趣社团

我校为了丰富学生的课余生活，实行特色办学，以学生多元化成长以及均衡发展为目标，把有共同志趣、爱好的学生自愿组成一个团体，相继成立了舞蹈、合唱、葫芦丝、吉他、武术、跳绳、书法、绘画等20多种学生社团组织，每周二、四由专业的教师带领学生开展活动。

学校以学生兴趣社团为载体，带动学生健康发展，引导学生沿着自己的兴趣点进行更深层次、更多领域的探索，为学生提供展示的平台、发展的机会。

（四）各类活动

学校组织各类活动展示师生的教学成果。

1. 学生活动

（1）家校共建，亲学礼仪。

（2）践行雷锋，做雅少年。

（3）捐款活动，爱心传递。

（4）清明祭扫，爱国教育。

（5）疏散演练，自我保护。

（6）硕项踏青，诗词竞诵。

（7）成长仪式，感恩父母。

（8）警校联动，建构和谐。

（9）八礼四仪，展演文雅。

（10）趣味运动，师生同乐。

2. 学校活动

（1）3月5日，召开一、四年级的家校共建会。

（2）3月6日上午，承办灌南县小学英语“自学·交流·反馈”课堂教学改革展示课活动。

（3）3月7日上午，承办灌南县小学数学“自学·交流·反馈”课堂教学改革展示课活动。

（4）3月14日，承办灌南县高效课堂教学改革研讨暨长江路小学第三届和雅教育论坛活动。

（5）4月4日上午，承办灌南县小学英语教学改革教连片会课活动。

（6）2014年5月4—8日，举行语文教师课堂教学水平定级暨课堂教学改革“领航教师”评比活动。

（7）5月29日，承办连云港市小学数学“同课异构”（灌南会场）活动。

（8）5月30日上午，举办第四届校园艺术节暨六一庆祝活动。

3. 取得的成绩

（1）灌南县长江路小学举办三年级学生10岁生日成长礼被江苏文明网报道。

（2）5月17日，江苏省教育厅基教处马斌处长等领导来我校视察。

（3）常州市民盟考察团到我校参观考察。

（4）连云港市课堂教学改革视导组莅临我校指导工作，对“自然·本真”课堂给予高度评价。

提炼办学理念，提高办学动力，提升办学品质

——2016—2017学年第一学期述职报告

2016年9月我校走过了5年的起航之路，这一年是我校成长史上的承前启后之年，我们回顾整理了5年的办学经历，提出了又一个学校发展的五年规划，开启了长江路小学腾飞的新征程。

我用一些数据表述这一学期的工作。

一、一个优化

一个优化指优化了和雅教育办学思想。我们认真回顾总结学校这5年的发展历程，梳理了江苏省规划课题《和雅教育实践》的研究过程，撰写了结题报告，重新审视和雅教育理念与实践，制订了新一阶段和雅教育实施方案。目前和雅教育在省、市、县教育界已成为我们学校的代名词。

二、两个增加

（1）我校增加了和爱优雅的教师25人，极大地丰富了我校的教育教学力量、教育资源和教育智慧。

（2）我校增加了和乐文雅的学生1200人，为校园生活增添了无限纯真与活力。

三、六个丰富

（1）丰富了和合优雅的环境文化。我们注重环境的课程功能，加强校园空间课程的开发，从路面到墙壁，从楼道到广场，校园里一花一草、一物一景都被赋予和雅教育的特质。

（2）丰富了和善顺雅的管理文化。我们进一步丰富学校管理体系，教师方面实行事务、业务双线管理，事务管理由级部主任牵头，业务管理由各职

能处室负责。学生方面进一步丰富“六和六雅”少年成长共同体的组建，学生自主管理委员会的运行、校园文雅少年示范岗的建立，让校园学生行为更加规范，学生文明素养更高。

（3）丰富了和爱儒雅的教师文化。和爱儒雅的教师文化在教学改革与专业成长中得到有力的诠释。今年我校有3名教师在连云港市教学基本功和优质课比赛中获奖；2名教师执教省级教学公开课并做专题讲座，18名教师执教市级公开课并做专题讲座，县级公开课讲座3人次，县级课堂教学获奖4人次；发表文章16篇，教师的师德素养和专业技能不断攀升。

（4）丰富了和乐文雅的学生文化。和乐文雅的学生文化在一次次对外现场观摩活动、一次次教学质量检测、一次次单项竞赛中得到彰显。

（5）丰富了和真慧雅的课堂文化。我校课堂文化内涵与品质在连云港市课改领航学校创建过程中得到进一步丰富，我校的“慧雅课堂”已成为全市课堂教学改革的一张名片。

（6）丰富了和美博雅的课程文化。课程文化内容更丰富，实施形式更完善，学校在和雅课程纲要的总体指导下，将国家公布的核心素养体系有效地进行校本化开发，构建的和美博雅校本课程涵养核心素养的各个方面，每周五下午的“选课走班”已成为学校师生的习惯，更是学生期盼的快乐生活。

四、三个提升

（1）教学质量进一步提升。各项教学检测与竞赛评比都位居全县前列，六年级数学等六项评比获全县第一。

（2）课程特色进一步提升。和美博雅课程特色的仰望星空式设计和脚踩大地式实施，已成为我校自然本真办学理念的特色标签，获得广泛赞誉。

（3）办学品牌进一步提升。我校的学生学习素养、教师教育技能、办学效果等在和雅文化的润泽下品质不断提升，品牌不断彰显。

五、四个全市小学教育的创纪录

（1）率先规划小学数学教学主张，第一个编制慧雅数学课程纲要，开发的三到六年级慧雅之智小学数学校本课程在全市评比中获得第一，代表连云港市报江苏省参评。

（2）我校成为第一个承办全市首次召开的小学教学工作现场会的学校，

将首次迎来全市小学所有校长300多人来校观摩。

（3）我校第一个创建江苏省小学数学特色课程基地建设项目，并在中期评估中获得省专家的好评。

（4）在全市26个省乡村骨干教师培育站工作中，我主持的培育站作为全市唯一的优秀团队参加省中期评估进行经验交流。

六、五次省级媒体报道

2016年6月2日、12月2日、12月24日等4次江苏省教育电视台和一次《小学数学教育》期刊报道学校多元课程、数学课程基地和数学教学研究等特色成果。

大家的智慧与敬业让长江路小学这所年轻学校处处焕发勃勃生机，相信在灌南县教育局的指导下我校会走得更好更远！

优化办学思想　丰富六项工程　提升学校品质

——2016—2017学年第二学期述职报告

今年是长江路小学建校的第六个年头，它承前启后，继往开来。第一个五年规划让和雅教育枝繁叶茂，而今又迈进了学校发展的第二个五年规划期，将开启长江路小学腾飞的新征程。

这一年，记录了长江路小学诸多的不平凡。

一、优化和雅教育办学思想

《和雅教育实践》作为江苏省规划课题，经过几年的实践研究，见证了我校的发展历程，取得了骄人的教育教学成果，已于2017年3月份顺利结题。然而，和雅教育的实践一直在路上。重新审视和雅教育的理念与实践，我们制订了新一阶段的和雅教育实施方案，进一步优化和雅教育办学思想。目前，和雅教育在省、市、县教育界已成为我们学校的代名词。

二、丰富六项文化工程内涵

1. 丰富了“和合优雅”的环境文化

我校紧紧围绕“双城同创”开展“大手牵小手”家校共建活动，重点规范学生上下学行走及家长接送秩序。我校围绕“热爱灌南、奉献家乡”主题活动，不断美化、净化校园内外环境，为学生营造健康和谐的学习氛围。

2. 丰富了“和善顺雅”的管理文化

今年，我们进一步丰富学校管理体系，教师方面实行事务、业务双线管理，事务管理由级部主任牵头，业务管理由各职能处室负责。学生方面进一步丰富“六和六雅”内涵——和雅少年成长共同体的组建。学生自主管理委员会的运行、和雅少年示范岗的建立，让学生的行为更加规范，文明素养更上一层。我们还充分发挥党员的先锋模范作用，每两周开展一次“两学一做”集中学习活动，学习党章党规，学习习近平总书记的讲话，谈心得，写体会，提高党员的政治意识与大局意识。我们设立党员护学岗，开展党员“三比三创”活动，让每位党员成为廉洁自律、爱岗敬业的模范。

3. 丰富了“和爱儒雅”的教师文化

和爱儒雅的教师文化在教学改革与专业成长中得到有力的诠释，今年我校有5名教师在连云港市教学基本功和优质课比赛中获奖；2名教师执教省级教学公开课并做专题讲座，28名教师执教市级并做专题讲座，县级公开课讲座6人次，县级课堂教学获奖6人次；发表文章16篇，教师的师德素养和专业技能不断攀升。

4. 丰富了“和乐文雅”的学生文化

和乐文雅的学生文化在一次次对外现场观摩活动、一次次教学质量检测、一次次单项竞赛中得到彰显。

5. 丰富了“和真慧雅”的课堂文化

我校课堂文化内涵与品质在连云港市课改领航学校创建过程中得到进一步丰富，我校的“慧雅课堂”已成为全市课堂教学改革的一张名片。

6. 丰富了“和美博雅”的课程文化

我们不断丰富课程文化的内容，完善课程实施的形式，学校在和雅课程纲要的总体指导下，将国家公布的核心素养体系进行校本化开发，构建的和美博雅校本课程涵盖了核心素养的各个方面。如今，每周五下午的“选课走班”已成为学校师生的习惯，更是学生期盼的快乐学习体验。

三、实现了多个突破

我们率先制定小学数学校本课程体系，编制了《慧雅数学课程纲要》，开发的慧雅之智小学数学校本课程在江苏省课程评比中获得一等奖。

我们提炼了慧雅数学教学主张，系列文章已陆续在《教学研究与评论》上发表，成为我校慧雅课堂的理论依托。

我校成为第一个承办全市小学教学工作现场会的县城学校，接受全市小学的300多名校长来校观摩。

葫芦丝课程是我校和美博雅课程的一大特色，其仰望星空式设计和脚踩大地式实施也让我校成为江苏省音乐协会联盟共建校。

我校创建全市第一个江苏省小学数学特色课程基地，并在中期评估中获得省专家的好评。

我校教学质量稳步提升，获得连云港市素质教育评估示范校、连云港市教育工作先进集体称号。

为此，江苏省教育电视台、连云港电视台、《小学数学教育》期刊多次对我校的办学特色进行报道。

长江路小学教师的智慧与敬业让这所年轻的学校处处焕发勃勃生机，相信在县教育局的指导下，我校会走得更好更远！

品和雅教育喜果　育慧雅教育新苗

——2017年春学期开学初工作会议上的讲话整理稿

各位老师：

新年好！

我们学校从2011年启动以来就开始提出和雅教育。和雅教育是我们一步一步做起来的，和雅教育近年来取得了诸多成绩。我校的《和雅教育实践》

课题于2011年连云港市立项，2013年江苏省立项，2016年结题。在这个过程中，我们学校围绕和雅教育开展学校常态的教育教学工作，学校的每一件事、每一个活动、每一项行为都是在和雅教育文化滋润的背景下开展的，每一件事在做的过程中、做的成效上也都凸显了和雅教育的品质，并收获了和雅教育的果实。应该说和雅现在就是长江路小学的代名词，和雅教育也是我校的教育品牌。经过这几年的实践，和雅教育可以作为一种成熟的学校教学和管理模式来开展工作和实施下去。

在连云港市教研室顾长明主任的多次指导下，刚开始我提出慧雅数学，后由数学学科辐射到其他学科，提出慧雅课堂主张。那么从今天开始，我们就要做慧雅教学的园丁，精心培育慧雅教学这棵新苗。

下面我从以下六个方面来谈和雅教育品牌打造，慧雅课堂教学实践。

一、趣味、品质、学识，做实和美博雅课程

（一）视觉课程

1. 深化长期固定的主旨文化

我们前期主要停留在静态课程，在学校各个地方，如道路、景观、绿化、墙壁等处布满主题不同的文化标牌，目的是让学生徜徉在经典文化的海洋中。我们要改变学生对和雅文化熟视无睹的情况。

2. 定期更换视觉课程

我们要用好容易悬挂、张贴的地方，用最简洁、最省钱的方式来定期更换和雅文化内容。例如，24孝的内容悬挂，4周以后要组织部分学生参加24孝知识考核。

视觉课程上还应该有经典的书画作品。书法如王羲之、颜真卿、柳公权的作品，美术如齐白石的虾、凡·高的向日葵等著名作品。

动态的可以用好视频课程，微信里有很多适合小学生欣赏的内容。例如，100首描写春天的古诗，很方便使用。还有很多描写美丽冬天的古诗、元宵节的古诗。广播电台也要围绕这些进行播放，如早晨到校就可以播放这些内容，课间要引导学生经常去看，也要组织知识竞赛。

（二）听觉课程

常态的听觉主题课程有古诗铃声、音乐欣赏。

（1）古诗铃声。教务处要将古诗背诵纳入课程考核。

（2）音乐欣赏。教务处和体艺办要组织音乐教师选出一些经典的民谣，对学生进行耳濡目染的音乐熏陶。

（三）自觉课程

自觉课程，如《最强大脑》这样的电视节目，可以培养学生超强的记忆力。我们的课程目前少了这方面的课程，所以我们要定以下目标。

1. 古诗背诵记忆达人

每个年级至少培养100名学生能背诵300首古诗，教务处可以组织语文教师在年级中精心挑选记忆力强的学生进行辅导。

2. 数学特长记忆达人

例如，口诀的背诵：20以内的退位减法，100以内的加减法。背诵记忆对学生的学习大有裨益。

（四）大师课程

1. 教师特长课程

民乐欣赏等专题讲座的形式定在每周四下午。

2. 家长课程

每个年级每星期开展一节主题性课程，定在每周五下午。

3. 学生课程

选取有特长的学生进行授课。

二、自由、自主、自觉，做真和真慧雅教学

在2016年12月6日慧雅教学全景展示活动中，我们已经基本形成慧雅教学标签，在课堂中也得到印证。每个年级的主要学科要有三分之一的教师勇担实验班教学，积极实施，从教学设计、教学过程、教学质量三个方面来凸显。在这三个方面要体现教学方法、形式、教学活动，要体现“五慧五雅”，我们要思考如何支撑这“五慧五雅”。

三、雅言、雅行、雅学，做细和善顺雅管理

和善顺雅管理包含我们提出的和乐文雅学生文化工程。

1. 围绕全县“热爱灌南，奉献家乡”的主题开展活动

县委县政府设想通过3年时间努力提升灌南全县人民的素质、能力、水平，改变灌南的精神面貌、社会面貌和经济面貌。教育局在此思想的指导

下，提出“热爱灌南，奉献教育”的主题汇报活动。我们要做“热爱灌南，奉献教育”的好教师、好学生，展开了三个层次的大讨论：

（1）作为教师，在“热爱灌南，奉献家乡”主题活动中，我们该怎么做？

（2）作为学生，在“热爱灌南，奉献家乡”主题活动中，我们该怎么做？

（3）作为家长，在“热爱灌南，奉献家乡”主题活动中，我们该怎么做？

2. 在雅言、雅行、雅学思想主题活动中，学生要做到“五好”

（1）张口说好话。

（2）动手做好事。

（3）抬腿走好路。

（4）睁眼看好书。

（5）用心记好书。

四、优课、优质、优雅，做优和爱儒雅教师

优课，教师首先要以课堂为中心，做好课堂教育。

优质，所有事情要讲究质量、品质、品位。

优雅，要优雅地生活、相处。

1. 师德

师德好最基本的要求是有良好的人格品质，要用大众对人的品格的价值观来衡量自己。

2. 师能

师能包括能力、技艺、技巧：

（1）能力，包括课堂教学能力、管理能力、教学业务能力。

（2）技巧，有的教师，不管什么学生他都能教得好，为什么？因为技巧。

（3）技艺，是更高层次的能力，是对课堂的驾驭能力。

3. 师魂

灌南县教育局提出了“重师德、强师能、铸师魂”。

师魂一个字：爱。这是施霞的师魂教育的核心内容。我想，我们不需要大爱，至少我们要爱自己。冲动的魔鬼绑架我们的时候，我们不能冷静，就是不爱自己。

五、绿化、美化、净化，做精和合优雅的校园环境

我们的校园已经基本达到像公园一样的校园，那么我们接下来要做的是以下几点。

1. 卫生护理

卫生护理总牵头是政教处，要进一步完善环境管理制度。

2. 文化场景

我们学校优美的校园环境，处处是文化课程。课程景观要发挥课程教育教学的功能，由教务处进一步落实主抓。文化场景、课程景观一定要起到作用，如开放书吧的使用。

3. 绿化品质

我主张在校园里多种植果树，提升校园绿化品质。

六、深化、细化、优化，做强和雅教育、慧雅教学

1. 维护和雅教育

和雅教育就像我们买来的车，要保养、维护；就像种的树，已经成活，要浇水、施肥、捉虫，做好维护。和雅教育已经成型，不能丢掉，要维护好。

2. 培植慧雅教学

我们各个部门要全力以赴、同心协力做好慧雅教学的实践、探索、反思、完善、提炼、总结。我们要围绕以下两方面来做。

（1）提炼教育文化理念：和雅品牌、慧雅品质。

（2）宣传教育品牌与质量：三年级在县调研考试中，数学全县第一、语文全县第二。全县数学5人满分，我校占3人。

第三节　和美博雅的课程

打造“和美博雅”课程文化，润泽“和乐文雅”七彩童年

灌南县长江路小学位于县城开发区硕项湖畔，建于2010年，2011年9月投入使用，2015年学校有60个教学班，4000多名师生。学校追求和雅的教育文化品牌，以“襟怀和雅，力行勤创”为校训，在建设“和诚谦雅，求真向善”的校风过程中，逐步确立学校发展的“一个主题，两个重点，三个特色，四个追求，五项工程”目标体系。

我校积极把握课程改革的契机，因地制宜，挖掘学校生活中的各种课程资源，以课程的视角开展学校的常规管理、课堂教学、德育活动。我校通过设计校本化、师本化和生本化的课程，着力打造三个特色：生命教育特色、学科思维特色和艺体素质特色。我校积极推进和实施课堂教学改革，引领学校特色发展。学校先后被评为江苏省珠心算实验学校、连云港市小学数学课程基地、连云港市课堂教学改革领航学校、连云港市教学质量先进学校等。

一、开发生命化课程

学校教育应该关注师生的“生存状态”，让学生的校园生活快乐而有意义，让学生身心愉悦、健康成长。为此，我校把生命教育纳入校本课程体系，开发出生活技能、生存技能系列生命课程；开展生命教育实践活动，把课堂与生活紧密结合起来，把知识学习与生命成长紧密结合起来；以视听感悟课程和行为活动课程作为实施生命课程教育的主要形式，让学生在体验、实践中增长认识，提升涵养，形成技能。

1. 开发视觉课程，让学生在徜徉中感受知识的美丽

我校让校园成为传承美德的课程场所，将传统美德素养作为重要课程内容融入整体环境的建设。我校将学校主体文化渗透在学校的楼、路、园、景观等场所建设中，以“雅”命名各栋楼，如教师办公楼命名为儒雅阁，学生专用学习区命名为博雅阁，寓意以儒雅的教师培养出博雅的学生，教学楼按结构特点分别取名文雅苑、贤雅苑和慧雅苑；以“和”命名道路，有和雅路、和乐路、和美路等，引导学生在和谐状态下追求文明高雅的生活；以“品质特征”命名绿园和景观，如智园、孝园等，让学生见物思贤。

我们根据楼房的使用情况，分别进行不同主题的文化建设，从而提升自己的教育行为。在学生学习区建多个文化长廊，以“我的成长榜样”为主题，把有相同特质的学生组合成校园学习生活共同体，让他们自己选择心目中的榜样人物，学习他们的品质与精神，用积极引领积极、以榜样促进优秀，引领学生做乐学善思的好学生。

2. 整合听觉课程，让学生在倾听中享受知识的美妙

我们以吟诵经典古诗文和学唱儿童歌曲为主要内容，优选出著名播音员的悦耳动听的经典“声音”作品，形成学校校园广播课程。每节课前小预备的古诗诵读、上课前的古诗铃声助读，让学生在美妙的声音中享受和传承中华民族五千年的古诗文经典文化，丰富学生的语文知识，增强了学习的趣味。每个学期的20首经典儿歌，让每个课间成为音乐欣赏的课堂，学生倾听着悦耳的音乐，在歌声中开展课间活动，释放学习的紧张心情，陶冶了自己的性情，培养高雅的兴趣爱好。如今，课前、课后的吟诵经典古诗文，课间与放学路队上的儿歌吟唱已经成为我们长江路小学的一道靓丽的风景线。

3. 开展活动课程，让学生在实践中体验知识的魅力

“教育无小事，事事皆教育。”我们以课程的理念设计与组织学校的各类活动，设置了德育主题活动、生活技能活动、社会实践活动、学生自主管理活动和节日活动等课程，让学生在活动中增长知识，提升能力。

（1）以丰富多彩的德育主题活动为载体，培养文雅学生。学校以“立德树人”的教育理念，校本化实施社会主义核心价值观和“八礼四仪”教育，构建“举止文雅、谈吐温雅、内涵博雅、气质贤雅、品德敦雅、学识慧雅”的文雅少年培养体系。我们利用周一升旗仪式、每周一次的班（队）会开展主题德育活动，引领学生明道理、修雅行，让德育的生命特色更浓。

（2）以富有童趣的生活技能比赛活动，培养学生的自理能力。学校倡导学生热爱生活、热爱劳动、学会生活，定期开展整理书包、美化环境、水果拼盘、包饺子、钉纽扣等生活技能比赛，让学生在比赛中体验劳动的快乐，提高学生的自理能力。

（3）模拟社会机构，提高学生的自主管理能力。我校把社会管理机构和资源引入学校，开展校园内的社会实践活动，提高学生的社会生活能力。我们学校在学生自主管理委员会中成立了校园公安局、校园教育局、校园环保局等一系列的学生自主管理机构，让学生模拟社会大环境，进行自主管理监督，在实践中提升自己的能力。校园的每个角落都有校园小“公务员”的身影，学生自己处理学习生活中的小问题，强化了学生的社会认知能力和适应能力。

（4）整合节日文化课程资源，开展传统文化专题学习活动。学校充分利用每一个节日的教育契机，在儿童节、国庆节、清明节、中秋节、春节等节日开展丰富多彩的活动，让学生在活动中了解传统文化，体验节日魅力，享受文化韵味，为学生的生命增色添彩。

二、拓展素质化课程

我校拓展素质化课程，优化学生的课堂学习，为学生的幸福人生积淀文化底蕴。

（一）构建“慧雅课堂”，让每一位学生成为课程的开发者

课堂是实施课程改革的主渠道，是学生成人、成才的主阵地。课堂教学改革对于提升教育教学质量，推进素质教育，具有十分重要的意义。学校紧跟课改步伐，提出“自然本真”的课程理念。“自然”就是指教育要“顺应天性”，它要求教育能在“自由、自主、自觉”的状态下进行。“本真”是指教学要“合乎律则”。学生是教学的本体，成才是教育的真谛，我们努力做到“学生本体方法真、学科本位内容真、成长本色过程真”。我们通过构建“三自五要素”课堂教学范式，引导学生课前自由预习、课内自主探索、课后自觉实践，让学生经历从感性到理性、从不知到知、从不会到会、从错误到正确的学习历程，不断改进、完善、发展与提高，让教育教学过程成为学生潜能激发和心灵唤醒的过程。

（二）开发“精品课程”，让每一位教师发挥自身课程优势

我校坚持丰富和雅校园生活，促进学生全面发展，立足学校实际，大力推进教育创新，把“选课走班”作为课堂教学改革的创新举措和全面推进素质教育的突破口，促进学生多元化发展，为教师发挥自身特长，体现自身价值提供平台。

我校按年级实行“单元区”选课与走班教学模式，每周分别安排一节语文、数学、英语的“精品课程”，根据教师特长和学生爱好开设了语文学科类的魅力汉字、神奇对联、七彩成语、经典美文、演讲与口才、书法艺术、作文与生活，数学学科类的神秘数、美妙图、神奇的符号、巧妙的珠心算、聪明的数量关系，英语学科类的英语课本剧、英语歌曲串烧等15门课程供学生选择。每个年级两个班级或三个班级结成学科共同体，学生在共同体中自主选择班级进行上课，在实施成熟后将全面推广。

（三）整合“课外课程”，让每一个时空都充盈课程气息

学校着眼于学生内涵的发展，着眼于学生未来的成长，以开展丰富的课外阅读为突破口，开展书香文化校园的构建活动。

1. 构建良好的阅读环境

我校在校园多处设立开放阅读吧，集中全校的课外图书，建成课外阅读资源库。学校的楼梯走道旁、学校大厅两侧、学校的图书阅览室都可以成为学生课外阅读的场所。我们充分利用学生家庭的图书资源，倡导学生把家中长期不看的图书带到学校，以班级为单位开展图书漂流活动，拓展阅读途径。现在阅读已经成为我校学生最方便与习惯的校园生活行为，成为学校最美丽的“姿势”。

2. 开展古诗诵读活动

我们把经典古诗的诵读任务按周安排，印发给每一位学生，让学生在早晨进校伊始，就进行中华经典诗词诵读。课间的古诗铃声背诵、放学后路队时的古诗吟唱，丰富了学生的阅读形式与内涵。

3. 开展读书主题活动

学校定期举办“读书沙龙”“新书推荐”“读书心得展”“演讲比赛”等活动；开设校园广播，设置阅读频道，让学生感受中外经典文学的魅力。每年举办一届读书节；每个学生都可以参与“读写绘”“好书推荐”“读书演讲”等项目活动。学生在书海中漫步，浸润在书香之中，在“润心无声”中对品格和思想进行熏染。

三、创新“超市课程”

我们创新“超市课程”激发学生的生活潜能，为学生的幸福人生增添快乐音符。

1. 开辟“课程超市”，让学生的兴趣全面开发

我校为了丰富“和美博雅”的课程文化，实现育人方式的多元化、个性化发展，尝试“选课走班”的改革实践。

学校在开学初成立了课程发展研究中心，每周开展教师的主题研修活动，为“选课走班”活动的实施提供了智力保障。目前，学校已开发了刺绣、剪纸、版画、书法、航模、篮球、足球、羽毛球、太极、吉他、舞蹈、葫芦丝、蔬菜种植、气象、厨艺等28门选修课程，供学生自主选择，为学生选课提供课程保障。

每周五下午，全校学生打破传统的班级建制，按照自己的喜好进行“自助点餐”式“选课”。“课程超市”让学生的课程选择机会更多，激发了学生的学习兴趣，拓展了学生的知识宽度，培养了学生的个性特长。

2. 评选“校园达人”，让学生的特长充分发挥

（1）开展好体艺“2+1”特长课程教学活动。我校通过特长项目的教学、兴趣小组和文化社团的开展，丰富学生的学习过程，提升学生的生活品质，让学生拥有高雅的快乐童年。我校学生每人都有不同的特长：在统一开展跑步跳绳的基础上，每人掌握一项锻炼身体的技能；在统一学会葫芦丝的基础上，每人会一种娱乐的乐器；在掌握基本绘画技能的基础上，每人能创作一幅画。

（2）做好“校园达人秀”课程展示活动，让学生展示体艺特长。每月的文雅少年的评比活动，每学期的校运动会，每年的六一艺术节，我们都为学生提供了展示才艺的舞台，也诞生了许多校园小明星，塑造全面发展的时代少年。

3. 开展“专题学习”，让学生的才能得到施展

“纸上得来终觉浅，绝知此事要躬行。”为了让学生在课堂上学来的知识有可用之处，让学生获得的艺体才能有施展的平台，我校以课程开发的理念设立了音乐、美术、科技、地质、版画、剪纸、刺绣、数学等20多个专用教室，开展专题课程的学习，在实践中不断地发展学生的综合技能。专用教室不只拓展了学生的学习时空，还带给学生无数的快乐与梦想，让每个学生的才能在不断实践中得到施展。

乘风破浪会有时，直挂云帆济沧海。回眸过去，我校用强烈的责任心“力行勤创”，培育课改与办学特色；展望未来，我们将以崭新的风貌去迎接新课改的挑战，用“和美博雅”的课程文化浸润学生的七彩童年，谱写和雅教育的动人诗篇。

多元课程，撑起孩子多彩的生命天空

——灌南县长江路小学“和美博雅”课程开发的探索与实践

教育伴随着人类社会的产生而产生，随着人类社会的发展而发展，与人类社会共始终。什么是教育？行走在教育的路上，我们一直追溯前人先贤的思想，不断地探寻思考着。

《大学》：“大学之道，在明明德，在亲民，在止于至善。”

斯普朗格：“教育的最终目的不是传授已有的东西，而是要把人的创造力量诱导出来，将生命感、价值感唤醒。”

马克思：“教育绝非单纯的文化传递，教育之为教育，正是在于它是一种人格心灵的唤醒。”

苏格拉底说：“教育不是灌输，而是点燃火焰。”

雅斯贝尔斯：“教育的本质意味着一棵树摇动另一棵树，一朵云推动另一朵云，一个灵魂唤醒另一个灵魂。”

联合国教科文组织是这样定义教育的：教育是保证人人享有他们为充分发挥自己的才能和尽可能牢牢掌握自己的命运而需要的思想、判断、感情和想象方面的自由。

可以说教育就是唤醒，正像连云港市提出的打造“释放师生潜能的课堂”。我校认为，教育要唤醒学生的心灵，教学要激活儿童的潜能。完整的教育要实现三个目标，即知识与技能的获得、态度与思维的发展和自我约束与自我矫正能力的提升。也就是说教育要让孩子获得成长的技能与品行、科学的知识与智慧、唯美的内涵与修养，可以用苏格拉底的“美德就是知识”这句话来概括教育的本质。教学应该是自然的、本源的和真实的。基于此，我校提出了“自然本真”的教育主张。所谓“自然”就是指教育要“顺应天性”，它要求教育达到“自由、自主、自觉”的状态；“本真”是指教学要“合乎律则”，是指学生是教学的本体，成长才是教育的真谛，它要求教学活动做到“学生本体方法真、学科本位内容真、成长本色过程真”。我们要让教育教学过程成为学生潜能激发和心灵唤醒的过程，让学生从不知到知、从不会到会、从错误到正确，不断改进、完善、发展与提高。在“自然本真”教育主张指导下我校把和雅教育文化作为学校特色进行重点建设，将开发“和美博雅”的多元课程作为学校课程改革的重要内容进行探索与研究，引领师生快乐地学习、健康地成长、幸福地生活。

一、指导思想与现实需求

1. 课程改革发展的需要

《基础教育课程改革纲要（试行）》明确指出：“学校在执行国家课程和地方课程的同时，应视当地社会、经济发展的具体情况，结合本校的传统和优势、学生的兴趣和需要，开发或选用适合本校的课程。”学校和教师进行校本课程的开发已经成为课程改革的任务、要求与亮点。

2. 学校个性发展的需要

我校是在灌南县城开发区硕项湖畔新建的一所现代化学校，学校诞生于课改进行时，成长于课改成熟期。为让学校适应时代发展的需求，我们确立以和雅教育为学校发展的文化品牌，建构了办学的哲学体系——校训：“襟怀和雅，力行勤创”；校风：“和诚谦雅，求真向善”；教风：“和爱儒雅，实践创生”；学风：“和乐文雅，勤学善思”；学校形象：“书香醇美，雅致和谐”；学校精神：“和合共济，雅行深致”；管理理念：“和顺集智，雅而通达”；人才理念：“敬贤礼士，雅才汇融”；德育理念：“和善敦品，雅德修身”；生活理念：“和孝义勇，雅趣有信”。

学校以课程的视角开展常规管理、课堂教学、德育活动，挖掘学校生活中的各种课程资源，通过开发校本化、师本化和生本化的课程，着力打造三个特色，即生命体验、内涵修养和科学思维，积极推进和实施多元课程，引领学校特色发展。

二、课程目标与开发原则

（一）课程目标

多元课程开发的目标在于促进学生的快乐成长、教师的专业成长和学校的品牌发展。我校力图通过多元课程的开发与实施实现以下三个方面的目标：

（1）以课程开发的理念营造“和谐优雅”的书香氛围，努力营造“和雅温馨、清雅有序、典雅大方、书香醇美”的校园，让学校每一个角落都充满浓郁的和雅文化氛围，努力把学校办成像公园一样的学生内心向往而又乐于徜徉其中的精神家园。

（2）以课程开发的主导者打造“和爱儒雅”的教师团队，使教师成为具有“宽雅的爱生胸怀，博雅的教育知能，邃雅的教学技艺”的儒雅教师，成为像孔子一样细心、耐心、有爱心与责任心的教师，让教师每一个教育行为都充满亲切的和雅文化因子，让每一位教师成为学生成就梦想的贵人，成为学生喜欢的“最美教师”。

（3）以课程学习的主体者倾力成就“和乐文雅”的学生群体。

（二）开发原则

多元课程开发在遵循教育本质原则的基础上，还要突显基础性、拓展性和多元性原则。

1. 基础性原则

我们要遵循教育的基础性原则，课堂教学与学校教育让学生顺利获得成长与生活所必需的基础知识和基本技能，适应将来社会发展的需要。

2. 拓展性原则

我们遵循拓展性原则开发设计多元课程，以学科的核心知识与技能作为课程创新的突破口，保证课程开发改善学校的常规教育教学，提高学校教育的质量，成为国家课程的有益补充。

3. 多元性原则

我们所倡导的“多元”，其内涵主要包括：一是学生的多元。学生家庭生活、成长经历、文化背景是多元的，每个学生的智能也各不相同，所以学生学习需要是多元的。二是课程的多元。国家规定的课程教学任务是多元的，我们要充分挖掘教材资源、教师本身的资源和学生的资源，不断优化整合课堂学习资源，自主开发的校本课程的组成形式与内涵内容多元化。三是课程学习方式的多元。学校开展多元教学方法，让学生在学校的每个行为都成为课程，让学生获得教育。我校通过开放课堂、整合课外、走班制、选课制、探究式、研究性等实现多元的个性化学习。四是评价方式的多元。不同智能水平的学生，应采用不同的评价标准。我们通过“文雅学生”评比、“校园达人”展示等途径，发现身边榜样，用即时认同与才能展示的方式实现“人人有优秀项目，个个有成功机会”的目标，实现学校教育评价方式的多元化。五是学生发展的多元。学生的智能优势、个性需求、兴趣爱好各不相同，为满足他们的多元需求，学校可通过不同的课程、不同的教育策略、不同的人才培养模式，促进学生多元发展，个性成长。

三、内容阐释与课程架构

多元化的校本课程针对学生的兴趣和需要，结合学校的现实，利用学校、教师和学生的课程资源，自主开发和实施，包含两层含义：一是国家课程和地方课程校本化、个性化，即学校和教师通过选择、改编、整合、补充、拓展等方式，对国家课程和地方课程进行再加工和再创造，使之更符合学生的特点和需要；二是学校设计开发新的课程，对本校学生的需求进行评估，考虑学校课程资源的基础，以学校和教师为主体，开发能促进发展学生个性特长的、多样的、可供学生选择的课程。

我校将和雅教育落实到“和、博、慧”三个学生核心素养的生长点上，适度进行课程开发。“和”即和谐，突出课程的基础性功能，以生活技能、人格品德等生命体验为主要开发内容。我校从“和雅生命教育、慧雅科学思维和博雅内涵修养”三个维度设计出生存技能类、心理健康类、修身养性类、社会能力类、课堂学习类、学科体验类、强身健体类、音乐艺术类、书画艺术类和表演艺术类10个类别共80余门课程（表2–3–1）。

表2–3–1　从“和雅生命教育、慧雅科学思维和博雅内涵修养”三个维度设计出的80余门课程

维度	类别	课程目标	课程名称
和雅生命体验	生存技能	自我服务技能	营养美食一
			营养美食二
		自我保护技能	生活安全课程

续表

维度	类别	课程目标	课程名称
和雅生命体验	生存技能	家务劳动技能	家居美化一
		公益劳动技能	公益环保课程
		消费理财技能	理财课程
		时尚休闲技能	刺绣课程
			啦啦操课程
	心理健康	心理守护技能	茶文化课程
	修身养性	静心养性技能	太极操课程
		关爱生命技能	可爱生命课程
	社会能力	社会研究技能	科技研究课程
			数学家赏析课程
		社会实践技能	手工课程
			珍稀动物研究课程
慧雅科学思维	课堂学习	四年级 教学共同体	趣味数学课程
			经典阅读
			珍稀植物研究课程
		三年级 教学共同体	趣味数学课程
			数学名题解析课程
			课外阅读与赏析（中年级）
			英语、书法课程
			小数报探究课程
		二年级 教学共同体	英语手抄报课程
			硬笔书法课程
			数学名人研究课程
			英文儿歌赏析课程
			古诗课程研究
			葫芦丝课程
			硬笔书法课程
			英文歌曲赏析课程

续 表

维度	类别	课程目标	课程名称
慧雅科学思维	课堂学习	一年级 教学共同体	读写绘课程
			珠心算课程
	学科体验	吟诵体验技能	吟诵经典课程
		自信展演技能	演讲课程
		数学思维技能	珠心算课程（一）
		数学思维技能	珠心算课程（二）
		数学思维技能	珠心算课程（三）
		空间想象技能	数学模型体验课程
		语言表达技能	英语课本剧课程
		语感培养技能	英语DoReMe课程
博雅内涵修养	强身健体	篮球技巧技能	篮球课程
		肢体协调技能	羽毛球课程
		足球技巧技能	足球课程
	音乐艺术	听辨合作技能	雅音课程（合唱）
		乐器展示技能	电子琴课程
		手指灵活技能	吉他课程
	书画艺术	运笔自如技能	书法课程（软笔）
		运笔自如技能	书法课程（硬笔）
博雅内涵修养	书画艺术	绘画想象技能	版画课程
	表演艺术	动手协调技能	泥塑课程
		思维发散技能	剪纸课程
		吐纳协调技能	葫芦丝课程
		民族风情技能	民族舞蹈课程
		个性展示技能	拉丁舞课程
		科技运用技能	电脑画课程
		动手操作技能	航模课程

四、具体措施与实施策略

多元课程的有效实施在学校层面上要重点把握两个关键：一是内容即课程，以多元的课程为支撑，通过整合课内学习活动中各种有效的课程资源与挖掘课外学习活动中多元的课程资源，实现国家、地方与校本三级课程的有机融合；二是形式即课堂，以多样化的教学方法为手段，通过优化课堂教学模式与开辟第二课堂，实现学习渠道与方式的多元化。

（一）制订方案

课程开发是一个专业性比较强的教育行为，涉及许多复杂的因素。我校主要从以下几个环节保障多元课程的开发进程。

1. 成立领导小组

我校成立以校长为组长的课程开发与实施领导小组，制定多元课改规划，负责课程开发、组织与实施工作的统筹，还包括教育理论的学习研究、教师的培养，以及课改工作的评估。

2. 全员参与开发

多元课程的开发与实施必须激活教师与学生的潜在能量，为此学校在和雅教育理念的指导下，结合每位教师的特长拟订课程目录，在教师充分讨论后，广泛征集学生的意见，形成《长江路小学多元课程开发实施方案》。在此基础上我校成立多元课程研发中心，组织骨干教师编写了《数学探索与发现》《葫芦丝教程》《“绳”采飞扬》《印象版画》等系列校本教材。

3. 论证实施方案

课程方案实施前，我校邀请市、县领导和专家对实施方案进行论证指导，与教师、家长进行沟通与说明，听取他们对课程方案实施的意见，保证实施的效果。

4. 制定实施细则

定科目、定教师：教务处结合学校规划、教师意见和学生愿望，重新整合选课目录，确定课程研发与实施的教师，制定我校选课所需要的“自助式课程目录”，确定每一个课程的执教教师，统一规划安排上课地点和上课时间。

选科目、选教师：我校打破年级界限实行双向选择，把学校确定的“选课”志愿表发放给学生，让学生自由选择，每名学生可选择3个科目。

统筹调配定班：教务处组织课程开发与实施的教师选学生，组建课程研究与实践型的学习团队。

灵活实施方式：星期五的两节课显然是不能满足有些课程的教学要求的，也有一些课程是不需要很长的时间的，我们采用常态与任务相结合、普及与提高相结合、长线与短线相结合和课堂与社团相结合的方式有序推进各个课程的实施。

学校从学习时间、场馆规划、实施制度、激励机制多维度监测课改进程，保障课程改革实施质量。

（二）实施策略

1. 优化教学模式，开发饱含生成因素的生本课程，让课堂激活学生的学习潜能

学校紧跟新课改步伐，提出“自然本真”的课程理念，努力做到“学生本体方法真、学科本位内容真、成长本色过程真”，不断完善和丰富“三自五要素”教学模式（“三自”：课前自由预习、课堂自主探究、课后自觉练习；“五要素”：试、引、交、悟、用）。我们结合学科特点，优化提炼出语文“问题引领—文本感悟”教学、数学“五步引探式”智慧课堂、英语“引悟用”体验式教学、音乐“自主唱演”课堂、美术“开放式”教学、体育“游戏式”课堂教学范式。不论哪门学科我们都重视学生课前的自由预习，积累丰富的生本课程资源，课内自主探索，通过精彩2分钟的学前展示和课内8分钟的小组交流，呈现多样的生本课程资源，引领学生课后自觉练习，将生本课程资源有效拓展到学生的课外与生活中，提升学生综合能力。

2. 整合行为课程，开发饱含教育因素的校本课程，让校园涵育学生的生命潜能

我们觉得学校的每一项行为都应关注师生的“生存状态”，让学生的校园生活快乐而有意义，让学生身心愉悦、健康成长。为此，我校从课程的高度整合学校的管理、教育、教学行为，构建全方位立体式的“行为课程”体系，开发出生活技能、生存技能、自主管理、自我教育、主题德育系列生命课程，把课程与生活紧密结合，把知识学习与生命成长紧密结合；以视听感悟课程和活动体验课程作为学生个性发展教育的主要形式，让学生在体验和实践中增长认识，提升涵养，形成技能。

（1）开发视觉课程，在徜徉中感受知识的美丽。我们在每一个教室内外和年级的公共区域都设立文雅学生事迹展，每周评比文雅少年，展示他们的成长足迹与榜样行为，让他们在学习同伴的先进与体验自己的成功中不断进取。

（2）整合听觉课程，在倾听中享受知识的美妙。

（3）开展活动课程，在实践中体验知识的魅力。

我校学生进行自我管理和自我教育，各年级成立自主管理委员会，下设校园公安局、校园教育局、校园环保局、校园法庭等一系列学生自主管理机构，让学生模拟社会环境，进行自主管理监督，处理校园学生纠纷，在实践中提升自己的能力。

我们在母亲节的一周时间里开展“感恩母爱——为母亲做一个星期有意义的事”的主题活动，让学生体验母亲操持家务的不易。

3. 开辟“课程超市”，开发饱含智慧因素的师本课程，让“选课走班”释放学生的个性潜能

我校把“选课走班”作为课堂教学改革和素质教育的突破口，促进学生多元化发展，为师生发挥自身特长，体现自身价值提供平台。我们开发“精品课堂”，尝试“选师走班”。我们按年级实行“单元区选课走班”教学模式，每周分别安排一节语文、数学、英语的“精品课堂”。

目前，学校已开发了刺绣、剪纸、版画、书法、航模、篮球、足球、羽毛球、太极、吉他、舞蹈、葫芦丝、蔬菜种植、气象、厨艺等68门选修课程。

4. 构建立体评价体系，开发饱含自信因素的生本课程，让点赞激发学生的才艺潜能

要让学生的学习成为激活潜能、张扬个性、丰富内涵、彰显特长的路径，让学生的学习行为成为内在的需求和自觉的行为，应该关注学生对课程的学习兴趣、对学习的持续动力。这就需要我们引导学生沿着自己的兴趣点进行更深层次、更多领域的探索，为学生个性发展提供展示的平台，为学生自信成长提供学识的平台。

为了让学生在课堂上学来的课本知识有可用之处，让学生获得的才能有施展的平台，学校每学期开展“数学小博士”“小小版画家”“校园足球小子”“小小发明家”等评选活动，在实践中不断发展学生的综合技能。

五、多元课程开发初显成效

1. 多元课程丰富和雅教育文化内涵

“和美博雅”的多元课程的开发与实施有效地丰富了我校和雅办学理念，促进了学生素养的提升，成为学校办学的一大特色，受到各级领导和社会各界的充分肯定。学校承办江苏省小数报名师大讲坛活动、连云港市青蓝课程展示活动、连云港市珠心算实验教学研讨活动、灌南县“选课走班”现场会等省、市、县级活动，先后被评为全国新教育实验优秀学校、全国生命教育优秀实验学校、江苏省小数报社数学文化传播基地、江苏省慧雅文化小学数学课程基地、连云港市小学数学课程基地、连云港市基础教育选课走班试点学校，并荣获连云港市教学质量奖。

2. 多元课程促进“儒雅”教师专业成长

多元课程的开发促进了教师的专业发展。在多元课程的开发过程中，从最初的课程研讨、制定目标到确定课程内容、开发编写校本教材，每位教师都参与其中，拓展了教师对教育和教学的认识。教师是课程的实施者、促进者，课程开发、实施给教师带来了压力，但也推动和促进了教师的成长，有效地提高了教师的课程研发能力和课堂教学水平。目前我校已有市、县名师、学科带头人16名，孟云、庞海霞、宋凌等6位教师在连云港市教学基本功大赛中获得一等奖，有多人在灌南县各类比赛中取得优异成绩。学校被评为连云港市课改项目优秀团队。

3. 多元课程激发“文雅”学生个性潜力

学生的兴趣是多元课程开发的重要依据。在课程开发过程中，我们根据学生的个性潜在的独特领域和生长点，承认学生的个性差异，使不同个性、不同层次的学生都有所发展。学生在灌南县教育局组织的各种比赛中频频获奖。2015年，学校的版画社团参加连云港市小学生综合实践活动优秀成果展评；葫芦丝社团代表灌南县参加连云港市中小学生艺术展演；在连云港市“风华小主播”竞赛中，潘昭宇、纪敏获特等奖，王天然获一等奖；连云港市读写大赛中，我校有85人次获得一等奖。

教育就是行动，让我们且行且探索，且行且思考！

创建数学课程基地，拓展数学学习路径

——小学数学课程基地建设的实践

灌南县长江路小学从办学伊始就提出和雅教育的办学理念，从“和雅的生命体验、博雅的内涵修养和慧雅的科学思维”三个维度打造学校文化和课程特色，把“和、博、慧”作为学生核心素养的生长点，以课程的视角创新课堂教学、整合教学内容、开发课程资源、创新课程实施策略。慧雅的科学思维旨在培养具有“慧心、慧智、慧思”特质的、思维灵动的现代少年。数学作为发展学生思维的重要学科，注重提升学生思维水平、探究能力以及实践操作的能力，是实现“慧雅的学科思维”办学特色的主要教学载体。为此，我校提出“实践—思维”的数学课程建设理念，在数学学习过程中培养学生“求真、善思、创生”的综合素养。我们遵循数学学科内容、知识结构等特点，尊重小学生数学学习规律，把数学课堂教学改革分项目进行实验探索：以实验、探究、发现、认知、思维与问题解决为关键要素，重点开展以“数与形的认知为主的数学探究式教学”“以算学文化为主的珠心算教学实验”“以思维能力提升为主的数学益智体验活动”和“以动手能力为主的数学实验”四个方面的数学教学方式的探索。

我校根据江苏省教育厅、江苏省财政厅《关于推进小学特色文化建设工程的意见》（以下简称《意见》），创建了江苏省慧雅文化小学数学课程基地，以数学课程文化建设为载体，将数学学习与体验、应用、实践、问题解决和创新有机融合，丰富课程资源，优化课程结构，激活学生学习数学的兴趣，为不同潜质与个性的学生发展奠定基础，让校园文化富含“数学体验、数学思维、数学发现、数学应用、数学创新”等数学元素与文化特色因子，激活学生数学学习过程，丰富学校“慧雅”特色文化内涵。我们的出发点与落脚点都是为了学生的数学学习，为了学生数学思维的提高，为了学生的数学素养的积淀。我们通过数学特色文化打造与特色课程的开发实施，激发学生对数学学习的兴趣，提升学生的思维水平，培养学生数学探索与建模的能力、数学思考与分析的能力、数学阅读与归纳的能力，全面提升学生的数学素养。

一、营造侧重“数学体验”的慧雅文化氛围，让学生在感受中学习数学

《意见》指出：“创设鲜明的教学环境。加强课程情境、教学实施载体建设，形成充分展现课程特色、具有浓郁课程文化氛围的教学环境。”我校在校园文化建设中追求“书香数韵”的文化意蕴和课程功能，有机融入“数学元素”。我校在营造每个班级教室数学文化氛围的基础上，为每个年级开辟一个以数学实验为主的数学专用教室，一个以数学游艺为主的数学广角，一组数感、长度、方位、面积等直观体验的数学体验中心，把富含“数学元素”的校园文化场景建设作为主要内容进行开发，营造生动有趣的数学文化氛围，让学生在数学文化的熏陶中体验数学的魅力。

1. 注重数学直观体验，打造适时实践的教室数学文化特色，让学生做中学

我校为每个年级建设一个数学实验探究室，购置数学实验器材，开发数学操作与实验内容，引导师生制作学具与教具，让学生在探究中学习数学。我们还在每个教室里设立“数学园地”和“思维演练场”，让学生结合教材进度整理数学学习心得，让学生自己收集数学思维题张贴在“思维演练场”里征集解答方式，激发自主学习数学的兴趣；在教室的外墙壁上开辟“数学文化墙”和“学习成果展”，用数学小制作、数学知识小卡片摘抄、数学史话、数学美等形式与内容，让学生自己完成每个班级数学文化墙内容的充实；定期开展数学概念介绍、计算速度竞赛、问题解决方法大聚会、数学手抄报等学习成果的展示活动，拓展学生数学学习空间，营造“爱数学，乐实践”的浓郁学习氛围。

2. 挖掘数学文化内涵，营造富含数学元素的校园文化场景，让学生悟中学

如何让课本上抽象的数学内容形象化、直观化和可视化，让静态的数学知识成为学生内在的素养？我们认为，体验是激发学生数学学习兴趣，提高数学学习效益的有效途径。为此，我们在校园开发建设了数学体验中心，主要有长度体验路面、高度体验墙壁、方位体验的路牌；还以“神秘的数、神奇的式、多才的符号、美丽的图形、严谨的数量和智慧的名题”为开发内

容，让学生定期制作数学文化园，引领学生畅游数学王国，体验数学的奇妙和神秘。

3. 加强数学应用性实践，开辟数学游艺广角，让学生玩中学

著名数学大师陈省身说过“数学好玩”。为了激发学生数学学习的兴趣，我们除了在数学课堂教学中加强数学与生活的联系，还更多地创造数学应用的机会与平台，在学校建有多个数学广角，更多地开发数学游戏，把“玩”的元素引入数学学习过程。例如，算“24”、七桥问题、孔明锁等游戏让学生在课堂学习之余能随时徜徉在数学的海洋里，体验数学探索的乐趣。我们还和家庭社区有效配合，开展数学在生活中的亲子感受活动，让孩子与家长一起以家庭水电计量、生活用品购置、住房面积中的数学知识等话题开展生活中的数学应用活动，培养学生用数学的视角观察生活、参与社会生活，品味数学应用与价值，享受数学实践与问题解决的成功。

二、开发侧重“数学发现”的慧雅课程资源，让学生在探究中学习数学

在数学课程的开发方面，《意见》明确提出要“开发有趣的课程资源。开发符合学生年龄特征和身心特点的课程资源，促进课程形态的变化和学生学习方式的转变。通过各项课程资源的挖掘整合，努力设疑激趣，激发学生的学习欲望和探究热情”。我校注重数学学科探究能力与思维能力的培养，以丰富学生数学知识、提高数学能力、发展学生数学思维、涵育学生数学素养为导向，整合、优化数学课程资源，探索、创新数学学习方式，创建“慧雅课堂”，开发适合数学学习的校本课程，形成实践数学的课程特色。我们激活“生本”数学学习潜能、开发“师本”课堂教学策略和研发“校本”数学课程体系，让数学学习凸显“探索与发现”、让学生在数学概念的形成、数学法则定理的建构、数学思想方法的获得、问题解决模型的建立、思维能力的提升以及数学应用与实践中经历数学知识的再创造与再发现的过程。

1. 开发“师本”课堂教学策略

课程专家古德莱德等人把课程分为五个层面：理想的课程、正式的课程、领悟的课程、操作的课程和经验的课程。我们认为其中领悟的课程与操作的课程应该是以教师为主语的一种领悟课程、理解课程、反思与实践课程。这就要求教师的教学过程是一种创生与发展的过程。我们组建数学教师

成长共同体，共同研究小学数学课程实施的策略，探究数学内容与资源的开发、探究数学课堂教学方式的建构，重点进行三个方面的研究，即开展小学数学教材教法研究，构建“实验思维”数学课堂教学，探究国家数学课程的有效实施途径；开展小学数学课程拓展研究，构建“体验应用”数学课程基地，探索校本数学课程的开发策略；开展小学数学课程评价研究，构建“激励唤醒”数学评价体系，创新过程性、激励性数学评价方式。

2. 激活“生本”数学学习潜能

黄翔在《数学教育的价值》一书中提出“知识并不能简单地由教师或他人传授给学生，而只能由每个学生依据自身的知识和经验主动地加以建构”“数学学习的建构方式是多样化的，学生的数学学习过程应该充满观察、实验、猜测、验证、推理与交流等多样化的数学活动”“学生的数学学习过程应当是富有个性的、体现多样化的学习需求的过程”。我校在“自然本真”教学理念的指导下，创建“慧雅课堂”，探索适合发展学生数学思维的“三自”教学范式——课前自由预习、课内自主探究、课后自觉练习，让学生在动态生成与交往互动的课堂中，通过自学情况汇报、小组合作探究、班级成果交流等形式，充分利用阅读感知、操作实验、动脑思考、感悟内化来实现数学知识的学习，实现数学规律的探索、核心内容的建模与数学思想的形成，让学生在体验操作、研究探索中完成，从而领悟数学知识的真谛。

3. 研发“校本”数学课程体系

我们根据不同学段学生的特点，将数学学习与学生的生活实践相结合，设计安排不同层次的课程内容：一是开发了数学类校本课程。低年级注重学生数学学习兴趣的培养，开发编写了《一个都不能少》《神秘的数字》《二十四点攻略》等启蒙数学课程教材，激发学生对数学学习的兴趣。中年级注重学生实践体验与文化熏陶，开发编写了《趣谈数学》《数学其实很好玩》《实战魔方》《数学迷宫》《数学思维超市》等娱乐数学课程教材，让学生在快乐游戏中领略数学的魅力。高年级注重学生探究与综合应用能力的提升，开发编写了《数学教材学法导引》《走进数学家的世界》《数学营养餐》等探究数学课程教材，让学生在体验实践中提升探究能力和综合应用能力。二是开发社区数学课程资源。我们与社区的菜场、商店、银行等单位与场所密切配合，挖掘它们中包含的数学元素，组织学生开展数学的生活应用与综合实践活动，在活动中升华学生的数学学习，提升其应用能力。

三、建设侧重“数学应用”的慧雅学习场所，形成多样化数学学习路径

《意见》要求“搭建互动的学习平台。运用新理念、新技术、新方法、新手段，以学生在课程活动中实际体验、动手操作、研究探索为中心，提高资源类别的多样化水平。突出课程核心内容的模型制作，使抽象原理形象化，开发人机互动、自主测验的教学用具和教学场所，促进学生自主学习、快乐学习”。我校以“做思共生”为数学学习理念，努力把数学与生活、数学与活动、数学与实验、数学与娱乐结合起来，让学生的数学学习内容更丰富、形式更多样、平台更广阔。我们为学生搭建了多样化、开放的学习平台，让学生在枯燥的数学知识学习过程中将数学用于生活与娱乐，在实践过程中积极主动地提升数学思维。

1. 在“一馆一室”里实现数学拓展学习

我们以发现、思维、运用为主要内容建立了“一馆一室”，服务学生数学学习，让学生数学学习充满快乐、充满体验。我们建设了一个“做数学”的数学实验馆，拓展学生对课本知识理解的宽度与深度，呈现数学史上众多数学发现的探究过程，再现数学实验场景，让学生亲身经历、动手操作教材中的数学实验，全程经历数学发现之旅。我们建设了一个展示数学成就、分享学生数学才能的数学展示室，分“用数学”的数学生活馆和“玩数学”的数学游艺宫。展示室定期展示学生数学知识学习的笔记与手抄报、数学实验过程记录、数学制作、数学综合实践活动等学习成果，搭建学生实践创新的有效载体，全面提高学生数学综合素养。

2. 在网络平台上实现数学学习时空的开放

我们开展“E”学习方式的实践，建立了一个专门用于数学学习的电子教室，在已建成的“我爱数学”专题网站上，开辟《数学指南》《在线测试》《小小数学迷》栏目；各年级创建数学QQ群，在群内进行学习与交流；利用“我酷”视频上传数学学习微视频等实现人机互动的数学学习，拓展学生数学体验与实践学习的时空。

四、开展侧重“数学创新”的慧雅实践活动，让学生在研究中学习数学

为了培养学生的兴趣爱好，为不同潜质、不同个性学生的发展提供多样化的选择和帮助，我们注重“学创”共融，让学生的数学学习成为一个探索发现、构建创新的过程；注重学生日常数学学习的再创造能力的培养；注重问题解决能力的培养；注重数学实践能力的培养，更注重激发学生数学学习的内驱力。为此，我们强化以下数学实践活动。

1. 组建数学学习团体，在合作探究中学习

我们分三个层面组建学习团体：班级的数学学习共同体、年级的数学兴趣小组、校级的数学文化社团。我们分别成立数学实践学习小组、数学体验学习小组和数学研究学习小组等，组织学生进行社会调查，收集常用数据，了解数学知识在实际生活中的应用，同时利用生活、生产中的数学来激发学生强烈的求知欲，培养学生的创新精神和实践能力。

2. 成立少儿数学院，在分类研究中学习

我们依据数学的核心内容，围绕“发现问题、分析问题、研究问题、解决问题”的数学模型，成立尺规画图体验分院、数学学具制作分院、数学模型创作分院、奥数起航分院、珠心算分院等，开设趣味性、知识性、逻辑性和思维性相结合的实践活动，开展专题性学习活动，挖掘学生的数学思维，发展学生的动手实践能力。

3. 开展智慧数学活动，在综合应用中学习

每节课都有一个固定的教学环节“精彩2分钟”，我们让学生呈现课前自由预习的内容认识；定期开展数学日记、数学手抄报、数学故事、数学名家鉴赏、数学小论文等展评活动，引领学生掌握数学课本知识；利用每日的数学快餐、每周的数学超市、每月的数学达人秀，开展数学思维闯关系列活动，提升学生的数学思维；每年开展两次数学文化节，创造更多的数学应用与思维展示的机会，激发学生数学探究的热情；开展数学创客活动，让学生利用数学知识进行数学制作、生活中问题解决方案的设计等，激发学生的创新思维和创造能力。

4. 创新激励评价机制，在体验成功中学习

学校将构建有利于促进学生数学发展的评价体系，以“智慧闯关、

积分升级”的方法，根据学生数学能力水平，按年级评选六级“数学智慧星”“数学小博士”“数学小院士”，让学生在快乐体验中提高数学素养。

我们以优化数学课堂学习，整合数学教材资源，拓展数学学习形式，丰富数学学习活动，强化数学学习体验，开展数学实践活动，创造数学应用机会，建设体验数学、实践数学的乐园为主要项目内容，以激发兴趣、提高思维、培养能力、提升素养为价值追求，创建数学课程基地；形成了自主实践、体验感悟、探索发现等学习方式，提高了数学课堂教学水平；开发了《教材学习导引》《数学课外读本》等校本课程教材，组建少儿数学院等社团，丰富数学实践活动，丰富学生数学学习路径，满足不同学生的不同需要；开辟读数学、看数学、用数学的校园数学课程体验区、展示区和数学实验探究室，提高学生的学习兴趣，丰富学生数学学习课程内容；构建数学实践墙、网上数学乐园等综合性学习场所，通过“珠心算”“数学实验”“数学综合与应用”等项目学习，提供给学生数学应用与实践的机会，提升学生数学学习力。

参考文献：

黄翔. 数学教育的价值［M］. 北京：高等教育出版社，2004.

开辟课程超市　开展选课走班　丰富学生校园生活

陶行知认为：“教育是供人生需要的教育，是生活所需要的教育。”我们始终觉得，学校教育应该与生活紧密联系，通过学校教育，让学生掌握必备的生活技能，经历丰富的生活过程。为此，从建校以来，我们以和雅为教育的核心文化，努力把培育“和乐文雅”的学生群体作为育人目标，提出“和美博雅”多元课程构思，开辟多样化的特色课程，以“选课走班”引导学生个性化学习。

一、构建“和美博雅”的多元课程体系

“和美博雅”多元课程鼓励开展多学科、多领域的探索，更强调跨学科的整合，突出“以学生为本”的理念，关注学生发展，注重提升学生的生命价值和生活品质；立足于广博的知识学习、和雅的生命体验、文雅的内涵修养，追求教育形态美与内在美的和谐统一。

1. 体验式“行为课程”，提升外显气质

我校以视听感悟课程和活动体验课程作为学生个性发展教育的主要形式，让学生在体验、实践中提升涵养，形成技能。

视觉课程：把中华美德融入整体环境，进行校园环境课程的建设，将我校和雅文化和社会主义核心价值观渗透在学校的楼、路、园、景观等场所建设中。

听觉课程：以经典古诗文和儿童歌曲为主要内容，形成校园听觉课程。课前小预备的古诗诵读、上课前的古诗铃声助读，让学生在美妙的声音中享受和传承经典文化。课间，学生伴随着悦耳的音乐，在歌声中开展课间活动。

德育课程：我们创新德育模式，把学生的日常行为习惯融入课程建设，构建了文雅学生培养体系。我们扎实做好常态的升旗仪式、班（队）会与传统节日等主题德育活动；模拟社会机构，把社会管理机构和资源作为课程引入学校，成立学生自主管理委员会，下设校园公安局、校园教育局、校园环保局、校园法庭等学生自主管理机构，让学生模拟社会环境，进行自主管理监督，提高学生自主管理能力。

2. 超市式“选修课程”，涵育学生内在素养

我校将“和美博雅”多元课程落实到“和”“博”“慧”三个学生核心素质的生长点上适度进行课程开发，根据学生的个性特长、兴趣爱好和成长需求开设生活体验类、科学思维类、内涵修养类共80余门课程。

二、开展“选课走班”式多元学习模式

2014—2015学年，我校重点开展“选课走班”课改实验项目，主要从两个方面进行尝试与探索。

1. 组建“教学共同体”，探索语数英学科的“选课走班”

根据教师特长和学生爱好开设语文学科类的魅力汉字、七彩成语、经典

美文、演讲与口才等课程，数学学科类的神秘数、美妙图、神奇的符号、巧妙的珠心算等课程。

一年多的“选课走班”探索告诉我们，虽然备课统一了，但由于课堂上教师与学生的交流方式不同，师生亲和度不同，教师幽默风趣程度不同，学生有了更多的选择。学生对教师的认同度、教师教学过程中采用的方法与技巧决定教学效果的高低。

2. 开辟“课程超市”，创新素养类课程的“选课走班”

首先，我们让大课间成为学生“选课走班”的一个兴趣点。我校把大课间活动作为课程来开发和组织，采用统筹和选择相结合的方式实施每天的体育活动课程。开学初我们让全体学生来确定做什么操，选择锻炼身体的运动项目。2014年我们每天上午是固定1000米的跑步和班级自由组织的开心游戏；下午从周一到周五分别为太极与跳绳、广播操与跳绳、武术操与跳绳、班级游戏与跳绳、年级的趣味体育活动。

其次，我们重点开展好每周五下午的“课程超市”里的“选课走班”学习活动，学生根据各自选择的课程组成新的课程班，在课程班中开展课程学习实践活动。

三、构建“体验成功”的多元评价机制

如果“选课走班”课程仍然用考试的方法来检测，势必左右教师的教学，影响学生学习的兴趣并加重学生的学业负担，那么，用什么样的评价机制来促进“选课走班”有效开展呢?

“选课走班”是课程改革中的新生事物，我们是摸着石头过河。我们坚信只要行动就有收获，让我们一起携手，与学生一起探索适合成长的教育方式，让课改理念与行动永远“在路上”。

四、新学年的打算

憧憬新的一学年，我校将以《连云港市义务教育小学阶段深化课程改革行动计划》为指导，进一步完善课程体系，改进课程实施与评价方式，促进学生全面而有个性地发展。

1. 围绕学生核心素养的培养

我们根据学科属性、学习规律及学习方式，对“和美博雅”多元课程进

行整合，以研究院的形式尝试建成“人文读写”“数学探索”“科技创新”三个体验学习馆，着重培养学生动手实践、科学探究、团结协作和服务社会的能力。

2. 积极开展信息技术在教学中应用的研究

为促进信息技术和课堂教学的深度融合我们构建了基于互联网等信息技术环境下的新型“同屏互动”教学模式。

3. 进一步深化“三自五要素”课堂教学改革

我们利用罗锐小学名师工作室这一研修平台，发挥连云港市课改领航学校的优势，深入开展校际交流活动，扩大“三自五要素”课堂教学的辐射作用。

选课激活师生潜能，走班增强教学兴趣

尊敬的程局长、徐主任、各位校长：

大家下午好！

欢迎来我校指导工作，感谢县教育局把2015年开年活动“选课走班”暨社团建设推进现场会安排在我们学校，我很荣幸借这次会议向各位领导汇报我校的工作。我汇报的题目是选课激活师生潜能，走班增强教学兴趣。

我校从办学以来一直以“办有品位的学校，办居全市前列的学校，办全省知名的学校”为目标追求，2011年进入新校区后我们把它具体为“建名校、塑名师、育名学生”的“三名”办学目标。我校教师一致认为“有品位的学校，应该是有文化内涵的学校，是有个性特色的学校，是有质量品牌的学校，是学生喜欢、家长放心、社会认同的学校”。为此，我们提出了以和雅为核心的教育文化主张，“襟怀和雅，力行勤创！”努力创建“和美优雅”的学校，塑造“和爱儒雅”的教师团队，培育“和乐文雅”的学生群体。我们把这一理念细化为“一个中心，两个重点，三个特色，四个追求和五项工程”并具体到学校常规工作中作为教学管理的新常态，即围绕一个中心——文化立校，建设书香醇美、和谐优雅的学校，让校园各个角落充满浓郁的文化气息，抓住两个重点——传承经典，接轨现代，夯实文化底蕴，提高学生的综合能力；课题引领，自主研修，提升教师的育人知能；打造三个特色——生命教育特色、学科思维特色、艺体素养特色；实现四个追求——培养有才能文雅的学生、塑造有才华儒雅的教师、营造有品位优雅的校园、培育有声望和雅的学校；实施六项工程——和合优雅的环境文化工程、和善顺雅的管理文化工程、和爱儒雅的教师文化工程、和美博雅的课程文化工程、和真慧雅的课堂文化工程、和乐文雅的学生文化工程。

我们积极创新课堂教学方式，拓展学习时空，以自主开放的课堂学习、自觉丰富的课余活动、自然个性的校本课程关注学生的学科思维，让他们拥有智慧的知识人生；重视学生的生命状态，让他们过有品位的幸福人生；重视学生的生活素养，让他们拥有高雅的快乐人生。

我们主要通过以下两个途径实现这一教育理想：

一是构建和谐慧雅的课堂，让学生掌握学习方法，引导学生自主学习。

二是开发和乐博雅的课程，让学生掌握生活技能，引领学生快乐生活。

在“选课走班”课改实验中，我校主要从两个方面进行尝试与探索。

一、组建教学共同体

本学期在连云港市“选课走班”工作要求引领下，我们进一步拓展课改思维，以“和谐慧雅的课堂文化”理念为指导，深化“三自五要素”教学改革，开展全科课程的实验研究，开发教师的教育潜能，打造全科教师。我们要求语数英教师在音体美学科中选择一个特长学科，音体美教师则要在语数英学科中选择一个科目，每一位教师都能胜任两个学科的教学。每个年级开设两个语数英“精品课程”班，学生均衡分班，按特长“选师走课”。在时间上与教研活动时间进行整合，周二语文和英语、周三数学和英语、周四语文和数学，进行走班。在形式上我们组建语数英三门学科的“教学共同体”，引导学生“选师走班”，即同一年级同一学科的教师“两两组合”，共同备课，统一内容与进度。9月份一个月由两个教师到两个班级分别上课，学生对教师的课有了一定的认识后，我们再让这两个班的学生从这两个教师中选择一个听课。

二、开发“课程超市”

1. 让大课间成为学生“选课走班”的一个兴趣点

我们把大课间活动作为课程来开发和组织，采用统筹和选择相结合的方式做好每天的体育活动课程的实施。

2. 重点开展好“课程超市”中的“选课走班”学习活动

我们从生命教育、学科思维和艺体素养三个维度设计出生存技能类、心理健康类、修身养性类、社会能力类、课堂学习类、学科体验类、强身健体类、音乐艺术类、书画艺术类和表演艺术类10个类别共80余门课程。

（一）这些课程是怎么来的

1. 是我校和雅教育文化衍生出来的

我校的和雅教育理念就是试图通过生命教育、学科思维和艺体素养这三个特色的打造，让学生积淀人文底蕴，提高生活品质。这就要有丰富的与成长、生活和兴趣有关联的课程来支撑。

2. 是我校教师特长引发的

课程是需要教师来开发与实施的，开学初我发放了一份调查表。其中一栏是“教学学科以外的特长描述”。大家只认为是我要了解情况，所以都真实地呈现了各自的特长，我结合每位教师的特长拟订了一些课程目录，交教务处整理规划，拿出一份“选课”课程目录讨论稿，分发给教师研讨，再让大家提出完善意见，通过几次修改形成现在的试用方案。实践证明，“选课走班”激活了教师的潜在能量。

3. 学生成长的自然需求

学校教师层面课程目录设置的“顶层设计”是否适合学生的需求呢？我们又向全体学生发出课程征集——在学生中广泛开展“你喜欢哪些课程？”“在学校课程表以外你还想学哪些课？”的征求意见。我们把征集来的课程有机地整合到选课目录中。一段时间的“选课走班”学习效果使我们深深地认识到是课程唤醒了学生沉睡的潜能。

（二）这些课程教学效果怎么评价

如果这些课程仍然用考试的方法来检测，势必左右教师的教学，影响学生学习的兴趣，加重学生的学业负担，那么，用什么样的评价来促进“选课走班”有效开展呢？我们主要通过搭建表现的平台、搭建分享的平台、搭建欣赏的平台三个办法来激励学生，检验教师的教学效果。

两个多月的实践让我校师生体验了其中的酸甜苦辣，也品味了其中的成功与快乐。

教师说："'选课走班'，让我的特长也得到了释放的舞台。"

学生说："'选课'——潜能无限，我真行；'走班'——其乐无穷，我真爽！"

作为校长，我说："'选课'激活师生潜能，'走班'增强教学兴趣。"

最后，我想说，我们学校：

因为和——和爱、和善、和美、和乐、和合、和顺，所以我校的师生是愉悦快乐的。

因为雅——文雅、博雅、儒雅、贤雅、敦雅、慧雅，所以我校的师生是幸福高雅的。

最后，让我衷心地说声谢谢：谢谢你们4年来对我校的支持、关心和关注！我校全体师生将在你们的关心下不断进步！

不当之处，敬请批评指正！

（注：本文是2015年1月16日在灌南县小学"选课走班"暨社团建设推进现场会上的交流发言材料）

第四节　和真慧雅的课堂

聚焦核心素养，把握课堂关键，全面提升教学质量

——连云港市义务教育小学阶段深化课程改革行动计划座谈会发言稿

拿到这份《连云港市义务教育小学阶段深化课程改革行动计划》（以下简称《计划》），认真研读，仔细体会，我感觉它在总结了我市近几年小学课改的经验和成效的基础上，重新梳理了目前我市小学教学的现状，构建了今后一段时间内我市小学课程改革的新走向，提出的行动理念、目标内容和实施要求为我们学校的课改立标指航，帮助我们学校确立课改的重心工作和工作举措。结合《计划》的思想理念，我主要有以下几个方面的体会。

一、聚焦核心素养的提法，让我们明确办学的核心价值

学校教育的核心价值是为了学生更好地生活与快乐地成长，核心素养是学校校本课程开发的基点。

《计划》提出“培养什么人，怎样培养人”的重要课题，引发我们深思。我们深化课程改革、提升办学品质的目的就在于培养学生的核心素养，也就是说培养健康、健全的人，让学校教育的一切行为都围绕促进学生成长、成人、成才这一主题进行，让学生在学校教育的引领下会生活、能生活、快乐幸福地生活。我觉得《计划》提出的“身心健康、学习能力、道德品质、艺术审美和创新精神”这五个核心素养抓住了立德树人的本质要求。

从学校层面看，我们可以把它具体到“生命教育、科学思维和内涵修养”三个维度上，我们可以把“知识获得的方法、问题解决的思维”作为学科教学核心要素加以强化，突显课程的“思维”价值，让教育充满智慧。我

们从“生命教育、科学思维和内涵修养”三个维度设计，分生存技能类、心理健康类、修身养性类、社会能力类、课堂学习类、学科体验类、强身健体类、音乐艺术类、书画艺术类和表演艺术类10个类别，开发生活安全、家居美化、公益环保、刺绣、剪纸、版画、书法、航模、篮球、足球、羽毛球、太极、吉他、舞蹈、葫芦丝、蔬菜种植、气象、厨艺等80余门课程，供学生选择。

二、项目是课程改革实施的具体内容和有效抓手

项目是课程改革实施的具体内容和有效抓手，是推进课程改革纵深发展的重要手段。

《计划》提出：着力推进课程建设“校本化”、课堂教学“生本化”、教学创新“数字化”、教学评价“绿色化”、教师发展“师本化”这五个课程改革项目的实施，为学校全方位深入推进课程改革提供了理论支撑和实践支持。

从学校层面，我觉得我们应该以课程的高度与视角看待和开展常规管理、课堂教学、德育活动和教育评价，挖掘学校生活中的各种课程资源，通过开发校本的、师本的和生本的课程，积极推进和实施多元课程，引领学生个性成长、教师专业成长和学校特色发展。我觉得在这五个项目推进的过程中我们应该做好以下几件事。

（一）追求自然本真教学，让课堂激发学生的学习潜能

学校课堂教学发展与改革的新动向应该是追求师生学习过程中的自然与本真，尊重教学规律、尊重学习规律、尊重成长规律，以学生为本，关注学生的个性差异，让课堂教学方式多元化。

学校的课堂教学管理要从以往的“构建形成”“固化推进”“活化实施”“优化改进”发展到“个性化创新”的新时空，以年级、以学科、以班级、以教师个体或部分学生群体为课堂教学方法创新主体，开发具有教师个性特色的课堂教学模式，创立个性化的课堂教学方法论和行动体系。

（二）构建立体评价体系，让点赞激发学生的才艺潜能

怎样的评价能引导学生沿着自己的兴趣点进行更深层次、更多领域的探索，为学生个性发展提供展示平台呢？显然仅仅依靠考试分数已经不能达到这样的目的。考试在一定程度上可能成为约束学生、束缚教师、制约学校发

展的绳索。《计划》提出的“建立质量监测体系、制定学科质量标准、开展质量监测工作和规范学校考试评价”这四个绿色化教学评价策略如果真正落实到位，让一、二年级无纸笔测试，三至六年级每学期只进行一次测试成为现实，让教育主管部门对学校质量考核能在年级与时间上做到常态化与固定化，我建议按学段进行，一、二、三年级为一个监测周期，在三年级结束时可以进行一次质量监测，四、五、六年级为一个监测周期，六年级举行一次小学毕业测试，检测小学学习成果，这样做可以让学生有更大的质量管理空间。如果这样我们就可以开展一些激励性的评价，更好地促进学生投入到读书学习活动中来。

（1）开展单项达标评价。

（2）开展专项考级评价。

（3）开展特长展示评价。

我们要让学生在这些展示式评价中体验成功，激励成长，为深度学习提供充足的动力。

“慧雅数学”教学主张与实践架构

灌南县长江路小学创建之时正值《全日制义务教育数学课程标准（实验稿）》出台颁布。学校围绕“立德树人”的办学目标，提出了和雅教育的办学思想，以“和乐、和美、和真”为处事之道，以“文雅、博雅、慧雅”为修身内涵，以“深邃的文化传统引领教育，多元的课程体系引领教学，先进的教学方式引领学习”为指导理念，聚焦学生核心素养，把“和”与“雅”作为和雅教育的生长点，从培养学生具有“和乐文雅的文化体验、和真慧雅的科学思维与和美博雅的内涵修行”三个维度打造学校文化、指导教育教学，为培养未来具有广博知识、聪颖智慧和优雅气质的人奠定基础。

数学是培养学生思维，发展学生能力，提高学生综合素质的重要基础学科，是人们认识世界、改造世界的重要工具，是人们分析问题、研究问题、解决问题、实践创新的重要工具。我校的数学学科于2013年被连云港市教育局立项为全市为数不多的小学数学课程基地，在教育教学中有其重要的地位，在落实我校和雅教育办学思想中具有举足轻重的作用。为此，我校在广泛研讨的基础上，结合《全日制义务教育数学课程标准（实验稿）》要求，把数学学科作为发展学生“和真慧雅的科学思维”的重要平台，以“慧雅数学”为教学理念，探索数学知识慧雅本质，挖掘数学教材慧雅特质，构建数学教学慧雅特色，让学生在“自觉、自主、自由”的和谐本真状态下，体会数学思想，掌握数学知识，培养数学能力，积累活动经验，修炼慧雅气质。

一、探索“慧雅数学”内涵主张，明确“慧雅数学”价值追寻

（一）“慧雅数学”的内涵主张

慧，音译为般若，意译为慧，智慧。明白一切事项叫作智；了解一切事理叫作慧。慧是心字底，说明慧是一种精神，一种状态，当一个人的修为达到这种状态，持有这种精神的时候，他就具备了慧。例如，慧光指智慧的光，能了彻一切；慧业指智慧的业缘；慧心指能感悟至理的心智，今泛指聪慧之心；慧眼指上乘的智慧之眼，能够看到过去和未来，今泛指锐敏的眼力。现代文化认为慧就是聪慧、智慧，聪明，有才智。

雅，“雅”与“夏”古字相通，雅指夏民族所居之地，即西周王畿地区，由此衍生出正确、合乎规范的含义，如雅道指的是正道、大道；雅音指的是正音；雅算指的是正确的决策；雅学指的是正道之学；雅言指的是规范化、标准化的语言，以雅为正，即正规的、标准的；雅正指的是规范的、典雅方正。雅有美好、高尚、不粗俗之意，如文雅、高雅、典雅、雅观、雅教、雅兴、雅座、雅俗。

慧雅，就是聪明雅致，最早出自清代蒲松龄的《聊斋志异·薛慰娘》：“室内一女子，年十六七，仪容慧雅。”慧是一种智慧，雅是一种规范。慧雅数学，就是能够让人聪明起来的、规范有效的、美好不俗的、理性雅致的数学知识、数学技能、数学方法与数学思想。我们把慧雅作为小学数学教育的价值取向，与数学学科的特点、数学教学的目标是一致的。

周玉仁在《小学学科教学论（数学）》一书中指出：数学是研究数量关系与空间形式的一门科学，它具有抽象性、逻辑性和应用的广泛性三大特点。数学的抽象是经过一系列阶段后舍弃具体现象和内容而保留下来的关系和空间形式。数学的抽象性使数学研究方法与其他科学有所不同。其他科学

主要以实验的方法进行研究，而数学主要靠推理和计算。每一个数学定理只有经过逻辑推理的严格证明才能在数学上成立。受小学生年龄特点、接受能力、认知发展水平等因素的限制，小学数学内容虽不可能进行更多的证明和推理，但也明显具有前后连贯、逻辑严密、结构严谨的特点，因此培养小学生初步的逻辑思维能力是小学数学教学的目的所在。数学不仅是其他科学研究的工具，它在人类的生活中也有广泛的应用，它是人们认识世界、改造世界的重要工具，是人们分析问题、研究问题、解决问题、实践创新的重要工具。

（二）“慧雅数学”的价值追寻

数学学习是丰富人们数学的概念和图的空间认知的过程，是发展人们客观分析能力和理性思维的有效过程，是锻炼人们实践技能和创新能力的有效途径，也是培养人们发现和解决问题能力的重要渠道。慧雅数学认为，数学学习能使人耳聪目明，心灵手巧，表达严谨，交流简洁，想象丰富，思考深入，思想深邃。慧雅数学就是从教与学的两个方面追求智慧与雅致的价值。

1. 智慧：学生的价值追寻

从学生学的方面看，我们既要考量学生的学习过程，也要关注学生的学习结果。从学生学习过程的角度看，慧是智慧，是思维方式和思维能力，包括做与思两个方面；从学生学习结果的角度看，就是要有慧雅的数学教学目标，慧是慧心、慧思、慧质，雅就是雅行；雅性、雅品，是理性，是学习品位和学习格调，是高雅品质的集中表现，包括数学认知、数学素养和数学思想。

我们通过数学学习内容的认知、探究、建模等过程，发掘学生内在的慧雅潜能，让学生心灵手巧、思维灵动、睿智理性而思辨求真，从而成为具有“慧思雅行、慧心雅性、慧质雅品”的慧雅气质的人，汇聚理性求真的数学精神，提升探究创生的数学能力，形成雅致善思的数学气质。

2. 雅致：教师的价值追寻

慧，灵动，充满智慧；雅，规范，美好高雅。从教师教的方面考量，慧雅数学就是教师充分发掘数学学科慧雅的课程资源，探索学习方式的本质，修炼把握教材的“慧眼”，设计数学教学的“高雅”，驾驭慧雅课堂的“雅智”，组织课堂教学的“雅趣”，把握学科教学的“慧雅技艺”。雅致的教师能够改进传统数学教学枯燥的计算与解题的机械训练，能够倡导开发与组织多元的数学教学方式，让学生通过数学实验、数学实践、数学体验、数学应用、数学阅读、数学思辨、数学游艺和数学亲子活动等多种形式学习数学知识，发展数学思维，实现数学教学“求真、善思、创生”的慧雅价值追求。

3. 慧雅：师生的课堂追寻

从慧雅的数学课堂来看，我们师生在课堂教学中能够寻求慧雅数学的教学基本范式，能够真正从展示——现尝试之慧，呈自学之雅、合作——显探索之慧，促互学之雅、理解——展交流之慧，理导学之雅、内化——思感悟之慧，品睿学之智、应用——创实践之慧，激活学之雅五大要素来完善我们的慧雅课堂。学生能够真正理解慧雅课堂的核心追寻，真正在课堂上做到展示、合作、理解、内化与应用；教师能够真正从学生的实际着手，把握慧雅课堂的价值追寻。而师生的课堂追寻也是我们慧雅数学的价值追求。

从慧雅数学的内涵主张到慧雅数学的价值追寻，我们在探索的路上不断前行，不断丰富，不断明确，不断完善，让师生能够从慧雅数学的内涵，追寻慧雅数学的价值。

二、寻根理论基础，提炼慧雅数学的精神文化

追溯古今数学教育教学前贤，汲取现代数学教育教学理念的精髓，以当前数学课程标准理念为具体指导，我们客观分析当前数学教学现状与我校数学教学理念，提炼出求真、善思与创生的数学精神文化核心。

（一）慧雅数学的理论基础

1. 认知发展理论

皮亚杰（Jean Piaget）认为智力的本质是适应，“智慧就是适应”“是一种最高级形式的适应”。他用“图式、同化、顺应和平衡”四个基本概念阐述他的适应理论和建构学说。他认为，心理既不是起源于先天的成熟，也不是起源于后天的经验，而是起源于动作，即动作是认识的源泉，是主客体相互作用的中介。他把认知发展视为认知结构的发展过程，把认知发展分为感知运动、前运算、具体运算和形式运算四个阶段。

2. 建构主义理论

建构主义的思想来源于认知加工学说，即维果茨基、皮亚杰和布鲁纳等人的教育思想。这一理论认为，人们是以自己的经验为基础来建构现实的，学习不是由教师把知识简单地传递给学生的过程，而是由学生自己建构知识

的过程。学生不是简单被动地接收信息，而是主动地建构知识的意义，这种建构是无法由他人来代替的。教学中要把学生原有的知识经验作为新知识的生长点，引导他们从原有的知识经验中，生长新的知识经验。教学不是知识的传递，而是知识的处理和转换。

3. 课程改革理论

《全日制义务教育数学课程标准（实验稿）》指出：课程内容要反映社会的需要、数学的特点，要符合学生的认知规律。它不仅包括数学的结果，也包括数学结果的形成过程和蕴含的数学思想方法。它有利于学生体验与理解、思考与探索。课程内容的组织要重视过程，处理好过程与结果的关系；要重视直观，处理好直观与抽象的关系；要重视直接经验，处理好直接经验与间接经验的关系。课程内容的呈现应注意层次性和多样性。教育部《关于全面深化课程改革落实立德树人根本任务的意见》也指出要“遵循教育规律和学生成长规律”，要“研究制订学生发展核心素养体系和学业质量标准。明确学生应具备的适应终身发展和社会发展需要的必备品格和关键能力，突出强调个人修养、社会关爱、家国情怀，更加注重自主发展、合作参与、创新实践”。

（二）“慧雅数学”的精神文化

古今中外的数学教育教学理论都聚焦学生学习数学过程的智慧灵动与学习结果的雅致丰厚，为我们开发慧雅数学课程资源、建构慧雅数学课程体系、探索慧雅数学教学方法提供了理论支持和实践基础，促进慧雅数学在教与学的过程中“慧”的元素与“雅”的品质适度契合，有利于实现数学教学“求真、善思与创生”的慧雅价值。

1. 求真：兼容并蓄，求真务实

数学是严谨的学科，求真是数学学科的特质。因此，慧雅数学是把不同性质的内容先接纳下来，然后去其糟粕，取其精华。而且，慧雅数学十分注重指导学生对现实中数、量、形等数学现象进行大胆猜想，小心求证，从而发现规则。数学结论是唯一的，也是多元的，我们通过数学的认知培养学生坚持实事求是的数学精神，点燃学生科学探索的欲望，唤起学生主动探究的热情，激发学生追求真理的勇气，树立学生热爱数学的自信。

因此，慧雅数学要求教师具有严谨、求真、科学和缜密的教学态度，自然、本真、规范和灵动的教学方法。教师在课堂教学要做到心中有“教材、学生”，并能正确引导学生认真倾听、用心思考、勇于探究、真诚交流，使得慧雅数学课堂中，教师不仅有自己的思考，还能与自己的教学实践有机结合，使得自己的课堂不会出现程式化、模式化的现象，让数学教学求真务实起来。

慧雅数学旨在要求教师对于探究其数学学习的本质，并能践行数学教学的规律，在生动与有趣的教学情境中加深学生的数学体验，在热闹与有序的小组合作中培养学生的探究能力，在动态与静态的生成过程中提升学生的创造能力，在求知与务实的过程中培养和提升学生的数学素养，在学习实践中充分体现“慧”与“雅”的完美结合。

2. 善思：学起于思，思源于疑

慧雅数学着重培养学生数学思维与方法，积累数学活动经验，让学生能自觉地发现问题、主动地思考问题、积极地探索问题和努力地解决问题；引导学生自由预习，获得自我认识，为课堂学习选择思维起点，自主探究，开展丰富的交流与展示；引导学生进行思辨性思维，自觉实践让学生在解题、生活应用等活动中，运用数学锻炼能力。慧雅数学要求教师善于思考慧雅数学教学本质和策略，善于发现慧雅数学教学中出现的问题，研究并解决教学实践中存在的问题。

许多人都把数学看成“思维的体操”，因为数学确实可以提升学生思维能力和思维品质。而慧雅数学研究则是在学生创新数学思维理论的基础上，结合学生思维发展的特点进行探索与研究，在慧雅数学的影响下，注重校园数学文化的熏陶，日常教学中培养学生慧雅数学的思维。

慧雅数学以思维带动思维，以情感因素带动情感因素，激发学生的积极思维。慧雅数学重视思维品质教学以提高学生的思维能力；重视数学语言教学以提高学生的思维效率；重视精心创设问题情境以提供学生思维的空间；重视数学思想、方法的教学以挖掘学生思维潜能；重视学生探求思维的过程来指导学生学“思维操作”；重视数学思维能力来培养教学策略的训练，可以提高学生对慧雅数学的学习兴趣，促进学生以更有效的方法指导自己的学习，从而提高学生分析问题和解决问题的能力。

3. 创生：创新思维，创造发展

所谓“创生”百度所给的解释是：“创造一种存在形式，并赋予它意义，这就是创生。如果没有意义，创生便不成立。”因此，数学学习是学生利用一定的数学素材、已有的知识基础、熟悉的生活经验，凭借思维和经验重组和再建认知结构。所有数学学习都应该处处有创造，时时有生成，是一个创新的过程，其意义是巨大的。

慧雅数学要求教师在教学实践中生成智慧，创生教学资源、创生数学课程、创生数学知识、创生数学智慧，努力开发学生创造的潜能，培养学生勤于探索、勇于创新的学习品质。在实际教学中，教师应本着数学生活原则，培养学生用数学的意识，结合具体的教学内容，充分利用学生已有的知识背景和生活经验，创设情境，从数学的角度提出问题，并以此让学生感悟数学问题在现实生活中无处不在，数学知识是生动的、有趣的，从而激发学生的学习兴趣，增强学生学好数学的信心，提高慧雅课堂教学的实效。

在慧雅数学的教学中，教师更关注学生在课堂学习中的状态，关注学生在课堂学习中的生成，关注学生在课外学习中的感知，关注学生在课外学习中的习得，充分挖掘学生在教学资源开发中的作用。因为，在慧雅课堂教学中，有效创生是学生通过自我认识和体悟践行，实现从亲身经历过程到自我创生占有的数学学习之路，是学生经历和体验人类创造知识的生动过程。

三、形成实践架构，创新慧雅数学的行动文化

数学是发展学生思维的重要学科，我们聚集慧雅数学，就是想通过科学有效而又适合学生的教学方式，让学生在“自由、自觉和自主”的本真状态下，通过数学学习，提升数学思维水平，提升数学探究能力，提升问题解决能力和实践应用能力。为达此目标我们还要注重教师的数学素养与教学素养，让教师养成用数学视角看世界，用数学思维分析问题，用数学理性研究问题、解决问题的教学习惯。慧雅数学将数学的抽象性与简洁美、多元性与融合美、概括性与形象美、结构性与对称美、过程性与动态美作为数学课程的更高追求；改进小学数学教与学的“唯解题、重训练”的现状，注重学生数学素养的培养与积淀。我们积极接轨2017年研究出的高中生数学核心素养，认真解读其主要组成部分中数学抽象、数学建模、数学运算、直观想象、逻辑推理和数据分析等的教学要义，比照小学数学教学，认为，小学生数学核心素养应聚焦数学思维水平，在数学活动中应着力培养学生的数学综合能力，即数学认知力、数学理解力、数学感悟力、数学探究力、数学分析力、数学推理力、数学表达力、数学思考力、数学应用力、数学创新力

等。近年来我们关注学生数学学习的体验、应用、实践、思考，开展慧雅数学课程建设，从“文化氛围的营造”“课堂模式的建构”“课程资源的开发”“学习平台的搭建”“实践活动的开展”五个方面进行积极有效的探索与实践。

（一）构建慧雅数学环境，丰富数学体验

新一轮数学课程改革提倡一种可持续发展的课程。这种课程的模式应具有开放性、不确定性，强调师生互动、以人为本、个性化及创新等特点。这种模式从某种意义上来说是一种生态的体验学习模式。而课改要求在数学学习过程中，以培养学生适应时代发展要求为中心，注重教育的公平性和创新性。因此，营造数学环境非常必要，这样才能真正将素质教育落到实处。

1. 营造慧雅数学文化氛围，在自觉体验中丰富数学发展认知力

小学数学知识抽象的同时极富可视性，这是数学学习过程中体验的资源。

我们创设适时体验的班级数学场域，让学生在直观体验中提升数学认知力。我们在每班的教室里设立“数学早知识”和“思维演练场”，让学生展示自己预习、学习中对知识的理解和认识，拓展数学学习交流渠道；在教室外墙开辟“数学小常识”和“数学成果展”区域，让学生对学习的数学课本知识进行更广泛和更深层的研究，拓展数学学习认知空间，营造“爱数学，勤体验”的浓郁学习氛围。

我们创建富含数学元素的校园文化场景，让学生在浸润体验中丰厚数学认知。我们将学校建成“数学体验场”，把数学中的数、量、图、式、符号等按长度、重量、时间、公式、数量关系等内容做成标牌，安置在路面上、镶嵌在路牌中、张贴在廊柱中、悬挂在楼道里，让学生在行走中体验距离，在观察中感受时间，在课间玩耍中明确方位，在不经意间收获更多的数学认知。

2. 搭建慧雅数学游艺平台，在多元趣味里丰厚数学理解力

数学知识的理解路径是多样的，学生在课堂上习得的知识如果能在更广阔的空间里进行多样化的应用，更利于学生数学理解力的提升。我们挖掘数学知识的趣味性、应用性，整合数学的数、图、式等内容，做成数学展板、开发数学游戏，建有“神奇的数”“美丽的图”“聪明的式”等数学主题园，让学生在课堂学习之余随时徜徉在数学的海洋里，在玩耍中体验数学探索的乐趣。

（二）构建慧雅数学课堂，引发数学探究

《全日制义务教育数学课程标准（实验稿）》认为，“学生学习应当是一个生动活泼的、主动的和富有个性的过程。除接受学习外，动手实践、自主探索与合作交流也是学习数学的重要方式。学生应当有足够的时间和空间经历观察、实验、猜测、计算、推理、验证等活动过程。引导学生独立思考、主动探索、合作交流，使学生理解和掌握基本的数学知识与技能、数学思想和方法，获得基本的数学活动经验”，提出“数学教学活动应激发学生兴趣，调动学生积极性，引发学生的数学思考，鼓励学生的创造性思维；要注重培养学生良好的数学学习习惯，使学生掌握恰当的数学学习方法”。我们觉得数学学习的过程是一个创新的过程，它是学生对数学知识构建再发现、对数学规律探索再创造、对数学结论应用再实践的创新过程。

1. 拓展自主探索的空间，提升数学创新力

数学教学课堂是主阵地，但我们认为仅仅靠课堂是不够的，我们应该创造更多机会让学生把数学学习从课堂前展后延，让课堂在时空概念中立体循环起来。我们追寻“自然本真”的教学理念，打造“和真慧雅”的数学课堂文化，遵循学生特点、学科特点和教学特点，引领学生“课前自由预习”“课内自主探究”“课后自觉练习”，让学生在自由宽松愉悦的氛围中通过阅读教材、自我思考、独立分析等个人学习活动，经历了解、理解、自我建构的过程，唤醒学生内在的潜能，开启学生的智慧与创新之路。

2. 关注自主建构的要素，提升数学探究力

教学是在人类求生存、学本领、长智慧的生活、生长过程中产生的一种传授知识、技能、思想的方式，它源起于需求（学习者想要这样的东西），开始于示范，伴之讲解，形成于倾听、观察、思考、模仿、操练、运用、内化、创新。我认为这就教学的本质规律。所以我们的课堂教学一要培养学生学习的兴趣；二要做好学生学习过程的有效性指导；三要引领学生积极地练习与应用；四要有意识地激发学生创新。

在课堂教学过程中我们关注学生自主构建的关键要素——感知：通过自学、尝试，让学生初步接触新知，获得个性化的认知；感悟：在独立思考的基础上，通过同伴自学成果的展示、交流，自觉建立表象；理解：在交流过程中辅以教师的讲解、点拨促进合理建构，形成共性认知；升华：加强知识的纵横联系，形成完整的认知结构，实现知识的迁移、内化；操练：以练习与应用两种实践性的活动引导学生利用所学的知识解决问题。

慧雅数学课堂就是在遵循学生特点、教学规律和学科本质的基础上，用充满智慧与趣味的、规范与雅致的教学方法，让学生自主学习数学，在学习过程中注重做思结合，既关注学生动手操作等外显的学习，也要关注学生动脑思考等内隐的思维，让学生看时感知发现，说时感悟理解，听时优化疏通，想时内化思考，辩时表达提炼，计时建构建模，要保证学生有充分的时间阅读书本、独立思考、广泛交流、安静书写、倾听接纳、整理建构、灵活应用、体验成功等。

（三）开发慧雅数学课程，提升数学能力

课程资源的开发包括两部分：一是基础课程即教材内容的有效实施。这主要通过课堂教学得以实现，在课堂教学过程中要充分发挥教师的课程开发力，也要充分调动学生潜在的课程生成资源，通过具有预设性的师本课程和具有生成性的生本课程的有效融合让课堂学习多元化。二是结合教师特长、学生特点、学校特色，在保证课程的基础性和统一性的前提下，开发校本数学课程，补充数学课堂学习，促进学生的数学阅读、数学交流、数学制作、数学解题等内容不同、形式多样的拓展课程的发展。

1. 注重师本课程的思想引领，开设慧雅教师数学讲坛，在交流中提升数学思想力

我们开发教师的数学课程资源，在课堂教学中利用教师数学素养、教学方法艺术和风格，把自己对数学教学的理解融入课程开发、教学设计和教学组织，让数学教学具有个性与特色。我们在各年级面向学生开设教师的慧雅数学专题讲坛，针对一阶段的学习，从数学内容、学习方法、趣味练习等方面向学生介绍数学史、数学故事和数学文化，让学生在与教师的交流中涵育数学思想。

2. 激活生本课程的创生源泉，开展慧雅学生数学论坛，在展示中提升数学表达力

我们激活学生的数学课程潜能，让数学学习充满生成与创新。我校探索适合发展学生数学能力的“慧雅课堂”学习范式——课前自由预习、课内自主探索、课后自觉实践是慧雅数学教学的课堂理念。课前，我们让学生通过教材阅读、学具操作、尝试练习、资料查阅等方式初步感知要学习的新知，形成自己的理解和认识，通过图画、计算等方式形成文字介绍，提前展示在教室的“数学早知道”栏目，与大家交流。课堂上，我们通过“精彩2分钟”让学生在教师讲解前以“我自己的数学认识”向大家呈现自学的成果。在新知学习过程中我们更是要求每节课有“合作5分钟”的形式：先在小组内进行“我来告诉你”的活动，学得快的学生教学得慢的学生，再开展小组代表的全班展示交流，师生间进行广泛的交流，互相启迪，思考完善，在研究探索中领悟数学知识的真谛。课后我们开展慧雅学生数学论坛，以“今天的数学知识介绍”“我出题你来做”“讲数学故事”“数学游戏推介”“数学题巧妙解法”“我的数学学习法”等为主题，以演讲、数学日记、数学小论文、数学手抄报的形式进行展示，丰富学生数学学习方式，提升他们的数学表达力。

3. 做好校本课程的拓展延伸，开发慧雅数学校本教材，在应用中提升数学分析力

我们制定慧雅数学课程纲要，构建校本数学课程体系，开发慧雅数学校本课程。我们以数学阅读和数学操作为主要内容，进行五个方面的尝试：一是实验类。我们根据数学的直观操作性特征，把实验引入数学学习，在用好江苏省中小学教学研究室提供的数学实验手册的基础上，每册教材自主研发10个数学实验，让学生经历研究的过程，积累数学活动与思维的经验。二是趣味类。数学在抽象的同时也富有趣味性，我们深度挖掘数学智趣因素，从传统数学中游戏筛选出适合不同年级学生的游戏，编印各年级数学游戏手册，让学生在玩中学数学，在玩中活跃数学思维。三是思维类。为适应不同发展水平学生的需要，让思维水平高、学有余力的学生有更广阔的思维空间，我们还编印了各年级数学思维提炼手册，拓展数学课本学习，让学生有更多机会进行数学建构活动，提升思维品质。四是生活类。我们把数学与其他学科、与日常生活有机融合，开发出数学与音乐、数学与美术、文学中的数学、建筑中的数学、交通中的数学、购物中的数学等综合实践类数学活动，让学生从身边发现数学、观察数学、应用数学、感受数学。五是制作类。我们认真研究数学知识的特点，发现很多数学是可视的、直观的、可操作的，也是可制作与再现的，由此，我们成立数学创客室，专门指导学生进行数学小制作、数学小发明等项目的研发，如学具制作、数学模型制作、数学游戏材料的设计等。

（四）建设慧雅数学场所，拓展数学学习

数学学习的活动化是当今数学教育的热点问题。数学文化学习场所就是要通过让学生动脑思考、动手操作，在“做数学”中学数学、感受数学知识，体会其中的数学思想、方法和人文精神，获得积极的情感体验，体味数学的无穷魅力，为学生发展提供需求和动力，以此拓展学生的数学学习。

“做思共生”，我们把数学与生活、数学与活动、数学与娱乐结合起来，搭建开放的学习平台，将数学用于生活与娱乐，让学生在实践过程中积极主动地提升数学思维能力。

1. 线下建数学场馆，做思结合中培养学生的数学思维力

我们创建了“做数学”的数学体验馆和数学实验室（包括“用数学”的数学生活馆和“玩数学”的数学游艺宫），呈现数学史上大量引人入胜的数学故事和数学史实，呈现众多数学发现的探究过程，再现数学实验场景，抓住学生具有强烈好奇心这一心理特征，让学生亲身经历、动手操作教材中的数学实验，让学生探中思，展示数学成就、分享学生数学才能，让学生用中创。这不仅有助于创设良好的数学学习氛围，让学生欣赏和体会数学的价值，还能激发学生积极学习和思维，也能充分激发学生的数学学习兴趣，使他们更好、更愉快地完成学习任务。

2. 线上建网络平台，在交流互动中完善数学认知力

我们开展“E”学习方式的实践，建有专门用于数学学习的电子教室，在学校自建的“我爱数学”网上，开辟数学指南、在线测试、小小数学迷栏目；按年级建数学QQ群；在视频网站上上传数学学习微视频等，拓展学生数学认知、体验与实践的时空，实现师生间的网上答疑与交流，让数学学习烙上信息化、现代化的印记，增强数学学习的趣味性与雅致，吸引学生的注意力，激发学生的学习兴趣，诱导学生大胆思考、质疑提问。

（五）开展慧雅数学活动，萌生数学创新

数学学习就是一个探索再发现、构建再创造的创新过程。慧雅数学注重学生日常数学学习再创造的能力培养、问题解决能力的培养、数学实践能力的培养，更注重挖掘学生数学学习的内驱力，为此，我们尝试开展以下数学实践活动。

1. 数学探究建模活动

我们通过课内外学习共同体、课外兴趣小组和数学社团等把兴趣一致、

能力相当的学生组合起来，优化数学探究建模活动，提升数学学习效率。具体做法是：以班级的数学学习共同体、年级的数学兴趣小组、校级的数学文化社团等，组建数学实践、数学体验、数学研究等团队，组织学生进行社会调查，收集常用数据，了解数学知识在生活中的应用，利用生活、生产中的数学，激发学生强烈的求知欲，培养学生的创新精神和实践能力。

2. 数学体验实践活动

我们成立少儿数学院和数学创客室，让学生在趣味性和思维性相结合的数学制作、数学图画、数学思维方法等实践创新活动中，挖掘思维潜能、发展动手能力，组织学生开设趣味性、知识性和思维性相结合的实践创新活动，开展专题性学习活动，挖掘学生的数学思维，锻炼学生的实践创新能力。学生通过实践活动，眼、脑、手并用，不仅容易获得知识，而且清楚地掌握了知识的发生过程，学会探究的方法。

3. 数学智慧创新活动

我们利用每天的数学快餐、每周的数学超市、每月的数学达人秀、每学期的“数学文化节”等组织数学思维创新活动，激活学生数学思维。

4. 数学展示炫耀活动

我们开发数学达人秀、智慧闯关、游艺升级等数学表达与应用活动，让学生在更广阔的空间应用数学，开展数学达人积分、数学特长认定等评价方式，让学生体会数学学习过程的快乐，增强学习数学的信心与动力。我们以促进学生数学发展为宗旨，构建多元化的数学学习评价体系。

雅是意蕴，是特质，是品质；慧是方法，是能力，是素养。慧雅数学唤醒的是探究潜能，激活的是灵动思维，培养的是求真精神，形成的是高雅气质。慧雅数学牢牢把握“教会学生思考”的重要目标，注重学生的思维训练、关注学生的思辨思维、讲究学生的思维品质，优化整合慧雅数学课程资源，探索建构慧雅数学教学方法，组织开展慧雅数学实践活动，创新激发学生慧雅数学素养的教学评价机制，在传承数学知识的过程中，培养学生的思维能力，发展学生的智力水平，让学生智慧地观察生活、智慧地应用知识、智慧地解决问题。慧雅数学探索一种从只关注数学知识的教学转向既关注数学知识，又关注过程方法的数学智能，更关注结果的数学智慧的现代数学教学的实践体系。

参考文献：

［1］刘金花. 儿童发展心理学［M］. 上海：华东师范大学出版社，1997.

［2］朱丽. 如何运用教学方法［M］. 上海：华东师范大学出版社，2014.

［3］胡庆芳. 优化课堂教学方法与实践［M］. 北京：中国人民大学出版社，2014.

［4］周玉仁. 小学数学教学论［M］. 北京：中国人民大学出版社，1998.

［5］黄祥勇. 数学文化教育场及其创设探析［D］. 成都：四川师范大学，2007.

“慧雅文化”学校数学课程基地建设情况总结

连云港市灌南县长江路小学以和雅为办学理念，从“和雅的生命体验、博雅的内涵修养和慧雅的科学思维”三个维度培养学生的核心素养，将慧雅数学作为培养学生科学思维的重要生长点。自2015年申报为江苏省小学特色文化建设项目以来，我校在慧雅数学课程基地建设中进行了积极的探索。

一、项目实施情况

（一）经费投入

慧雅数学课程基地建设以来，省财政补助30万元，市、县财政投入60.24万元，学校自筹资金53万元，共计投入约143万元。经费主要用于慧雅数学场馆建设、文化环境营造、编印校本课程、购置数学图书、电子互动设备等。

（二）营造慧雅数学环境

“慧雅文化”旨在培养学生的科学思维，让学生成为具有“慧心、慧智、慧思”特质的、思维灵动的现代少年。我们通过构建慧雅课堂，创建慧雅课程，探索“课内感知与探究、课外体验与实践”的数学学习新方式，加强学生的数学实验学习，让学生在“做中学”“用中思”“场景中体验”“活动中实践”“现实中应用”，在拓展课堂学习过程中凸显“求真、善思、创生”的“慧雅文化”特色。

1. 打造班级数学文化

学校每个教室里都设立了“数学园地”“思维演练场”，在教室外开辟“数学文化墙”“学习成果展”，营造“爱数学，乐实践”的浓郁学习氛围。

2. 营造数学文化场景

我们将学校建成“数学体验场”——在校园路面上镶嵌长度标尺，让学生在行走中感悟距离；在教室布设身高测量尺、时钟、体重秤，让学生随时感知成长的节奏；在路边建有指示方位的路牌，让学生体验方向。

3. 建设数学文化广角

我们在教学楼前建有两个以数学游艺为主的数学广角，六个数学主题园，让学生在课堂学习之余随时徜徉在数学的海洋里，体验数学探索的乐趣。

（三）建构慧雅数学模型

1. 构建慧雅数学课堂模式

我们追寻“自然本真”的教学理念，构建“和真慧雅”的数学课堂模式，使学生轻松愉快地自学。

2. 开展数学探究建模活动

我们通过课内外学习共同体、课外兴趣小组和数学社团等，组建数学实践、体验、研究团队，进行数学探究建模活动。

3. 建设慧雅数学场馆

学校建有“一馆五室”。一馆：一个数学体验馆；五室：算学室、图学室、思学室、创学室、探学室。

（四）搭建慧雅互动平台

1. 建电子数学室

学校购置50多台iPad，60台电脑建设电子数学室，用于教师与学生开展数学学习与研究。

2. 建网络互动平台

我们开展“E”学习方式的实践，开辟“我爱数学”网，按年级建数学QQ群，实现师生间的网上答疑与交流，让数学学习烙上信息化、现代化的印记。

（五）开发慧雅课程资源

（1）编写慧雅数学校本课程。我校根据学生年龄特点，设计安排不同层次的课程内容，按照实验类、趣味类、思维类、生活类的序列，开发编写了

《慧雅之智》《数学探索与发现》等数学校本课程教材，编印2万余册供学生使用。

（2）开发教师数学课程资源。

（六）打造慧雅教师团队

1. 打造慧雅数学师资团队

我们围绕慧雅数学课程基地，组建慧雅数学开发研习团队，如研究算术算理的“算学研究组”、研究思维推理的“思学研究组”、研究数学创新的“创学研究组”。

2. 开展慧雅数学研讨活动

慧雅数学开发研习团队围绕“慧雅课堂”模式建构，邀请连云港师范高等专科学校冯伯虎教授、连云港市教研室顾长明等专家来校指导；围绕“算学、思学、创学”三个主题定期进行数学教材教法研究，举行慧雅数学专业素养竞赛，组织教师结合教研活动撰写心得体会，提升教师的数学研究能力。

3. 名师工作室携手基地建设

我们依托江苏省小学数学乡村骨干教师培育站、连云港市罗锐小学数学名师工作室工作平台，开展基地建设活动，定期组织工作室与培育站的成员对数学课程基地献言献策，课程基地也成为他们研究与学习的平台。

（七）开展慧雅实践活动

我们依托“慧雅文化”数学课程基地，分三个层面组建学习团体——班级的数学学习共同体、年级的数学兴趣小组、校级的数学文化社团，开展智慧数学活动。

1. 数学体验实践活动

数学体验实践活动主要是成立数学创客室。

2. 数学智慧创新活动

我们利用每天的数学快餐、每周的数学超市、每月的数学达人秀、每学期的“数学文化节”等组织数学思维创新活动，开展数学手抄报、数学故事、数学名家鉴赏等展评活动，引导学生掌握数学课本知识。

3. 数学展示活动

我们构建多元化的数学学习评价体系，开发数学作品展、智慧闯关、游艺升级等数学表达与应用活动，让学生在更广阔的空间里应用数学。

二、项目建设成果

1. 校园数学文化浓

数学课程基地建设让学校内涵得到发展，影响力得以提升。在2015年江苏省数学实验教学改革现场会上我校做经验交流，承担2016年连云港市小学数学教师优质课竞赛、2016年连云港市小学课改领航学校“慧雅课堂”全景展示活动。

2. 教师教学理念新

一是教学理念的不断更新，二是课堂结构正逐步翻转。教师以学定教，以学生的知识结构水平和认知能力水平为教学起点，组织安排教学过程和选择教学方法。2015年我校被评为连云港市课改领航学校、连云港市教学质量先进学校。在灌南县教学质量调研中我校三年级数学获得第1名，4名教师获得连云港市课改“领航教师”称号。

3. 学生学习方法活

个性鲜明的慧雅课程，造就了个性张扬的慧雅学生。我校在2015年连云港市珠心算竞赛中获得团体一等奖；300多人在江苏省小数报竞赛、金钥匙竞赛中获奖。

三、项目实施反思及打算

通过一个阶段的慧雅数学课程基地的探索与实践，我校的特色文化建设初见成效，但在实施过程中仍存在一些问题与困惑：一是数学课程文化创建内涵以数学体验为主，无法深入到数学思维；二是网络电子学习仍停留在网络浏览下载学习层面，缺少软件开发技术支撑。

下一阶段，我们将在优化原有项目做法及成果的基础上，健全慧雅数学课程评价体系，建立慧雅数学学习资源库，将慧雅数学文化辐射到其他的学科教学中，把慧雅数学课程基地建设的成果辐射到联盟共建学校。

低年级数学课堂融入珠心算的策略

一、参加各级培训，提高对珠心算的认识

（1）骨干教师3次全程参加省级培训。2012年8月6日我校被确立为全省120所珠心算实验学校之一，并于2012年18—21日在南京参加实验学校第一次培训会，正式开始珠心算教学实验研究。第二次培训是2013年3月14—15日在南通开发区实验小学举行的2013年春季培训会。第三次是2013年8月16—19日在南京参加全省2014年秋季培训会。

（2）骨干教师对本校教师进行校本培训。

（3）实验教师到外校（海头小学等）学习。

通过培训我们对珠心算教学有了一定的认识。

什么是珠心算，所谓珠心算就是珠算式心算的简称，就是借助“珠像”进行心算，即“在头脑里打算盘”。珠算式心算以打算盘技能的高度熟练而形成计算技巧为基础，把算盘结构储存于脑中，将打算盘的过程熟记于心里，充分“内化”，从而摆脱实际的算盘和打算盘的外部动作，凭借内化了的“心理算盘”（珠像）在头脑中快速高效地进行看算和听算，进而形成一种独特的计算技能。

珠心算对学生成长的作用：它在学生数学素养的提升方面有重要的辅助与促进作用。

① 珠心算教学有利于提高学生的计算能力。在珠心算教学中，学生计算能力不是依赖教师的“注入式”方法形成的，而是通过学生主动独立地去获取，经过反复练习而形成。在珠心算课堂上，耳听、眼看、手拨、口说、脑想等协调活动，集中了学生的注意力，使学生始终保持浓厚的学习兴趣，从而大大提高了学生的计算能力。

② 珠心算教学有助于发展学生的思维能力。人的大脑分左、右两个半球，左半球是思维脑，右半球是形象脑。学生用右手拨珠，直接受左脑的

指挥，不断训练拨珠，思维脑不断得到锻炼。珠心算教学借助算盘的直观形象，学生口说运算原理，如2 + 2 = 4，学生边拨珠，边说口诀：拨入2，再拨入2，2 + 2等于4，在此过程中，形象脑和思维脑协调配合，综合运用，使学生变得“心灵手巧”。

③ 珠心算教学有助于培养学生的表达能力。人们的思维与表达能力并非同步发展的，使学生运用语言表达思维的结果是有一定难度的。但在珠心算教学中，由于算盘的介入，计算过程和结果都能在算盘上明确地表现出来，促使学生外部的物质活动向内部的心理活动转化，由形象思维过渡到抽象思维，自然地，思维与表达有机地结合起来。

④ 珠心算教学有助于开发学生的创造能力。有人曾形象地比喻各种能力对智力活动的意义：观察力是智力活动的门户，记忆力是智力活动的仓库，想象力是智力活动的翅膀，而思维力和创造力的第一步是观察。在珠心算教学中教师十分注重利用算盘作为运算模型，引导学生从观察算盘的结构入手，激发学生的求知欲和学习的主动性。

⑤ 珠心算教学有效培养了学生的非智力因素。非智力因素包括动机、兴趣、情感、意志、性格、习惯等，学生有了一定的学习动机，便有了持久的学习动力，学生通过学习和训练，使意志得到了锻炼，而计算准确使他们感觉到成功的喜悦和满足，增强了自信心，激发了学习兴趣。与此同时，珠心算训练需要学生注意力高度集中，长期的训练能逐步培养学生良好的学习习惯。

⑥ 珠心算教学有利于对学生进行数学文化传承。2013年12月4日，有着“世界上最古老的计算机”和中国的第五大发明美誉的中国珠算被列入联合国教科文组织人类非物质文化遗产名录。

二、开展多项活动，研究探索珠心算教学策略

（一）常态开展课堂教学研究活动，探索教学方法

我们每周安排一节珠心算实验研究课，全体实验教师全程参与备课、听课、议课，研讨教学方法，探究出一些适合的教学方法。

课程设置方面，我们学校一年级10个班和二年级8个班都是珠心算实验班。

在课程安排上我们采用“1+5+5”的模式实施珠心算教学，即在每周的校

本课程中安排一节珠心算指导课，专门进行珠心算基本能力训练和方法的指导；每周的5节数学课中融入5分钟的珠心算技能训练，让学生养成珠心算的习惯，在每周5天的家庭作业中安排5分钟的珠心算自觉训练作业。

教学方法上我们重点关注三个点：

1. 关注兴趣，培养习惯，让学生乐于学习珠心算

（1）玩出乐趣。心理学家皮亚杰指出："动是认识的基础，智慧从动手开始。"动手操作过程是知识学习的内化过程，尤其是低年级学生的思维以"形象思维"为主，珠心算这种以"动手操作促进大脑思维发展"的方式，调动了学生多种感官同时参与学习，激发了兴趣，提高了效果。

根据学生爱玩好"动"的特点，我们把低年级数学课上认数和计算教学中可操作的活动充分利用算盘这个直观教具，让学生在玩学具的过程中建立数感、获得数认知、掌握计算方法，辅助计算练习、提高计算水平。

（2）比出乐趣。在平时的教学中，我们把学生分成几个小组，在教学的几个阶段适时开展一些小型比赛来增进教学效果。例如，在基本功训练中我们组织各组开展连加减、加减百子等比赛；在听珠算中组织听数拨珠、听珠算快速写数等比赛；在看算中组织看数译珠、看算快速写数、看数快速读数等比赛。在比赛中，我们把复习内容、新授内容进行糅合，不断提高训练的要求，努力整合训练方式，使学生在竞赛中潜移默化地提高计算能力。

（3）用出乐趣。我们重视引导学生把珠心算的方法与技能用于数学常态学习与解决数学问题中，平时计算题的练习都要让学生对比课本计算法则与珠心算方法，考试过程中也让学生带算盘用算盘，减轻学生机械记忆，提高学生解题水平。

2. 关注方法，精细指导，让学生善于学习珠心算

（1）在认数的过程中将"珠"融入"心"中。

我们把算盘当作学生认数的学具。教材中数的认识采用"出示实物—建立物象—抽象数的概念和计算法则"的过程，教学中通常在计数器上认数，形象直观，如果再结合算盘拨珠认数效果就会更好。算盘最大的特点是"档位清楚、示数直观"，学生通过动手拨珠，建立了"物—珠—数—算"的对应关系，这样既符合学生的认知规律，又增强了学生感知数的能力。

例如，教学"2的认识"时，教师先出示1支铅笔，让学生在算盘上拨入一颗下珠，接着出示1支铅笔，再拨入一颗下珠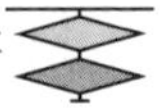，这样，既渗透了2的组合（1和1组成2），又渗透了1 + 1 = 2的思维过程；然后从两颗下珠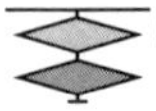中拨去一颗下珠剩一颗下珠，学生感受了2的分解（2可以分成1和1），也渗透了2 – 1 = 1的思维过程。

（2）在计算的过程中学会在“心”中用“珠”。

我们把算盘当作一种计算工具和方法、当作学生计算的草稿本和思维的展示过程，同意学生利用算盘做作业和把算盘带入考场，辅助计算，提高计算的正确率。

20以内进位加法的口算，分别采用“凑十法”。珠心算的教学原理也是如此。在教学中，我们将口算、笔算和珠心算三者融为一体，进一步加深了学生对“凑十法”的理解，提高了他们计算的准确性和速度。

例如，教学进位加“9 + 2”时，教学过程分四步：

① 复习铺垫。复习10的组成，复习9以内数的分解；复习9 + 1 + 2、5 + 5 + 7、4 + 6 + 7、2 + 8 + 3等。

② 弄清算理。先出示9根小棒，再出示2根小棒，一共有多少根小棒？用什么方法计算？怎样算9 + 2，同桌讨论、总结：

算理一：9根小棒添上1根小棒就够10根小棒，那么就从2根小棒里面拿出1根小棒，给9根小棒添够10根小棒，2根小棒就剩下1根小棒，10根小棒加1根小棒是11根小棒，即9 + 2 = 11。

算理二：给2根小棒凑够10根小棒需要8根小棒，那么就从9根小棒里面拿出8根小棒，给2根小棒添够10根小棒，9根小棒剩下1根小棒，10根小棒加1根小棒是11根小棒，即9 + 2 = 11。

这两种口算过程均采用“凑十法”，用“凑十法”引出珠心算的计算方法，先拨9，加2，思考：给2凑10需要8，9去掉8给2凑够10，所凑的10要加在十位——加10减8，即“进1减8”。

这样教学，算盘扮演了教具、学具、玩具的角色，符合学生的年龄特征，学生动手、动脑，直观形象，并用口算的算理促进了珠心算和笔算，将口算、珠心算和笔算融为一体，渗透了三种算法之间的关系，促进了大脑发育，提高了计算能力，发展了学生的智力。

（3）在学法指导课上重点突破珠心算的技术。

3. 关注技能，巧妙练习，让学生勤于学习珠心算

我们把珠心算融入每一节数学课，做好三个练习点的把握：一是上课复习中的基本练习。练指法的全盘练、数珠双面卡片练、数珠互译、定数连加连减、打百子、珠算趣味练习、听珠算、听心算等多种形式。二是新课探索中的同步练习。对当节课新学的一个或几个算式探究算理算法后，要进行珠算的拨珠练习，模拟拨珠、想象拨珠，利用多媒体演示动珠过程，帮助学生内化拨珠动作。三是课堂练习时的提升练习。笔算后再用珠算或珠心算进行检验、听珠算和听心算来练习，或是看珠算，或看心算练习，帮助学生及时巩固、消化、吸收当节课新学的珠心算方法，逐步形成技能。

（二）创新开展教学研究，提高实验水平

我校建立了两个研究平台，即学科教研组和珠心算研究院。学科组主要加强课堂教学实践研究，珠心算研究院帮助整理收集相关学习内容，以提高教师的课堂实践能力。

1. 珠心算教学术语的学习与教学技术的自我培训

拨珠的方法：实拨、盲拨、空拨、看拨、想拨。

珠心算的种类：直加直减、满五加、破五减、不进位加、不退位减、直减进位加、破五进位加、直减退位减、进位加、退位减。

口诀：下五减凑、上五添凑、进一退补、去一上补（重难点）。

练习珠算的方法：全盘练、隔档练、单档练。

心算练习法：看珠算、听珠算、看心算、听心算。

2. 珠心算教材内容与数学教材内容的融合统整

（1）研究教材内容，弄清珠心算基础题型的特点。

例如，一位数加一位数是珠心算加法的基础，共有81道题（1 + 1、2、3…9；2 + 1、2、3…9；3 + 1、2、3…），其中，直加26道——加几直接拨入几（1、2、3、5、6、7、8+1，1、2、5、6、7+2，1、5、6 + 3，5 + 4，1、2、3、4 + 5，1、2、3 + 6，1、2 + 7，1 + 8），满五加10道——双下减凑（4 + 1，3 + 2、4 + 2，2 + 3、3 + 3、4 + 3，1 + 4、2 + 4、3 + 4、4 + 4），进位加45道［直减进位加35道（进1减加数的补数）——9 + 1，8 + 2、9 + 2，7 + 3、8 + 3、9 + 3，6 + 4、7 + 4、8 + 4、9 + 4，5 + 5、6 + 5、7 + 5、8 + 5、8 + 6，4 + 6、5 + 6、6 + 6、7 + 6、9 + 6，3 + 7、4 + 7、5 + 7、

6＋7、9＋7，2＋8、3＋8、4＋8、5＋8、9＋8，1＋9、2＋9、3＋9、4＋9、9＋9]，破五进位加10道（进一双上几，5＋6、5＋7、5＋8、5＋9，6＋6、6＋7、6＋8，7＋6、7＋7，8＋6）（表2–4–1）

表2–4–1　用珠心算学习手册内容计算苏教版一年级上册的教材内容

序号	苏教版教材内容（一年级上册）	珠心算学习手册内容（一年级上册）	备注
一	数一数		
二	比一比		
三	分一分		
四	认位置		
五	认识10以内的数	认识9以内的数	
1	认识1、2、3、4、5	认识算盘，认识1、2、3、4、0	1. 把认识6、7、8、9紧接在认识1、2、3、4、5后面集中教学，便于将珠心算融入教学。 2. 珠心算的认识10在下一单元，根据苏教版教材的编排，移至这一单元进行教学
2	认识6、7、8、9	认识5、6、7、8、9	
3	几和第几	练习1、2、3、4、0	
4	写数	看珠写数	
5	比较大小	含珠像图的比较大小	
6	认识10	认识10	
六	分与合	认识10以内的数练习	
七	10以内的加法和减法		
1	5以内的加法	9内的直加和直减	由于珠算必须先教直加、直减，再教满5加、破5减，建议这部分内容以珠心算学习手册为主体组织教学
2	5以内的减法		
3	关于0的加法和减法		
4	一图两式（加法）	满5加	以一图两式为载体，教学珠心算中的满5加和破5减
5	一图两式（减法）	破5减	
6	一图四式	练习9以内的加法和减法	
7	括号应用题		
8	连加连减	珠算9以内三至五笔题心算9以内三笔题	

续 表

序号	苏教版教材内容（一年级上册）	珠心算学习手册内容（一年级上册）	备注
9	加减混合		
八	认识图形（一）	认识10以内的数练习	从苏教版教材第六单元至移至这里，便于尽早教学珠心算内容
九	认识11～20各数	认识10～20各数	
1	认识十几	认识11～20	
2	认识个位和十位	认识算盘上个位档和十位档	
3	10＋5，15－5， 5＋10，15－10	相应的20以内的加法和减法	学习手册没有安排，建议教学时增加相应内容
十	20以内的进位加法	20以内的进位加法	
1	9加几的进位加法	直减进位加（1）几加9	珠心算中的20以内进位加法拨珠规律是根据第二个加数来理解的，如加9，加10减1，加8，加10减2等，所以建议这部分内容以珠心算体系为主体组织教学
2	8加几、7加几的进位加法	直减进位加（2）几加8、7、6	
3	6、5、4、3、2加几的进位加法	直减进位加（3）几加5、4、3、2、1	
4		破5进位加	
十一	期末复习		

（2）对比两套教材，我们把珠心算内容切入数学教材。我们从江苏省教研网上采录了中国珠算博物馆王海明的研究成果，用于指导教师课堂教学内容的切入。

（三）有效开展教学评价

把珠心算作为学生数学学习能力来评价，可以增强学生学习的动力。

（1）把握珠心算教学目标地位。它是数学教学的辅助，是培养数感、丰富计算方法、提升数学思维的一种手段，不能取代数学课堂教学。

（2）定期组织珠心算基本能力过关验收。

（3）组织数学能力展示活动，让学生在品味成就的过程中树立学习的信心。例如，“金手指——拨珠想珠”“闪电手——读珠报数”“顺风耳——听题心算”“神算子——看题心算”。

（四）积极开展家校联动活动，让珠心算能力的提升有更大的空间

（1）家庭作业中增加珠心算技能练习的成分。

（2）根据学生兴趣爱好和特长，组织珠心算社团。

慧思雅行：让学生在数学实验中发展

灌南县长江路小学在优化整合名校办学理念的基础上，提出和雅教育理念，从“和雅的生命体验、文雅的内涵修养和慧雅的科学思维”三个维度打造学校文化。

我校提出实践数学的指导思想，以数学实验作为实践方式，把“求真、善思、创生”作为数学培养的最终目标。

一、数学实验教学的认识

我们从数学学科内容结构特点出发，对数学课堂教学改革分项目进行实验探索：以认知、探究、思维与问题解决为关键要素，重点开展了以数与形的体验为主的数学阅读、以算学文化为主的珠心算教学实验、以思维能力提升为主的数学益智游戏和以动手能力为主的数学小实验。

波利亚曾指出，数学有两个侧面：一方面它是欧几里得式的严谨科学，从这个方面看，数学是一门系统的演绎科学。但另一方面，创造过程中的数学看起来却像一门实验性的归纳科学。大数学家欧拉说：“数学这门科学需要观察，也需要实验。”数学活动不只是智力活动，更是探究发现的数学实验活动。有效地开展数学实验，能使学生主动进入探究状态，变被动地接受学习为主动的建构过程，同时培养学生的创新精神、意识和能力。

我们认为，小学数学教学过程中的数学实验是指数学学习过程中操作、实验、探究、体验等活动化、直观化、形象化、应用化的数学学习方式。

二、数学实验实施的策略

（一）有效开发数学实验内容，让数学实验深入课堂

1. 操作实验——助认识

操作实验就是让学生通过看得见、摸得着的学具操作学会知识，把抽象学习变成形象学习，使数学知识变得有本有源。

例如，在“角的分类”的教学中，让学生用活动角摆出锐角、直角和钝角。在操作中学生感受到不同角的大小关系，在视觉上对这几种角有了认识。然后通过一副三角板自己尝试着拼出锐角、直角和钝角，这对于二年级的学生而言有些困难，但是就像是在拼图，学生左拼右拼，头脑里就会有这些角的特征了。

再如，在教学“退位减法”时，怎样理解个位不够向十位借1当十再减？例如23－8，学生运用手中的小棒发现从个位上的3根中拿走8根不可能，只能从十位上借，这就需要把十位上的一捆拆开变成10再和个位上的3合并起来再减去8。

2. 体验实验——助理解

体验实验就是让学生置身于现实情境中，运用数学的知识解决实际问题，帮助学生进一步理解数学知识。

例如，教学“元、角、分”的认识时可以采用开小超市的方式让学生亲身经历使用人民币的过程；在教学“认识公顷”时，让28个学生手拉手围成一个正方形，面积大约是100平方米，100个这样的正方形总面积就是1公顷，让学生切身体验1公顷到底有多大。

3. 观察实验—助感悟

例如，3的倍数教学时，就是让学生在百数表中任意挑几个3的倍数，然后在计数器上拨出来，看看各用了几颗珠子，然后填好实验记录。通过观察实验记录表，你有什么发现？这样通过观察珠子的个数学生很容易得到3的倍数的特点。在教学“长方体和正方体的表面积”时，也可以运用观察实验的方法，获得表面积的公式。

4. 探究实验——助建模

例如，平行四边形的面积公式、三角形的面积公式以及梯形的面积公式的推导过程就是学生不断探究的过程；在“怎样围面积最大”中，告诉我

们长方形的周长是22厘米，怎样围面积最大呢？学生通过独立思考、互相合作，最终找到问题的答案。

余数为什么会比除数小？很多学生知其然而不知所以然，如果让学生通过这样的直观实验，就非常容易理解这句话了，如：

$4 \div 4 = 1$

$5 \div 4 = 1 \cdots\cdots 1$

$6 \div 4 = 2 \cdots\cdots 2$

$7 \div 4 = 1 \cdots\cdots 3$

$8 \div 4 = 4 \cdots\cdots 4$

余数4还能再除以4正好得数是1，所以8 ÷ 4=2没有余数。如果继续除下去，这样的情况将会循环出现，得到的余数都比除数4小。

5. 直观实验——助思考

例如，二年级学习的“乘加乘减”（图2–4–1）：

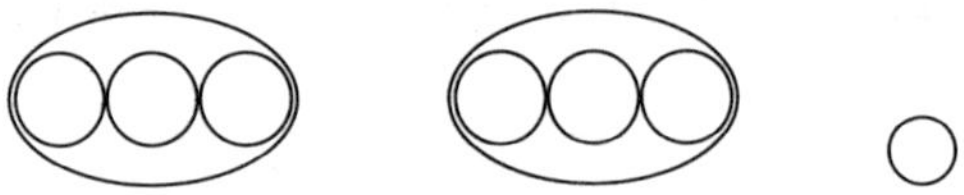

图2–4–1　根据图形列算式

可以列成哪些算式?

六年级的“正方体的认识”让学生根据具体的实物去认识正方体的点、线、面；“分数除以整数”如$\frac{4}{9} \div 2$可以把一个长方形平均分成9份，取其中的4份，再把4份平均分成2份，每份是$\frac{2}{9}$。

6. 阅读实验——增兴趣

数学教学是一种文化，更是一种语言传播。数学阅读实验为学生的思维发展和能力培养提供了坚实的基石。我们积极向学生推荐《小学生数学报》等优质的数学阅读资源。《小学生数学报》为学生提供了丰富的数学阅读材料，这些内容更贴近学生的生活，他们更感兴趣。正是阅读让他们觉得数学变得好玩，走进数学天地，走进数学应用，感受数学的价值。

7. 应用实验——助创新

例如，在学生学习“可能性”之后，教师让学生自己扮演超市经理的角色，设计一个用于抽奖的转盘，让学生在创新性的应用实验中感悟可能性的大小。

再如，在学完长方形的面积之后，教师让学生做一扇面积是190平方分米的门，给出如下几种规格：

1×190，2×95，5×38，10×19，你选择哪种？学生用手比画，比画时有的学生笑了，最后通过交流发现问题的答案。

（二）有效开发数学实验形式，让数学实验活跃数学课堂

1. 随堂数学实验

数学课程的诸多学习内容都是在课堂上实施实验，通过实验，让学生更好地理解学习内容，掌握数学知识。

2. 专题数学实验

《数学实验手册》中有很多专题的数学实验，共分12册，每册中针对教材的内容，设计出学生感兴趣的、实用的实验素材。

3. 数学创客实验

数学创客实验鼓励学生思考如何进行设计，如何将一个小的想法变成一个完整的能够运行的作品。他们会学习和应用到各种模块以及如何尝试新的想法，如何与人合作完成作品，出错时如何发现并纠正错误，如何坚持，如何在失败时面对挫折。这些都是重要的学习能力。

（三）有机融合课堂教学，让数学实验丰富数学资源

1. 强化数学认知过程中实验的探究性

对学习知识过程中的某些问题进行实验探究，发现规律。

进行大单元整合，主题数学实验充分利用江苏省教研室的《数学实验手册》，做好数学实验教学。

教师和学生进行实验教具的开发与添置。

2. 强化数学实验"做""思""创"的功能

结合已掌握的数学知识，去探究、解决一些简单的实际问题，从而熟悉从数学建模、解法研究到实验分析的科学研究方法。

自主研发数学实验与数学益智游戏，丰富数学学习。我校师生共同开发了数学实验室，在数学实验中学生可以尽情畅游于数学海洋。

做好数学创客的实践探索，运用知识解决问题。我校成立数学创客联盟，把具有创新探索趣向的学生集中起来，开展课外实践活动。

3. 强化数学随堂实验因素的挖掘

我们把数学实验教学与教材相结合，开展“1–5–8”模式进行实验：每周安排一节数学实验指导课，每天5分钟拓展实验，每节数学实验课8分钟自主实验。

（四）有效整合课程资源，整体规划数学实验

我们用课程的理念来整体规划数学实验，拓展数学学习时空，让数学元素、数学学习充盈校园。我们侧重数学探究、发现、应用、创新等数学实验核心要素，加强慧雅数学文化、课程资源、学习场馆和综合实践活动四个方面的开发建设。

第一，让校园充满“书香数韵”。我们通过数学园地、思维演练场等教室数学特色和以神奇的数、美丽的图等为内容的校园数学主题园和数学文化长廊的建设，营造“数学体验”的文化氛围，让学生时时徜徉在数学王国里。

第二，让数学学习凸显“探索发现”。我们开发教师的、学生的和拓展的数学课程，让学生在概念的形成、数学思想与方法的获得、思维能力的提升、问题解决模型的建立以及数学实践中经历数学发现的过程。

第三，做思共生。我校建有做数学的实验馆、玩数学的展示室和以平板电脑为工具的电子数学室，让学生在数学应用中形成多样化的数学学习路径。

第四，开展慧雅文化数学实践活动，让学生在探究中学习数学。

1. 成立少儿数学院

我校依据数学学习的核心元素，成立“数学建模”“奥数起航”“珠心算”等少儿数学分院，开展专题性学习活动。

2. 组建数学学习团体

我校组建了班级数学学习共同体、年级数学兴趣小组、校级数学文化社团，开展综合性数学实践活动。

3. 开展智慧型数学活动

我校利用每周的数学超市、每月的数学达人秀开展数学思维闯关活动，根据学生数学能力水平，评选“慧雅数学小学士”“慧雅数学小博士”和“慧雅数学小院士”，让学生在活动中提升数学素养。

（五）有效实施多元评价，激发学生学习兴趣

我校积极营造数学实验氛围，不以传统的、单一的数学解题能力作为评价学生的唯一标准，积极构建“多轨型”评价机制。

评价内容：智慧型—实践型，即从思维能力与实践能力两个维度进行评价。

评价类型：形成性评价—总结性评价，即不仅注重对实验结果的评价，更强调数学实验的过程和操作方式。

评价方式："智慧闯关—考核升级"的方法，开展"金手指"游戏、创作等系列活动，让学生在快乐体验中提高数学素养。

三、数学实验教学的成效

经过不断的探索与实践，短短4年，我校的数学实践内容不断丰富，在各级各项数学赛事与评比中都有所收获：学校被评选为江苏省"慧雅文化"数学课程基地、江苏省珠心算实验学校、连云港市小学数学课程基地。江苏省小数报名师大讲坛、连云港市珠心算研讨活动、连云港市小学数学青蓝课程展示课等省、市重大活动也都曾在我校举行，多位数学教师执教市级数学实验公开课。我校学生丰富的数学素养也赢得了各界的广泛认可。

（注：本文是2015年12月20日在江苏省小学数学实验教学研讨会上的发言）

和乐趣雅：让评价为学生的成长护航

——灌南县长江路小学教育质量综合评价改革实验报告

我校围绕"立德树人"的办学目标，提出和雅教育的办学理念，从"和乐文雅的生命体验、和美博雅的内涵修养、和真慧雅的科学思维"三个维度培养和雅学生，主要通过"建设和合优雅的环境，打造和爱儒雅的教师，培育和乐文雅的学生，建构和真慧雅的课堂，研发和美博雅的课程，实施和善顺雅的管理"六项特色工程来追梦"和风雅韵"的教育理想。"培育和乐文雅的学生"是六项工程的核心，此项工程的实施主要从学生立场出发，遵循"自然本真"的教育理念，聚焦核心素养，培育像君子一样举止文雅、谈吐温雅、内涵博雅、气质贤雅、品德敦雅、学识慧雅的学生。而有效实施教育质量综合评价，是培养文雅学生的重要推进策略。

我校自成为连云港市教育质量综合评价改革实验示范学校以来，在《教育部关于推进中小学教育质量综合评价改革的意见》和《连云港市小学教育质量综合评价改革实验学校创建指导意见》等文件精神的指导下，全面实施教育质量综合评价改革实验。我校提出了“和乐趣雅”的评价文化主张，通过学校的评价引领学生学习，激发学生潜能，引领学生生活，激励学生成长，在评价过程中培养学生的兴趣与习惯，增强学生自信与能力，提高学生心智与体魄。我校的教育评价改革经验于2017年10月在国家级主流期刊《教育研究与评论》第8期上刊登。在教育质量综合评价改革实验的助推下，我校的《和雅教育的建构与实践》一书也于2017年12月由江西高校出版社正式出版。我校的教育质量综合评价改革实验情况形成如下报告。

一、评价内容的推进策略与实践成效

学校紧紧围绕评价实施方案，以师生的可持续发展为立足点，以学校制定的《灌南县长江路小学学生成长手册》为主要评价载体，从兴趣特长养成、品德发展水平、学业发展水平、身心发展水平、学业负担状况五个方面对学生进行评价实验，多样性地开展教育质量综合评价改革工作。

（一）基于兴趣特长养成的发展与激励性评价

兴趣是最好的老师。心理学家皮亚杰认为：“一切有成效的活动需以某种兴趣作为先决条件。”我们以发觉学生的学习兴趣为基点，以发展学生的爱好特长为目标，以发掘学生的学习潜能为方向，尊重学生的个性特长，组建兴趣小组和文化社团，依托多元课程，改进评价方式，使学生在各种展示活动中能够找寻到学习的乐趣，自身的优势价值得以体现，建立学习自信，做阳光乐学的和雅少年。

1. 改变评价方式，建立课程合格制，开展兴趣养成教育

在活动中培养学生的兴趣，开设丰富多彩的特色课程，从课程管理的角度，为学生提供多元的课程活动，让学生在活动中发现自身的价值优势，是我们培养学生兴趣的主要方式。我们通过课程合格制这一评价方式，创设良好的外因环境，丰富学生的兴趣养成渠道。

培养学生的兴趣非一日之功，作为学校，必须从多方面长时间实施有计划的影响，建立清晰的评价指标，使其兴趣爱好逐渐趋于明确，个性潜能得

到开发。对于学校开设的多元课程、和乐课间、特色葫芦丝“必修”课，我们设立课程合格制对学生进行综合考评，建立《长江路小学校本必修课程考核细则》，要求所有学生按照学校校本课程开设的内容学完所有必修课程。葫芦丝训练、“选课走班”课程选修、快乐课间训练，每一项目各占30分，每学期考核两次，80分为合格，三门成绩优秀另加10分，满分为100分。

（1）多元课程，让学生自主选择课程。每周星期五下午，全校联动，不分年级与学科，打乱班级建制，学生可以在“课程超市”80多种课程中，根据自身的喜好自主选择。教师每周将根据学生的考勤记录、学习态度、学习结果进行积分评价，重点关注学生的出勤记录以及学习状态，并以此作为评价学生的主要依据，学生正常参与即可获得基础学分30分。学生在自主选择的课程活动中，活动兴趣浓厚，在活动中找到了自身的价值，在活动中知识与能力的发展都得以极大的提升。

（2）和乐课间，让学生幸福健康成长。每天上、下午的大课间活动，我们开发大课间必修课程，以武术操、太极操、轻松晨跑、花样跳绳等为常态内容，辅以体育艺术节，利用啦啦操、小足球、羽毛球等体育类社团活动平台展示阳光运动成果。对武术操、太极操、轻松晨跑的评价，我们主要通过开展班级竞赛的形式，每次比赛以级部为单位分别设立一、二、三等奖，对参与比赛的学生依据班级总成绩，分别奖给个人3、2、1分，并将此分数纳入个人积分。花样跳绳则是每一个学生必须参与的课程，每次大课间训练时都有专人负责考勤，每学期分别在期中和期末综合考评两次，依据考核结果综合裁定学生是否获得基础分。

（3）特色葫芦丝，让学生享受艺术熏陶。我们每天设立10分钟的“雅乐”欣赏来净化学生心灵。开设葫芦丝课程是我校“艺体”特色教育的重要支点，我校师生人手一支葫芦丝，每天放学后集体吹奏葫芦丝，学校每天安排专人负责考勤，每学期综合考评3首曲目，学期末学校根据平时的练习情况与最终的考核结果为学生积分，以积分的方式培养学生健康高尚的审美情趣和积极乐观的生活态度，提高学生的艺术文化品位。

以课程合格的形式对学生进行评价，打破了传统的唯结果评价方式，注重学生参与的过程，不给学生创设过重的心理负担，以兴趣养成为目的，促进学生综合素养的提升。我校有10名学生获得省级葫芦丝比赛金奖，多元课程开发成果喜人，多次受到省、市、县教育专家的肯定，我校也先后被评选为连云港市博雅艺术课程基地和连云港市基础教育“选课走班”试点学校。

2. 搭建展示舞台，建立特长晋级制，开展爱好特长教育

让学生在活动中展示个人的才艺，为学生搭建形式多样的表演舞台，通过引入大师课程、体艺达人秀等丰富多彩的校内特色活动作为“辅修”课程，是我校进行综合评价的项目之一。

我们打破传统的单纯的以德智体为评价标准的形式，拓宽评价渠道，实行特长生晋级制，从不同层面形成培养学生个性特长的合力。特长晋级制共设立积分20分，要求学生根据自身的才艺特长申报体艺达人秀或大师讲坛，每申报成功一次获得5分，纳入兴趣特长评价体系。

（1）体艺达人秀。当学生的个性、特长表现得很明显、很强烈的时候，学校、家庭和社会应相互配合，不失时机地创造一个良好的外部环境以发展学生这些积极的个性与特长。体艺达人秀采用班级+校级晋级展示的方式，在班级展示获得2分，年级展示获得3分，二者不重复积分，每周二分年级选优秀节目，举行年级集中才艺展示活动，活动的内容不仅包括声乐、舞蹈、书法、绘画、乐器、表演、音乐等，也包括跳绳、太极操、武术操等体育类，让学生尽情展现自己的才艺本领。

（2）大师讲坛。大师讲坛是我校实施展示个人才艺的另一种形式，采用班级+校级晋级的形式。每周四，我们搭建小型的大师讲坛，由家长和学生共同就当前的热点问题展开讨论演讲，既培养学生演讲的能力，也让学生及时了解社会动态。

因两种形式的特长展示人数较少，我们还结合学校的文化特色，开展葫芦丝、古诗背诵、花样跳绳等校内考级活动，每申报考核过关一次积累相应分值，全面开展特长晋级制度，丰富评价内容。

3. 实施延续管理，建立成长档案，发掘学习潜能

对学生的兴趣特长评价我们采用建立成长档案的形式，意在在不断收集整理的过程中，发现学生特长本领，发掘其学习潜能。我们坚持从以下几个方面去努力：

（1）固化的评价内容。尊重学生的兴趣特长，把学校固化的内容进行全面呈现，如将古诗铃声考级、花样跳绳晋级、葫芦丝考核等评价内容收集进来，尽量使学生的评价内容全面。

（2）个性化的作品存档。收进学生档案袋里的作品必须是能够反映学生特长项目的具体内容，以多种形式展示学生成果，如在小手工、小制作方面，可以是多种多样的作品，可以不拘一格。

（3）多样性的荣誉收集。主要收集学生在兴趣特长培养过程中获得的各种荣誉证书，选择具有代表性的获奖成果予以整理收藏。

（二）基于学生品德发展水平的形成与涵育性评价

在日常学习过程中，我们注意观察学生的进步和发展，关注学生的表现，采用口头表扬、卡片激励、自主管理、活动评选、平台展示等多样的、开放式的评价方法，及时评价学生言行上的优点、不足以及发展潜能，并适时做好记录和资料收集工作，促进每个学生的品德发展。

1. 口头表扬式评价，激发学生的兴趣

在学习活动过程中，教师注意观察，对学生在课堂、各种活动中的语言、文明行为表现突出的现象，利用晨会课、班（队）课进行表扬；少先队每周在国旗下的讲话中对各年级在行为习惯中表现出来的优秀事迹集中表扬，树立典型，建立榜样。这种即时性的表扬肯定了学生良好的行为习惯，有利于促进学生良好品德的形成。

2. 卡片激励式评价，调动学生的热情

卡片式激励是一种激励的有效形式，具有即时性与高效性，适合学校管理的各个方面，卡片涉及文明礼貌、就餐秩序、文明行走等。

（1）发放形式。学科教师、后勤人员、值周人员在课堂、就餐、课间行走、放学路队、社会实践活动等情况下，适时对学生表现出来的好的行为、人格品质等及时表扬，对表现优秀的学生发对应种类的激励卡片。

（2）集卡兑换。学生个人激励卡同类别积累到5张，即可到少先队队部兑换1张和雅之星卡，将直接成为班级月度文雅少年。每学期积满3张以上和雅之星卡，直接兑换学校终极“文雅少年”荣誉证书。多年来，激励卡的使用极大地调动了学生良好品德养成的积极性，达到了监督和激励学生品德发展的作用，成为评价学生品德发展水平的有效手段。

3. 自主管理式评价，激发学生的潜能

学生的品德行为离不开监督，更离不开学生参与的自主式管理。政教部门在学生常规管理上采用了班级小组与学校小警察管理相结合的自主式管理模式，收到了很好的效果。

（1）班级小组管理。各班级将所在班级学生分成6～8人一组的若干小组，选出组长，实行从行走、如厕、就餐、活动、学习等方面的全方位包干管理。学生互相监督，互相学习，极大地减轻了教师的管理压力，学生在管理捆绑下更具竞争力，更好地促进了学生行为习惯的养成。

（2）校级小警察管理。德育部门在日常行为习惯的监督管理上，组建了校园小警察，统一着装，对学生的上学、放学、课间如厕、行走等活动秩序实行过程监察、纠正，并做好及时记录，作为班级、学校每周总结反馈的典型素材，收到了良好的效果。

4. 活动评选式评价，熏陶学生的内涵

（1）主题德育活动。每周学校组织开展主题性的学生德育活动、竞赛，如环保小卫士演讲、我爱家乡征文、八荣八耻知识竞赛等，组织学生、教师、家长代表参与打分评选。学生、教师、家长各有权重，学生在公平的环境下，活动的参与性更强了，活动的教育效果更加明显。

（2）重大节日活动。学校抓住一些重大节日，如教师节开展尊师重教活动，清明节开展祭祖溯源活动，植树节开展环境保护等系列演讲活动、社会实践活动。学生、教师、家长代表参与打分、问卷调查和综合评价，这样既提高了参与度，又体现了客观与主观相结合的原则。因此，评选的结果更具有信服度。这很好地培养了学生的环保意识、爱国爱家乡的情怀，极大地丰富了学生的人格品质与理想信念。

5. 平台展示式评价，促进学生的发展

（1）校园物化展示。每周由班级经过自主综合评出的班级文雅少年，在班级的流星角展示；择优推荐参加级部的月度文雅少年评选，入选者在级部的行星墙上展示；每学期对各级部按一定的比例标准评选出学校的文雅少年，将其事迹照片、姓名集中在学校恒星长廊里展示。这在一定程度上调动了学生参与评选的积极性。

（2）媒体平台展示。每周班级评出的文雅少年除了在班级流星角展示，还利用便捷的学校电子大屏进行滚动展示，供全校学生学习，展示的实效性得到了保证。对月度级部文雅少年利用学校《和雅报》集中展示，让全校学生及家长都能赞誉他们，提升学生的自信心，促进学生良好品德的形成。

随着社会的进步，微信已经全面普及，学校利用公众微信平台，对各级部推选的文雅少年参加学校的微信人气投票，根据人气票数评选出学校文雅少年，既扩大了学校的宣传，又丰富了德育评价的形式，得到了家长的广泛赞誉。

（三）基于学业发展水平的定量与定性评价

学业发展水平的高低是学生智力因素形成的关键。我们不仅关注对学生基础知识、基本技能的理解与掌握，更关注学生学业能力的形成方法，注重评价学生独立思考、批判质疑、专业探究等思维能力的形成过程。

在“慧雅课堂”中，采用教师及时性的语言评价和发放“学习激励卡”的方法进行随堂评价。学生根据激励卡片积分，每周评选出小组“慧雅之星”，每月评选出班级“慧雅之星”，每学期评选出学校“慧雅之星”。作业评价侧重于学生学习习惯和解决问题的能力。教师根据学生每天的作业情况进行书面评价。各班级采用小组推荐的方式，每月组织优秀作业及成果展评。学期末，学校对学生的学习情况进行综合考核。我们尝试推广在一、二年级学生的期末测试中采用的非纸笔测试的方式，每学期对学生的课堂表现、作业质量和测试成绩进行一次综合性的评价，并形成学业水平报告单。

2016—2017年，我校先后有500多名学生在省、市、县各级学科竞赛中获奖。在灌南县教研室组织的教学质量调研测试中，我校学生学业水平均处于全县领先位置。2016年，我校被评为江苏省青少年科技教育先进集体、连云港市课改领航学校、连云港市书香校园、连云港市教学质量先进学校、连云港市教育工作先进集体等。我校还承办了2016年全市小学教学工作会议、灌南县真阅读工程现场会等。

（四）基于身心发展水平的考查与激活性评价

我校对学生的身心发展水平的评价采取自评、互评、师评相结合的方式，三项之和为学生的身心发展水平成绩，分优秀、良好、合格、争取合格四个等级。

由体育教师与班主任将学生在体育课堂、大课间等体育活动中的出勤、课堂常规、锻炼习惯等情况填入课堂观察记录表，开展学生自评、互评。师评采用“3+1”的方式，即教师每学期测试学生的三项运动技能，同时学生自主选择太极、武术操等特色体育项目中的一项进行等级评定。学校模拟社会机构，成立校园公安局、校园环保局、校园教育局等组织，在学生自主管理活动中，教师对学生的社会适应与心理健康水平进行评价与考核。

2017年，我校学生的体质健康测试合格率达99%以上。跳绳、太极、武术操已经成为我校的体育特色项目。在学校承办的各种现场会等活动中，我校的特色大课间活动得到了与会同仁的肯定。学生的自我管理习惯、热情问好的风貌也受到了各级领导与同仁的赞许。

（五）基于学业负担状况的监测与导向性评价

为了切实减轻学生课业负担，让学生轻学、善学、乐学，我们通过学业问卷、日查监督、家校共建等方式，随时监测学生的客观学习负担与主观的学习感受，从学习时间、课业难度与学习压力等四个监测维度评价学生的学业负担。

我校建立学校、年级、班级作业平衡机制，值周组和教务处将学生学业负担的督察作为常态工作每日例行检查，要求一、二年级不布置书面家庭作业，三至六年级每天书面家庭作业总量控制在1小时以内；将每周五设为“无书面作业日”；倡导在周末开展“3+X”兴趣作业，“3”指阅读作业、体育作业、艺术作业，“X”指其他个人兴趣爱好，以激发学生生活潜能为目标，舒缓课业压力。

2015年和2017年，学校分别开展了学生学业负担状况调查。根据两次调查数据的对比分析，近年来，我校学生的学业负担明显减轻，学生对课外阅读、体艺特长学习和社会实践活动都很感兴趣；85%以上的学生认为在校学习比较轻松，家庭作业量适中。

二、评价实施的深度反思与完善改进

在近两年的教育评价综合改革实验中，我校初步建立了教育综合评价指标体系，丰富了对学生的多元化评价方式。当然，在评价改革过程中，我们也有许多值得深度反思与完善改进之处。

1. 教育评价观念略显滞后

一部分家长，甚至个别教师仍然无法扭转根深蒂固的精英式教育评价观念，把学生的主要学科分数作为第一位的评价要素。因此，他们对学校的教育质量综合评价改革工作虽然表面上支持，但是关注的仍然是学生的学习成绩，对于学生的综合素质的评价结果重视度不够，甚至抱着应付的态度。

为此，我们需要努力构建创新评价的新环境，建立动态、统整的教育综合评价改革机制，综合素质评价的对象必须上移，其评价对象要从学生个体上移至学生群体，以学生群体的综合素质状况衡量教师、学校和区域教育质量。只有这样，才能从根本上更新家长和教师的观念，使教育综合评价改革进入良性循环轨道。

2. 评价偏重结果，轻视过程

因片面追求评价标准的可操作性，在评价方法上偏重定量和结果，而轻视定性和过程评价。在评价维度上偏重知识和智性，而轻视情意要素的评价。

我们需要提升评价理论素养，打造一支专业高效的评价队伍。一要积极引进相关专业人员，参与教育综合评价改革；二要大力培训本校教师，打造一支评价专业素养水平高、测评技术过硬的评价师资队伍。

3. 评价体系尚需进一步完善

学校的教育评价体系是教师根据自身的教育经验建立起来的，缺少理论的支撑。

我们需要聘请高校的教授和市、县教育评价专家，对学校的评价体系进行进一步论证，提高教育评价的科学性与规范性。

2018年，我校将继续探索综合评价改革的有效策略与实施路径，全面提升学生的综合素质，不断丰富和雅教育的品牌内涵。

第五节　和爱儒雅的教师

和爱并举塑有才能的儒雅教师

灌南县长江路小学是一所建于2009年的现代化高标准学校，学校教师都是从全县公开竞选的骨干教师，他们自身的教学技能和艺术都很高。如何在这样的状况下引领教师高位发展呢？学校通过多方论证，确定了以和雅为核心理念的办学目标，把培养有才能的儒雅教师作为师资队伍建设的目标，下面简单谈谈我们的点滴做法。

“和”是教师个人的专业追求与生命成长的和谐发展，使教师“施教以爱”，使教师播爱从教。古人云：“雅，正道也。”“正而有美德者谓之雅。”现代社会中“雅”是指规范、高尚、文明、美好，也是指一种事物的发展与完善达到了极致的层面，达到了一个非常高的境界。

我校以“和而友爱、儒而厚德”的价值追求，着力打造具有“宽雅的爱生胸怀和高尚的道德品质，儒雅的教育知能和深厚的文化底蕴，邃雅的教学方法和高超的教育艺术”的高素质师资队伍。我们积极搭建平台，营造有利于教师专业成长的良好学习环境，我们充分利用条件，挖掘有利资源，为教师专业素养的提升创造条件。

一、用和雅文化提升师德品位

我们用和雅文化引领教师具有“宽雅的爱生胸怀和高尚的道德品质”。

儒雅教师应该是高雅、文雅、清雅的人。教师对学生的影响不仅仅是知识，更重要的是教学生学会做人。传授知识可以通过备课、讲课、考试等各种教育形式来完成，而教学生做人，培养学生良好的道德品质，就要求教师有高尚的人格，通过言传身教，去感染、影响每个学生。优良的作风、美好的形象对学生是一种润物无声的教育。

我们努力建设爱岗敬业、热爱学生、依法治教和自主管理的人文环境。我们通过制定《教师师德公约》和《教师礼仪规范》，为教师凝练师表确立标准。我们通过开展师德承诺、师德演讲和夸夸我身边的榜样等活动，提升教师的幸福指数，让他们从心底热爱学生、热爱自己的岗位、热爱学校这个大家庭。我们还定期开展“和雅班主任”“和雅配班教师”“值得记忆的年度人物”评选活动，引领教师眼睛向内、超越自我，守住心灵的宁静，促使教师形成淡泊名利、甘为人梯的精神境界。

二、用和雅文化提升学识品位

我们用和雅文化让教师具有“儒雅的教育知能和深厚的文化底蕴”。

《学记》云：“既知教之所由兴，又知教之所由废，然后可以为人师也。”也就是说，一个好的教师在教学中要知道“四兴”“六废”“四失”，才能在教学中做到“导而弗牵，强而弗抑，开而弗达”“知其心，然后能救其失也”。这对现代教师的专业水平、教学艺术提出了更高的要求。

1. 读书怡情，让教师品味书香

“读史使人明智，读诗使人灵秀，数学使人精密，哲理使人深刻，伦理学使人有修养，逻辑修辞使人善辩。”儒雅讲究的是饱学，要达到饱学，那就要坚持读书。我们采用的读书方法有两种：一种叫积累读书法，一种叫爆破读书法。所谓积累读书法，就是每天坚持读书，慢慢积累，最后达到滴水穿石的境界。我们学校要求教师每天早上到校与学生一起进行晨读20分钟，把图书室搬到办公室，每个办公室配发各类书籍供教师随时阅读。所谓爆破读书法，就是利用假期时间集中读书，少则十本八本，多则二三十本。学校还专门设立读书吧、读书沙龙和美文赏析栏目，引领教师在课余时间去读书、交流。

我们还重点关注教师读书的信息反馈工作。每周五的下午，由两位教师分别进行“教育大讲坛”和“好书推荐”。在活动之前，教师要准备好交流的课件。活动之后，学校会根据教师的阅读兴趣，适当增添阅读的书目，以确保教师及时接触到比较前沿的教学信息。我校要求每位教师及时更新自己的博客，及时记录自己读书的点滴体会，及时反思自己的教学实践。同时，我们还建议教师在阅读的书上做笔记，边读边做批注。不同的见解一定会碰撞出智慧的火花。

2. 写字养心，带教师浸润墨香

“精心习字，耐心育人。”我们以习字的静心来培养育人的耐心，在育人中习字，提升教师素养。为了弘扬中华民族传统书法艺术，激发教师对书法的热情，培养和提升教师的审美情趣与艺术修养，我校注重引领教师在平时的工作中利用自己的业余和零碎时间，练习硬笔书法。他们将书写活动融入自己的教学活动和常规教学管理，无论是课堂上的板书，还是教案文件的撰写，都在进行书写练习。

我校加强了教师“粉笔字、钢笔字和毛笔字”的“三字”练习。每人配发一本古诗钢笔字帖，教师每天除了完成钢笔临写任务外，还要在小黑板上临写一篇粉笔字，学校定时统一展示。每周临习一篇毛笔字，每月开展一次书法竞赛，通过评比促进教师书法练习的积极性，从而提高教师的写字水平。

三、用和雅文化提升专业技能

提升教师专业技能使其具有“邃雅的教学方法和高超的教育艺术”。

教师要具有娴熟的教学能力、良好的知识修养、广博的知识基础以及相应的教育学、心理学知识，但这些只是必要条件，教师还必须得具备娴熟的实际教学能力。

1. 教师的专业成长要靠内在动力与外在压力的完美结合

我们把教学当作校本研修的基点，进行以课例为载体或以问题为核心的专题研讨。每周半天的学科教研活动，有研讨课的交流，也有先进教学理论的学习，更有教师集体备课的精彩。

我校充分利用学校的资源，成立骨干教师工作室，用骨干教师的示范引领带动全体教师业务能力的提升。我们还邀请省、市专家来我校上课、做讲座，让他们先进的教学理念激发我校教师的教学灵感。每次培训，都争取让更多的教师有学习的机会。学完回来，每个教师都要根据学习的具体情况，进行汇报交流。

我们还与南京市长江路小学进行了教育联盟。随着时间的推移，两校之间的互动交流会越来越频繁，也必将会带动我们长江路小学向着更高的目标迈进。

结合学校的实际情况和学生的学习需要，我校确定了以“长江文化”“君子文化”和“荷文化”为主题的校本教材研修方向。我们鼓励每位教师积极参与教材的编写工作。

2. 提高教师的科研能力是引领教师专业成长的核心内容

提高教师的科研能力是引导教师由经验型教师向科研型教师转变的关键。

（1）借助课题研究强化科研意识。我校结合课题研究内容制订实施计划，使教师从被动参与转变成主动参与。

（2）借助方法指导培养科研能力。我校先后邀请连云港市教科所王恒俭所长、连云港师范高等专科学校李明高教授、“教海探航”优秀写手等为我校教师做课题研究指导。

（3）借助评价展示激发教师兴趣。我校通过科研档案积累评价展示，课题渗透课评价展示，论文评比，教师研究过程资料、录像资料展示等方式，激发教师的科研兴趣。同时，我们还为教师提供书籍、提供指导、提供印刷等各项服务，并随时对教师科研动态给予分析鼓励。

教师的成长是决定一个学校发展的主要因素，“和爱并举，塑造有才能的儒雅教师”是我们追求的目标。为了实现这个目标，我们会不懈努力，行走在儒雅教育的大道上。

打造“和爱儒雅”的孔子式教师团队

——教师队伍建设和培训工作汇报

各位领导，各位专家：

大家好！

我汇报的题目是“打造‘和爱儒雅’的孔子式教师团队”。

学校办学质量的高低关键在于是否拥有一支高素质的教师队伍。我校自建校以来，逐步提炼出和雅的教育文化概念，提出了“和爱儒雅育桃李，力行勤创润人生”的教育理念，形成了“自然本真”的教学思想，我们积极追求四个教育理想——培养有才能的文雅学生、打造有才华的儒雅教师、营造有品位的优雅校园和培育有声望的和雅学校，不断探索六项特色工程，即和爱儒雅的教师团队打造工程、和乐文雅的学生群体培育工程、和善顺雅的管理文化开发工程、和美博雅的课程文化研发工程、和真慧雅的课堂文化建设工程、“和合优雅”环境文化建设工程。

我们把“和爱儒雅的教师团队打造工程”作为六项教育文化工程之首，倡导做像孔子一样耐心、细心、有爱心的教师，倾力成就具有“和爱的友善之心、宽雅的爱生胸怀、和合的团队精神、博雅的教育知能、和乐的职业情愫、邃雅的教学艺术”的和雅教师。群策群力，不断提高教师团队的文化素养和业务水平，夯实学校发展底蕴。

一、优化制度，营造队伍建设环境

1. 成立儒雅教师团队建设领导小组

只有一流的教师队伍才能创造一流的教育业绩，学校才能真正办人民满意的教育。为此我校特别注重教师队伍建设，成立了以校长为首的儒雅教师团队建设工作领导小组，领导小组成员分工协作，各负其责。校长提出年度校本师训工作的基本思路，教务处、教科室负责计划的制订和实施，副校长负责各方工作的协调。

2. 制订儒雅教师考评方案

学校制订了《长江路小学儒雅教师考核方案》《长江路小学教师培训考核方案》，建立教师培训管理档案和教师培训个人规划和学校年度计划，在计划中规定培训内容及形式，确保教师校本培训工作扎实、有效地开展。学校把课堂作为教师实训基地，严格执行行政推门听课制度，并且及时将听课情况与教师反馈交流，以此来促进教师课堂教学水平的自我完善与提高。

二、搭建平台，激发教师专业成长

教师业务水平的提升，除了教师自我研修、自我成长外，多元学习平台与良好的发展环境也尤为重要。我校搭建“引领青年教师成长的青蓝工程、促进骨干教师提高的首席教师研修团队和打造教育名师的特级教师工作室”的教师成长三级平台，还创建了和雅研究院，用专题研究的形式引领教师专业发展。

1. 实施青蓝工程

我校教师队伍中，青年教师占大部分，师徒结对是促进青年教师快速成长的有效途径。学校遴选优秀的骨干教师与青年教师结对，提出“一年入门，二年成熟，三年成功”的目标。师父不仅要了解关心青年教师的思想、工作、学习、生活，还要通过听课，上示范课、指导课，交流教学心得，让青年教师的课堂教学素养、教学管理水平与教学研究能力快速提升。例如，周丹、吴燕青等一批青年教师正在迅速成长，屡次在灌南县教师业务竞赛中获奖。

2. 建立首席教师研修团队

学校建立不同学科的首席教师研修团队，为教师量身定制专业成长方案；开辟《教科资讯》栏目，丰富教师阅读途径，研磨论文，提高教育科研的价值与档次。

3. 建立特级教师工作室

我校的特级教师工作室吸收了全校12名学科带头人，工作室每周开展一次主题研修活动，示范、引领、带动全体教师业务能力的提升。目前学校有冯会芹、孟云等6名教师荣获全国电教优课一等奖，并录制教学光盘全国发行；2名教师上省级示范课，8名教师上市级示范课；庞海霞等6名教师在连云港市优课竞赛中获一、二等奖。

4. 设置和雅研究院

学校建立了数学文化研究院、和雅文化研究院等9个专业研究院，在全校遴选首席研究员与普通研究员，发挥全校教师的智慧，提升学校社团和文化建设的水平。研究院围绕和雅核心文化，将日常教学管理中的古诗铃声助读、晨诵午、临暮说、每日三节小课、葫芦丝、珠心算社团等工作融入专业研究院的研究范畴。同时，研究院自主创新地开展工作，不断拓展丰富学校的特色项目。通过研究院这一平台，整合我校师资力量，教师的专业素养在项目研究中也得到不断提升。

三、创新措施，提升教师研修水平

我校立足常规，整合学校资源，扎实开展教师校本培训工作。我校不断创新丰富教师队伍建设的形式，构建“教师自学式—校际互动式—专家渗透式”三级研修形式。

（一）推行“1+2+5”教研模式

以课堂教学改革、课程资源开发、教学技能创新为宗旨，开发出

“1+2+5”教研范式，即每周开展一个主题讲座、两节主题微课、五名教师课堂评析。学校一学年来已开展活动30余期，以研促学，教师的素养得以迅速提升。我校在市、县级课改活动调研中，赢得了市、县教研室专家的一致赞赏。

（二）创新“采他山之石”的交流式学习

1. 外出学习

为了让更多的教师走出去，使教师吸收新的教育信息，开阔眼界，树立新的教育理念，我校积极组织教师参加省、市、县各级各类观摩、培训等教研活动，努力拓宽教师学习的渠道，为教师全面提升自身素质创造条件。一年来，我校派出教师外出学习达330余人次，凡学校外派参加培训，费用由学校全额报销。

2. 校际互动

我校与新安小学、孟兴庄小学、六塘小学等县内学校定期开展教学研讨活动，通过研讨课、课改沙龙等活动，交流高效课堂改革中的经验与困惑，共同提升教师的教学素养。

3. 名校联盟

我校与南京市长江路小学结成教育联盟学校。我校定期派遣青年教师到南京长江路小学学习，南京长江路小学也定期组织骨干教师到我校交流课改经验与成果。两校之间的互动交流，将会带动我校教师向着更高的目标迈进。

4. 承办活动

我校积极组织全体教师参加网上培训学习、竞赛活动。我校积极参加省、市、县各级各类教师业务培训活动如下：

2013年10月，江苏省“小数报·名师大讲坛”连云港专场活动。

2013年11月，连云港市中小学“青蓝课程”（小学数学）活动。

2013年12月，连云港市珠心算实验学校教学研讨活动。

2014年4月，连云港市小学综合实践活动课题组研讨活动。

2014年5月，连云港市小学数学同课异构活动。

2013年11月，灌南县小学数学青年教师优课大赛。

2014年3月，灌南县高效课堂教学改革研讨活动。

2014年3月，灌南县小学英语“自学·交流·反馈”课堂教学改革展示课活动。

2014年4月，灌南县小学英语教学改革教连片会课活动。

2014年4月，灌南县小学体育教师赛课活动。

2014年10月，连云港市小学品德学科发展第一共同体现场教学研讨会。

（三）邀请专家渗透指导

针对教师在教学中的疑难与困惑，我们邀请市、县的专家来我校上课、开设讲座，进行渗透式业务指导，用专家的先进教学理念激发我校教师的教学灵感。我校相继邀请了省、市级教育专家马斌、彭刚、马建明、顾长明、李明高、冯伯虎等到我校开展渗透式教师培训活动。

（四）用问题解决意识引领课题研究

我校围绕和雅教育在探索过程中的问题，以发现问题、分析问题、研究与解决问题为路径开展课题研究，进一步提升教育质量和教育品位。

（五）建设课程基地，探索全科课程

我校充分依托江苏省珠心算实验学校、连云港市小学数学课程基地、连云港市课堂教学改革领航学校、全国生命教育实验学校的优势，拓展师生的学习时空，打造全方位的“三自五要素”课堂教学范式。学校拿出专项资金安排低年级数学教师参加省级珠心算业务培训，利用数学课堂与社团活动时间，在一、二年级开展珠心算教学。在2013年连云港市珠心算实验学校教学研讨活动中，我校吴明月、熊敏洁老师的精彩教学得到与会领导与教师的一致认可。我校尝试开展“选课走班”教学模式，为学生提供个性化的选择空间，同时也促进教师进一步转变教育教学观念，优化课堂教学行为。

2013年9月至2014年12月，我校共有10批次141人通过江苏省中小学教师（校长）培训管理平台参加各级教师培训工作，过关率100%。我们按要求及时完成所有国家级和省级培训项目的各项工作，学员参训率达100%。

学校先后荣获全国新教育实验先进学校、连云港市2013—2014年小学教学质量奖、2013年连云港市青蓝课程十佳组织单位、灌南县综合考评先进奖、灌南县教学质量评估先进集体。

回眸过去，我校教师用强烈的责任心“力行勤创”，使自己的教研能力与课堂教学水平显著提升，教育教学质量高位发展。展望未来，我校教师将用崇高的爱心“铸师魂，强师能”，努力提升办学品位，不断谱写和雅教育的动人诗篇。

校本研修：提升教师素养与教学力

灌南县长江路小学自创办以来一直遵循“以先进的文化理念引领教育、以多元的课程内容引领教学、以自主的教学方式引领学习”的办学理念，我们梳理、汲取我国传统文化精髓，把和雅作为学校教育文化的核心，构建和雅教育，把“和乐高雅”的学生文化聚焦“和、博、慧”，从“和乐高雅的生命体验、和美博雅的内涵修养与和真慧雅的科学思维”三个维度，来实现“培养适合未来社会和国家所需人才”的育人目标。我们通过打造“和爱儒雅”的教师团队，促进“和合优雅的环境文化、和善顺雅的管理文化、和爱儒雅的教师文化、和乐文雅的学生文化、和真慧雅的课堂文化、和美博雅的课程文化”六项教育文化工程的有效实施，探索适合每个学生学习生活和发展的学校教育方式。

我们使“和真慧雅的科学思维”依托数学学科教学，从文化的高度开发数学课程，开展数学教学。2013年11月“慧雅数学”被确立为连云港市小学数学课程基地，2015年4月，升级成为江苏省小学特色文化建设项目。

数学课程文化的创建有效地促进了教师的专业成长与学校品牌的形成。目前，学校有特级教师1名（小学数学），市名师2人（数学1人），市骨干教师19人（数学8人）；29名教师在省、市级教师优课、基本功竞赛中获得一、二等奖（数学13人）；教师在省级以上刊物上发表文章110余篇（数学43篇）。学校还先后被评为江苏省珠心算实验学校、江苏省小学生数学报社数学文化传播基地、连云港市课改领航学校、连云港市教学质量先进学校。学生数学学习能力与水平也明显高于同类学校。我们认为，这些成绩的获得，教师的素养与教学力起了关键作用，而教师素养与教学力的提升则取决于校本研修的质量与水平。我们在总结前期工作的基础上，研制2018年数学学科的校本研修方案。

一、指导思想

"教师是教育事业的具体实践者和直接推动者，是学生健康成长的引路人，是中华民族'梦之队'的筑梦人。必须坚持党对教师队伍建设的领导，确保新时代中国特色社会主义的办学方向。"我们要以习近平新时代中国特色社会主义思想为指导，依照中共中央国务院印发的《关于全面深化新时代教师队伍建设改革的意见》，全面开启新时代教师队伍建设新征程。

我校以十九大精神为指导，全面落实省、市、县中小学校本研修工作要求，以基础教育改革和教师专业发展的实际需求为导向，以解决学校教育教学实践中存在的问题为突破口，以提高教师综合素质为目标，坚持以"教师发展为本，教师有效学习为核心"，围绕新课程改革，以"慧雅课堂"为实践载体，根据学校发展的需要和教师成长的需求，积极探索校本研修的方法、策略、机制与评价方式，进一步更新教师的思想观念，提高教师的职业道德水平，完善教师的知识结构，增强教师的教育教学能力，从而使我校的师资队伍走向内涵发展、特色发展和可持续发展。

二、研修目标

我校以"和爱儒雅"的教师文化引领大家做像孔子一样细心、耐心、有爱心与责任心的教师，努力造就具有"宽雅的爱生胸怀，博雅的教育知能，邃雅的教学技艺"的儒雅教师，让每一位教师成为学生喜欢的"最美教师"。具体实现以下四个目标：

（1）提高教师思想政治素质、职业道德水平，实现依法办学，依法治教。在全面提升师德水平的基础上，再培养市、县师德标兵2名，市、县优秀班主任2名，市、县优秀园丁2名。

（2）以新课程标准的实施为切入点，以"慧雅课堂"为载体，促进全校教师进一步转变教育思想、教育观念，改进教育方法和教学手段，加强知识更新与拓展。提升连云港市课改领航学校的品质，培养市、县教学基本功一等奖2名，市、县优质课比赛一等奖2名。

（3）加强教研活动的开展，提高教师教育教学能力，提高教师教育教学研究能力，提高教师创新意识和自我发展能力。面向全市开展一次教学展示活动，立项省级课题一项，市、县级课题10项。力争在教海探航、五四杯、师陶杯等省级论文竞赛中有所突破。

（4）提升数学课程文化品质的内涵，在做好江苏省课程基地特色文化项目的基础上，争取成功申报江苏省前瞻性教学改革实验项目。

三、研修内容

校本研修的重点应该是通过提升教师的素养与教学力，来提高教学质量，促进学生发展。我们认为，教师素养应该包括基本技能素养、慧雅课堂素养、教学研究素养、课程开发素养四类，相应地，要修炼20个教学力。

1. 基本技能素养

（1）数学专业能力。

（2）语言表达能力。

（3）书写规范能力。

（4）媒体运用能力。

2. 慧雅课堂素养

（1）备课能力：①知识的理解把握能力；②教材的理解把握能力；③教材内容的优化加工能力；④教材内容的整合提炼能力。

（2）上课能力：①课堂教学的认知能力；②课堂教学的组织能力；③课堂教学的管理能力。

（3）研课能力：①课堂教学的概括能力；②课堂教学的交流能力。

3. 教学科研素养

（1）问题发现能力。

（2）问题提炼能力。

（3）独特思考能力。

（4）综合写作能力。

4. 教师课程开发素养

（1）教材内容的整合能力。

（2）师生资源的开发运用能力。

（3）校本资源的组合能力。

我们拟开展四种形式的校本研修，来提高教师的教学设计能力、课堂表现能力、磨课赏课能力、研讨表述能力、教学写作能力。

四、研修方式

（一）基于基本技能素养提升的个体自助研修

基本技能素养包括数学专业能力、语言表达能力、书写规范能力和媒体运用能力。一直以来，虽然我校每学期都在这几个方面加强教师的素养提升，但是教师的水平还是良莠不齐。针对部分教师在四大素养方面发展不平衡的现象，我校开展“训练提高式研修”和“特长展示式研修”两种个体自助研修来提升教师的基本技能素养。

1. 训练提高式研修

对于基本技能素养欠缺的教师开展两级研修。一是过关训练。先统一培训，然后定时间、定内容、定目标、定进度，进行自我练习。当教师自己认为达到合格水平后，自主申报参加学校验收。二是提高训练。验收合格后，与全校教师一起参与学校的“岗位练兵”“专项竞赛”等形式的基本功训练，提升基本技能。

2. 特长展示式研修

对于基本技能素养较好的教师，学校将搭建平台，创造机会，让他们在展示自我与欣赏他人的过程中提升素养。一是静态展示。利用和雅长廊、主题展板、微信公众平台等多种媒体平台来展示教师的书法、绘画、学具制作等方面的优秀作品，以此来激发教师的研修兴趣。二是动态展示。教师可以利用和雅讲坛、大师讲坛来讲述自己的教育故事，交流自己的教学体会，分享自己的教学经验。教师在讲述过程中提升语言表达能力，丰富自己的思想，更增强教学自信、研修动力和课改自觉性。

（二）基于课堂教学素养提升的专题合作研修

课堂教学是教育的主渠道，只有通过课堂教学，才能把教育质量真正落到实处。我校从2012年开始依据“和雅文化”纲要，开发“和真慧雅”的课堂文化，确立“三自五步”的教学模式，将学生的学习活动有机地引申到课前、课堂和课后，即“课前自主预习、课堂自主探究、课后自主练习”；2013年12月以“三自五步”教学模式为构建项目申报连云港市课改领航培育学校；2014年4月在各级专家的指导下，优化为“三自五要素”教学范式；2015年12月，在连云港市课改领航学校的评估验收过程中，连云港市教研室马建明、顾长明等专家对我校的课堂教学诊脉指导，在此基础上我校对课堂教学的核心要素再次进行优化，正式确立为“慧雅课堂”。新的一年，我校将深入推进慧雅数学教学实践，围绕课堂教学素养的提升来开展校本研修。

1. 研习理论，实践教学主张

我校为全校数学教师订阅20多份教学杂志，购买30多种数学教育教学专著，让教师在研读中积累教育教学理论，汲取先进的教学方法，了解前瞻的课改理念，并把获得的知识主动渗透到教学工作中。学校拟分层次、多渠道探索实践“慧雅课堂”的教学主张——骨干引领。我校组建由县、市级骨干教师和各年级教研组长为核心成员的校级骨干团队，从内涵意义和课堂操作两个方面开展研修，形成慧雅数学教学主张的整体架构，再由骨干成员利用开学初的教师培训时间对全体数学教师进行宣讲培训——学科组实践。每周二上午半天为数学组的集体备课时间，先集中学习慧雅主张的理念，解读慧雅主张的细则，然后各年级组内确定本周实验探索的主题和课例，集体磨课，实施一周的研修实践细则——榜样示范。在学科组实践的基础上选拔在理论上有创新，在实践过程中有想法、有做法的教师，让他们在和雅讲坛、《教科资讯》上演讲或撰写文章推介慧雅数学的理论认识和实践操作方法，启迪大家的思维，促进全员提升。

2. 研读教材，优化教学设计

备课是教学的重要行为之一，是教师上好课的关键，研读教材是备好课的前提，学校倡导全体数学教师通读十二册数学教材，精读本年度执教年级的教材。学校每学期开展一次教材内容结构体系与教学意见解读等知识竞赛，提升教师对研读教材的兴趣和教材内容的深度把握。在教学设计方面继续依靠团队的力量，加强成员间的合作，深入推进“三轮备课”模式——个人首备、集体研备和二次复备：①个人首备。每一位教师提前一周深入钻研教材，参考资料、结合学生实际，做好自己的教学方案设计。②集体研备。利用周二上午两节课的时间进行集体研备，各年级现场抽签确定中心发言者作为集体主备人，讲述设计理念与环节解读，其他人发表各自见解，提出完善意见。③二次复备。主备人根据大家的建议进行二次复备，修改、完善、优化形成最终的教学设计，印发给全组供大家教学时参考使用。

3. 研磨课堂，激活教学过程

“慧雅课堂”就是在遵循学生特点、教学规律和学科本质的基础上，关注学生动脑思考等内隐的思维能力培育。我们学校在推进慧雅数学教学改革时分项目、分时段阶段性推进，先由每一位教师根据自己的教学实际与对慧雅数学教学的理解，有选择地开展，主要做好常态课的规则与标本课的选择。

（1）扎实上好常态课，让课堂散发慧雅气息。每一位数学教师根据自己对慧雅数学的理解，选择一两个慧雅课堂教学要素，利用一定的时间进行尝试、探索、实践、提炼，逐步形成个性化的慧雅教学方式与习惯，让慧雅数学教学在全校落地。

（2）选拔打磨标本课，让课堂凸显慧雅特征。每个年级每两周在本组内常态课实践的基础上选拔一两节优秀课作为标本课，再由本组教师集体听课磨课，形成凸显慧雅特征的标本课，推荐参加校级研究课，进行观摩研讨。

4. 研究课例，提炼教学范式

（1）集体研讨研究课，让课堂聚焦慧雅要素。学校每三周举行一次校级集体研究课活动，围绕慧雅数学教学确立研修主题，以“1 + 2 + 5”的教研范式研讨提升研究课的示范价值：由一名教师围绕主题做一个微讲座，两名教师执教突出主题的研究课，五名教师就师生在课堂上的行为方式与特征两个观测点进行评析，论述在课堂中如何进行慧雅数学教学，形成有效的教学策略、方法。

（2）精心打造精品课，让课堂焕发慧雅品质。我校每四周利用慧雅数学研究院的骨干团队成员与上课教师一起结合研修意见细致改进、共同打磨、修改优化，将标本课升级成6节精品课，再以“同课优构”的方式在全校范围内示范观摩，形成具有慧雅品质的精品案例。

（三）基于教学科研素养提升的主题团队研修

随着教师专业化运动的蓬勃发展，“教师即研究者”的理念深入人心，我校围绕江苏省教研室小学教学研究第十二期立项课题《“慧雅”数学教学主张的架构与实践研究》，使慧雅课堂教学与反思相结合，在课堂实践中寻找问题，进行慧雅数学教学课题研究和撰写教学论文，以此作为提升教师教科研素养的重要发展途径。

1. 在反思总结中，概括、提炼、形成教学论文

我们要求大家围绕慧雅数学的教学主张，就课堂教学、理论学习或教学实践过程开展反思，进行研讨，形成经验，每学期完成一篇3000字的教学论文。对每一位教师完成的教学论文，学校利用期末时间依托市、县级的各类人才梯队和各类研修团队来共同打造、修改论文，择优推荐发表，以此来调动全校教师的科研积极性，有效地推动我校的教科研发展。

2. 在问题研究中，生成、挖掘、形成教研课题

我校依托江苏省教研室第十二期立项课题《“慧雅”数学教学主张的架构与实践研究》，从课堂中的问题着手，围绕慧雅数学教学主张，开展慧雅课堂实践，要求每位教师开展子课题研究，由教师申报，推选参加市、县课题申报立项，形成个人—学校—县级—市级—省级多级课题链，提高课题研究参与者的实践研究能力和教育教学能力。

（四）基于课程开发素养提升的项目推进研修

学校依托连云港市小学数学课程基地、江苏省小学数学特色文化建设项目学校的优势，进一步搭建研修平台，培养教师的课程开发能力，促进教师课堂教学水平的提升。

1. 优化教材的课程资源

为了提升教师对数学教材的理解与处理水平，达到能够灵活运用数学教材的境界，学校将以个人自主式阅读教材、同伴互助式研习教材、教研组交流式疏通教材和专家渗透式剖析教材为校本研修。首先是教师结合课标，自主阅读数学教材的具体内容，理解教材的编写意图。在此基础上，同一备课组深入钻研教材，明确教学的目标及重难点，充分挖掘蕴含在数学知识中的慧雅数学思想和慧雅教学元素，优化整合教材中的慧雅课程资源，利用每周的教研活动时间，互相交流研讨教学方法及提高教学效率的策略。

2. 挖掘“人”的课程资源

课堂教学不是预设教案的机械执行，而是在课堂上重新生成、不断组织的过程，是人性不断张扬、发展、提升的过程。因此，教师需要挖掘课堂中的生本、师本资源，让慧雅课堂因生成而精彩。

（1）挖掘师本课程，让数学教学具有慧雅的个性与特色。我校以连云港市港城名师工作室为载体，充分利用江苏省特级教师的资源，组建数学教师成长共同体，打造一支有思考力与实践力的数学教师团队，挖掘教学中以教师数学素养源头的师本课程资源，让每一位教师都成为一门数学课程。

（2）挖掘生本课程，让数学学习充满慧雅的生成与创新。在实践慧雅教学范式的过程中，教师要注重开发课堂上生成的数学课程资源，特别是学生潜在的慧雅数学资源。教学中教师通过研究学生、倾听学生、发现学生即时捕捉、收集、判断、重组这些信息，利用这些活的资源，形成新的兴奋点，不断激活教学节奏，让每个学生都成为数学知识探索的创新人。

3. 整合综合课程资源

在慧雅文化数学课程基地建设中，全校数学教师全员参与“文化氛围的营造”“学习平台的搭建”“实践活动的开展”三个方面的探索与实践。在项目推进过程中，学生的数学素养与教师的教学素养都得到了显著提升。我们认为，江苏省特色文化建设项目就是一个非常好的教师研修提高的平台。

一是营造“书香数韵”的文化氛围，提高教师建设数学场域的课程力。

在班级学习场域的建设中，教师策划、参与、组织创设适时体验的班级数学场域。我校在“数学体验场”建设中，充分发挥数学教师的智慧，创新设置长度标尺、方位的路牌、高测量尺等数学体验元素，让学生体验数学的魅力。在数学文化广角建设中，教师开发数学游戏、趣味阅读等数学体验项目，把数学学习从课堂延伸到课外、从书本拓展到学校各个层面，让学生体会数学的乐趣。

二是搭建“做思共生”的学习平台，提高教师建设实践平台的课程力。

我们把数学与生活、数学与活动、数学与娱乐结合起来，搭建开放的学习平台。线下建数学场馆，提供数学相关设备，让学生在实践中学习；线上建网络平台，计划充分利用我市的“连云港教育云通”上传数学学习微视频等资料，使师生能够远程交流，充分与信息技术相结合。

三是开展“学创共融”的数学活动，提高教师创新实践活动的课程力。

（1）数学探究建模活动。我校组建班级的数学学习共同体、年级的数学兴趣小组、校级的数学文化社团等，围绕“发现问题、分析问题、研究问题、解决问题”的数学模型，组织学生开展数学实践、数学体验、数学研究。

（2）数学智慧创新活动。我校努力做好每天的数学快餐、每周的数学超市、每月的数学达人秀、每学期的“数学文化节”等数学思维创新活动。

（3）数学展示评价活动。我校通过数学日记、数学手抄报、数学故事、数学名家鉴赏、数学小论文等展评活动，激发学生数学探究的热情。

五、研修实施保障

（一）组织保障

为了确保校本研修工作的顺利开展，我校特成立研修领导小组，统筹管理指导学校数学学科研修工作。

组长：罗锐。

副组长：陆宇、花红阳、付祥、谢一奇。

组员：张海涛、潘广伟、武小波、王卫红、曾庆荟、桑剑、李春。

（二）形态保障

为了确保研修的质量和教师的素养能够得到提升，我校将在研修形态上给予保障：通过固化研修时间和固化研修团队的方式，来保障研修的顺利进行。

1. 固化研修时间

为了实现研修质量的最大化，我校把每周的星期二上午作为数学教研活动的时间。为保障教研活动的质量，每月第一周为个体打磨周、第二周为学科组打磨周、第三周为集体研修周、第四周为提升品质周。

2. 固化研修团队

为了实现研修质量的最优化，我校结合现有的省、市、县的各级各类优秀人才，进行研修团队的固化，形成特级教师工作室、市县骨干教师、青年教师三大研修团队，固化我们的团队，达到不同层次的教师都能有所提高的目的。我们在每周二的下午进行特级教师工作室成员的研修，在每周三的下午进行市、县骨干教师的研修，在每周四的下午进行青年教师的研修。

我们通过固化研修团队、固化研修时间来满足不同层次教师的需求。

3. 固化研修方案

每个教师都要制订自己一年的研修方案，确立研修目标，努力达到有序开展、有效推进，人人实现专业成长的目标。

（三）评价保障

为了使研修能够真正落到实处，我校将对各级各类研修情况进行不同层次的评价。我们将用三种方式（基本合格、专长展示、人才梯队）来对各级教师进行评价。对于能力欠缺的教师，我们将采用人人过关达标的评价，使这部分教师能够得到提升。对于有特长的教师，我们将利用教师达人秀、大师讲坛、网络平台进行不同层次的考核评价。对于人才梯队的教师我们将通过展示课、论文和课题等进行考核。我们要让不同层次的教师，通过不同的评价方式，达到不同层次的进步。

（四）经费保障

为了使研修无后顾之忧，我们将从办公经费中拿出3%的经费用于学校的校本研修。这部分经费将用于培训学习与奖励，奖励校级研修过关成绩前十名的教师，优秀教师特长展示成果前十名、人才梯队考核优秀的教师。通过经费的保障，相信我们的校本研修将走得更远。

六、激励与深化

我校每年依据教师校本研修实绩，评出“和雅教师标兵奖”“和雅教师优胜奖”“和雅教师提升奖”。获奖比例原则上分别占学科参赛教师总数的5%、20%、5%。

评奖采取学校给予适当的奖励、个人绩效浮动的方式。原则上从教师绩效工资中拿出人均300元用于校本研修绩效浮动。同时对于评出的获奖教师学校将予以表彰，获奖的人员将作为下一年度教师外出参加高层次培训、各级各类评优的优先推荐人选。校本研修要求所有教师必须参加，如因身体原因等不能参加的需提前报校长室批准。如出现无故不参加，或上交各类文本材料存在抄袭或者质量不高的，年度考评将不得评优，不得参与各级各类评优申报，取消参加高层次培训的资格。

不忘初心，守望责任，用良心做适合的教育

随着深入贯彻落实党的十九大会议精神，我国各行各业的发展进入新时代，我校的发展也随着教育改革的深入推进进入新时代。我们在品味和雅教育办学成果的同时，深感责任重大，深感办好学校、教育好学生、服务好学区内每一个家庭是今后学校的工作重心，为此，我们倡议积极融入江苏省教育厅提出的探索实践“适合教育”改革大军，把我校的和雅教育办成有爱的教育、有智慧的教育。

一、让严谨的作风丰富我们学校积极的校风

我校倡导不忘初心，永记教师职业道德，做有爱心的教育。

好教师是每一位教师内心的自觉追求。

习近平总书记说好教师是“有理想信念，有道德情操，有扎实学识，有仁爱之心”的教师。为此，我校下一阶段要营造浓郁的学习之风：向我们身边那些师德高尚的教师学习，向我们身边那些业务精湛的教师学习，向我们身边那些自觉而又高质量履职的教师学习，向我们身边那些富有爱心、崇和向善的教师学习。

好学校是由每一位教师的优点和点滴贡献累积而成的。

灌南县长江路学校应该是一所好学校，实际上就是一所好学校。当你作为灌南县长江路小学的一员走出校门，走到市内、县内参加一些活动的时候，当你介绍自己来自灌南县长江路小学后，你一定能听到许多赞许、赏识、认同的声音，所以说“一荣俱荣，一损俱损”。

好学校是师生共同缔造的生命星空。学校的外在环境、外显行为、内存物质以及声誉与品牌需要我们共同维护，我们是相遇在灌南县长江路小学和雅园里志同道合、风雨同舟的一家人，我们应该共同创造学校业绩、共同创造学校质量，创造学校特色，所以说好教师是好学校发展的积极基因。

好学校是成就好教师的肥沃土壤。学校为全体教师专业成长、工作生活搭建和谐、团结、协作、宽松、规则的平台。在这个平台上大家可以自由成长，充分发挥。学校的文化是我们师生发展的积极营养，我们学校的文化汲取了我国传统文化的精髓，让我们全体师生做积极向上的和雅人。我们学校有各种形式的团队与群体，如一年级团队、一年级语文团队、一年级班主任团队。这些团队的力量都是助力学校奋进的不竭动力。学校的发展、前行，实现高目标、高质量的成长是我们每一个团体、群体不断往里面注入活力、动力、智力与凝力的结果。

二、让明确的责任成就我校更适合的教育

我校守望责任，铭记教师职业使命，做有良心的教育。

我校倡导的教师价值文化是“和爱儒雅”，这已是社会认同、家长认同、同行认同的教师文化，更是我们大家的行动准则。我校教师的价值追求

就是做像孔子一样有爱心、耐心、细心和责任心，能将心比心的教师，有宽雅的爱生胸怀、博雅的教育知能、邃雅的教学技艺的和雅教师，积极争做学生喜欢的“最美老师”！美不仅是外表的美，更多的是态度的美、行为的美、品质的美、心灵的美、责任的美、团队中协调与悦纳的美。

我们的工作责任在于做适合的教育。今年江苏省教育厅提出在全省寻找教育的爱和爱的教育，引领我们积极开展适合教育的实践探索创新。什么是适合的教育？我认为适合的教育是：满足社会需要，家长需求，学生喜爱的教育；适合我们共同生活，共同工作的团队需求的教育；适合单位价值追求与规则准则的教育；适合我们共同认同的行动准则的教育；当然更应该适合我们每一位教师的工作生活、职业的专业成长的教育。为每个学生提供学习与成长的可能，为每位教师创造愉悦的工作氛围，提供专业成长的可能，是学校永远的责任。我校将一直铭记“为师生成长撑起多彩的生命星空”这一责任与使命，也希望每一位教师铭记“做托起太阳升起的人”这一育人天职。

我们的教育良心在于我们的行动是问心无愧的。怎样做才是有良心的教育呢？我觉得就是“己所不欲，勿施于人”。凡事做之前先学会换位思考，将心比心：如果我是对方我能接受我这样的行为吗？我这样做对别人有什么好处？对我自己有什么好处？真的能给自己带来心灵上的愉悦吗？我的行为有利于学生的成长、有利于同事间的团结、有利于学校的发展吗？学校是由每一个个体组成的单位群体，这个单位不是哪个一个人的，所以在这个单位中每一位成员都应该共同为这个集体的荣誉、成绩而努力奋战，不能因为自己的一点点私利，影响群体的发展。所以，我认为我们长江路小学注定不是也不能是松散、拖拉的学校。为此，每一位教师也一定是顾大局、识大体、守规则、明责任、知荣辱、宽和、善爱、儒雅自律的和雅教师。

三、让适度的规则规范我校高质量发展

我校努力向更高的高度进发，砥砺前行，锤炼教师的职业技艺，做有智慧的教育。

我们要在学校文化、环境建设、课程开发、课堂创新、制度管理、特色打造等师生发展的各个层面，全面总结提炼近年来的实践与探索形成的经验，深度挖掘课程改革与办学理念，进一步优化学校教育教学管理策略，让已经形成的具有灌南县长江路小学办学品质的和雅教育向更高水平、更深层

次发展。这需要教师的教育智慧，需要学生的学习智慧，需要教辅人员的服务性工作智慧，需要学校的办学设计智慧、管理智慧、行动智慧，需要各个方面的各种智慧。为此，学校将不断根据发展步伐与现状，不断用制度来规范、用文化来引领、用标准来导航、用理解来相处、用协作来奋进、用榜样来激励、用现场来评价、用业绩来收获。为此，我们应该细化工作流程，深化过程监管，留下工作印痕，及时互通信息，恰当分享成果，不断查漏补缺，深度优化创新，让我们的工作越来越好。我们也希望我们全体教师在新的一年里个人生活、家庭生活、工作生活协同发展，个体、团队与单位和谐成长。

（2018年1月12日第一次全体教师会上的讲话）

第六节　和乐文雅的学生

师生友情扎根校园　成长记忆永存心间

——在2017届毕业纪念树种植仪式上的讲话

同学们，你们是长江路小学最具代表、最有特色的一届毕业生，你们是长江路小学第四届毕业生，你们更是第一批在这个美丽快乐的和雅园里生活、学习、成长整6年的和雅少年。美丽和雅的学校6岁了，你们伴着学校一起长大，学校因你们更精彩。

6年前，你们这么高，这么单纯，而现在你们这么壮，这么有素养，这6年是你们人生中最纯真、最快乐的一段光阴。马上要毕业了，要离开生活6年的第二个家园，你想给母校留下什么？

留下你们勤学善思的身影，留下你们团结和善的友情，留下你们爱校敬师的文明，留下你们纠正错误的态度，留下你们克服困难的决心，留下你们拼搏登高的精神，留下你们坚持到底的毅力……让这些美好的品质留给你们的学弟学妹，激励他们像你们一样优秀；留给你们的老师，让他们教出更多如你们和雅的学生；留给你们的母校，让学校成为你们成长的根、腾飞的翅。

今天，我们一起开启毕业典礼——成长拔节礼系列活动的第一个活动：植毕业纪念树。

今年，同学们为母校植下两棵脐橙树，寓意我们300多名毕业生一齐迈向人生成功的旅程。两棵树一棵代表学校老师，一棵代表你们和你们的家长。树的连理系着师生恩情，叶的互盼牵着同窗友情。

请大家记住，不管你走多远，飞多高，我们友情的根在校园，我们师生的情在心间。你们永远是长江路小学的孩子、老师的学生，我们永远是朋友。学校因你们而自豪！

让我们在“和雅园”绽放人生的异彩

——2017—2018学年第一学期开学典礼上的演讲

各位老师、同学们：

大家新学期好！

金秋是收获累累硕果的时节，金秋是开启一年一度新学年航程的时节，金秋还是我们师生培育新奇的求知欲，播种希望、成就梦想的时节。经过近两个月的休整，今天我们又回到“和谐优雅”的校园，聚在这里，举行属于我们的开学礼。这样的开学礼，我们首先把它当作一种欢迎仪式，欢迎今年新加盟我们“和雅园”的1200名一年级新同学和15名新老师！我们还把它当作同学们茁壮成长、展翅飞翔的入学起航仪式，从现在起我们就一起学习、共同生活、相伴成长。

回眸过去，成绩与成长让我们欢欣鼓舞；展望未来，希望与梦想使我们豪情满怀。校园是我们老师和各位同学一起传递知识、传播文明和传承文化的地方，和雅是我校几年来形成的学校文化品牌，是我们大家日渐形成的个人品质，让我们在校训“襟怀和雅，力行勤创”精神的引领下，在新学期里营造新气象，开好新起点，以崭新的面貌、饱满的热情、积极的态度，投入到新学期的工作和学习中去，充分展示自我，努力做最好的自己！

在此，我向各位老师和同学们提几点倡议。

一、倡议老师——像孔子一样做和爱儒雅的老师，美丽自己，芳香四溢

我们每一位老师都是孩子们学习成长的引路人，是孩子们学习成长的榜样，是孩子们学习成长的示范者，是孩子们学习成长的伙伴，我们更应该是孩子们学习成长的朋友和贵人。做怎样的老师才是孩子们喜爱的老师呢？

1. 做有爱心的师者，春风化雨

冰心老人说："有了爱就有了一切！"爱心是每一位教师必备的素养。好的教师都是有爱心的，爱己及人。爱己者，必先提升自己，注重涵养，多阅读，多思考，有一颗容己容人的宽容博爱之心。让我们用"心"走进学生的世界，去接近他，去感染他。让我们用"心"去爱每个学生，爱他们的喜爱，爱他们的进步。只有你对学生有爱，学生才会亲近你，才会喜欢你，才会愿意学、乐于学，才能变"要我学"为"我要学"，最终才能学好。我愿我校的每一位教师都能用自己的人格形象去教育和感染学生，用自己的行为习惯去影响和熏陶学生，用"大爱师爱"产生一种潜移默化的育人力量。

2. 做有耐心的师者，静待花开

"欲速则不达。"知识的积累、能力的提高、素养的形成和思想的孵化需要一个漫长的过程；教育是需要文火慢慢温的，教育是需要用耐心静静等候的。每个学生的成长都不尽相同，但我们要坚信是花都会绽放，绽放的花都能结出果实，只是开花结果的时间长短不同而已。为了祖国的花朵能开得更鲜艳，结出丰硕的果实，作为教师，请记住"学生的成长需要教师耐心等待"。在陪伴学生的过程中我们需要的就是耐心，耐心，再耐心！

3. 做能细心的师者，循循善诱

细心而智慧的教师是用最为细腻的态度和最为精细的行为，友善地看待学生的行动，适度地改变学生的童年，积极地影响他们的一生。学生的无限潜力的发现与挖掘，需要教师细心察觉；学生积极的优点和点滴进步，需要教师细心地肯定和鼓励；学生成长中的过失与错误，需要教师细心地捕捉、疏导、感化，使其慢慢改变。为师者，如果都能用细心去发现，用智慧去引导，一定能在学生的心灵上雕刻出绚丽的花朵。

二、希望同学们——像君子一样做和乐文雅的学生，涵育自己，奔放灵动

每个学生来到学校都是为了学习文化知识，为了认识世界，为了涵养德行，为了丰富才华，为了习得更多建设祖国、走向世界、描绘未来、实现梦想的本领，怎样做才能成为一名合格而优秀的小学生呢？怎样才能顺利实现我们的梦想呢？

1. 做有信心的学生，乐观向上

自信是理想之帆、成功之船。纵观古今，凡有成就的人无一不是以充分的自信心为先导的。同学们，只要你对自己充满信心，你就会自觉地、全神贯注地投入到学习活动中去，你就容易产生积极乐观的乐学情绪，形成百折不挠的坚强意志，习得敢于面对问题和挑战、不轻易言败的勇敢气魄。同学们，用你们的微笑培育你们的自信心吧！用你们的自信心焕发你们的潜能、兴趣与爱好，让勤奋学习在自信心的滋润下不断强大自我吧！

2. 做有恒心的学生，坚持不懈

“恒者，事竟成。”石头被贯穿，因为水滴之恒；大坝被镂空，因为蝼蚁之恒；山川被移开，因为愚公之恒。“一生二，二生三，三生万物”和“聚沙成塔”说的是一个道理，一种从无到有、从少到多、由小到大不断壮大成长的道理，我们的学习成长也顺应这个道理。我们从一笔一画、一字一词、一句一段、一章一篇开始，在读写中逐步丰富我们的知识；我们从一数一图、一题一类开始，在思考中提高我们的思维能力。这样日积月累的学习成长过程需要我们坚持不懈的恒心，所以我们在学习中不能浮躁，不能着急，要用我们的恒心沉浸到学习的快乐中，用恒心品味出成长的滋味，用恒心等候成功的喜悦。

3. 做有责任心的学生，勇于担当

“天下兴亡，匹夫有责。”作为一名小学生，我们的责任是什么呢？热爱学习是我们的责任，课前提前预习，课上认真听讲，课后自觉复习是对自己学习有责任心的具体表现；爱护家庭是我们的责任，勤俭节约不乱花钱、爱家人、体贴父母是对家庭有责任心的具体表现；关心集体是我们的责任，爱护学校卫生、珍惜学校荣誉、维护学校利益是对集体有责任心的具体表现；尊重他人是我们的责任，我们每一个人都是在与他人的交流中开心成长的，关心他人就是关爱自己，不自私、团结同学、友善待人、做事为他人着想等都是尊重他人的具体表现；爱祖国是我们的责任，了解祖国的历史、地理、人文，爱护生活的环境卫生，维护周围的社区公共秩序等都是爱祖国的具体表现……同学们，在我们的成长路上有许多责任需要我们担当，学好本领，才能有所担当，所以当前我们最重要的责任就是认真学习，健康成长。

我们长江路小学自创办以来就形成了和雅教育的文化理念，我们追求“办像公园一样的学校，我们努力做像孔子一样耐心、细心、有爱心的老师”，我们倡导“做像君子一样有信心、恒心和责任心的学生，努力成为‘举止文雅、谈吐温雅、内涵博雅、品德敦雅、气质贤雅、学识慧雅’的文雅少年”。6年来，在大家的共同努力下，我们学校成功创建了“和雅乐园”，这里有和爱儒雅的老师，这里有和乐文雅的学生，这里是师生学习的多彩空间，这里是师生成长的和雅乐园。同学们，让我们继续在这里激扬生命，自由奔放，绽放潜能，描绘多彩人生。

记忆母校，感恩父母

——长江路小学2014届毕业典礼致辞

亲爱的同学们、老师们、各位家长：

大家下午好！

今天，我们欢聚一堂，隆重举行主题为“童年记忆、感恩母校”的2014届毕业生毕业典礼。首先，我代表全校1800多名师生祝贺我校首届86名同学圆满完成学业，顺利毕业。

各位同学，我首先向为了同学们学业水平提升和素质内涵发展而奉献心血与智慧的老师们致以崇高的敬意！向为了同学们的健康成长、快乐生活、学习进步而无私付出并对学校给予全力支持的你们的父母表示真诚的谢意！也向为了自己的进步成长而勤奋好学的你们及你们取得的成绩表示衷心的祝福！我和你们的老师与家长对你们的未来充满期待。

同学们，你们从2013年8月28日进入长江路小学到今2014年6月20日，还不到一年的时间，但我们真切地感受到：这近一年的长江路小学学习生活是你们六年小学生涯中进步最大、成长最快、收获最多、记忆最深的一年。看着你们从一名天真稚气带着浓郁纯朴气息的乡村孩子，成长为“和乐文雅、帅气大方的好少年”，作为校长，我感到由衷的高兴；看着你们“勤学好问、求真向善”，收获学习硕果，积淀做人品格，作为老师，我感到非常欣慰；看到你们这一年在长江路小学学习成绩突飞猛进，生活习惯与能力得到锻炼与提高，素养与气质得到丰富与提升，作为你们的父母，我想他们也一定会感到十分自豪。

同学们，你们即将离开小学，踏上人生新的征程，愿大家在以后的学习中做到像在小学一样：怀着一颗童心和梦想，怀着对未来的憧憬和对理想的坚持，走出一条属于自己的道路，创下一片属于自己的天空！让我们一起铭记我校的人格训言："襟怀和雅做文雅人，力行勤创圆中国梦。"让我们携起手来从这里起飞，向更宽广的天地展翅高飞，去放飞理想，放飞希望。

再过几天，你们就要告别母校了，我向全体同学提几点希望：

（1）希望你们在25日的毕业考中，沉着冷静，深入思考，细心答题，发挥自己的最佳水平，再次为父母与母校争光，为自己添彩。

（2）希望你们升入中学以后，再接再厉，再创优异成绩，那将是你自己的光荣，也是我们母校的光荣，更是你们父母的心愿。

（3）希望你们牢记，无论你将来走到哪里，无论你将来从事何种职业，做人是第一位的。我希望全体同学记住你在灌南县长江路小学获得的和雅品格与"六雅"素养，首先是成人，然后是成才，过上幸福快乐的生活。

（4）希望你们心系母校，当你们有成长烦恼或学习困惑时来告诉母校的老师，让他们帮你们指引；当你们收获成绩与成功时来告诉母校，让我们共享你们的快乐；当你们学业和事业有成时，记着来母校看看，为母校的发展建言献策。

无论你怎样，只要你记得你是长江路小学的毕业生——而且是首届，只要你想就回来看看。在此，我代表全校师生，向大家说一声：母校，永远欢迎你！

同学们，记忆是美好的，让我们记住昨天我们走过的路、经历的事和建立的友情，但我们不能只沉浸于对过去成绩的依恋。未来是更美好的，希望大家能记住今天这个时刻，它是你我奔向成功的一个新起点。你们还将经历人生中三年后的中考和六年后的高考这两次重要转折点，当你们成功跨越这两个"龙门"后，你们的生活将更美好。

最后，祝福你们，一马当先，一帆风顺，一生平安，马到成功，学业有成，用你们的成功与收获回报父母与母校，奉献社会与人类！

忆“长小”生活，感恩母校

——长江路小学2015届毕业典礼致辞

尊敬的各位家长、老师、同学们：

你们好！

我们在这里举行2015届毕业班“忆‘长小’生活，感恩母校”毕业典礼，它标志着又一批长江路小学的文雅学子即将迈上新的学习征程。在此我谨代表学校向圆满地完成学业的同学们表示诚挚的祝贺，祝贺你们顺利地完成了小学六年的学习任务！同时，我也要向为你们的成长倾注了无数心血的老师们表示深深的敬意。

2015届毕业的同学们，你们是幸运的。你们在母校的这段时光，正是我校各项事业蓬勃发展、教育教学改革不断深入的时期。学校紧紧抓住教育改革与发展的机遇，开拓进取，在基础设施建设、学校文化建设、教育教学改革等各方面均取得了骄人的业绩：学校顺利通过国家级教育均衡发展学校验收，江苏省慧雅文化数学课程基地、连云港市课堂改革领航学校获得审批通过，“三自”课堂改革教学成果得到教育主管部门以及社会各界的广泛赞誉。这些都与你们有着密不可分的联系，在此对同学们的辛勤付出再次表示感谢。

6年的时光转瞬即逝，虽然我们相聚在长江路小学只有两年，但这两年正是你们进步最大、成长最快的两年。看着你们从一名天真稚气的孩子，成长为文雅少年，我感到由衷的高兴；看着你们刻苦学习，努力拼搏，葫芦丝吹得有声有色，太极操打得有板有眼，毛笔字写得有模有样，金钥匙竞赛、钢笔字毛笔字都取得了全县第一名的好成绩，我感到非常自豪。我也更加相信，在即将举行的毕业会考中，你们一定会续写辉煌。

今后，我希望同学们把母校“和乐文雅、勤学善思”的学风，持之以恒地落实到今后的学习和生活中！母校的老师们期待着你们天天进步的好消息！母校的老师们盼望着你们用自己的努力去创造美好的明天，享受和雅快乐的人生。祝福你们，也相信你们一定会一生平安，一帆风顺，学业有成，奉献社会！

同学们，小学毕业是一个里程碑。但是，小学毕业不是学习的结束，而是新的学习征程的开始。你们即将进入初中，初中的学习内容将更加新颖，更加有趣，也更加复杂，中学学习需要勤奋、需要善思、需要坚持，关键要有好的学习方法。在今年的中考中，我县实验中学取得了辉煌的成绩，连云港市中考状元今天来到了现场，和同学们交流初中的学习生活。

记忆友情　放飞梦想　感恩母校

——长江路小学2016届毕业典礼致辞

亲爱的同学们：

你们好！今天，我们六年级全体师生相聚在这里，举行长江路小学2016届毕业典礼。你们即将告别长江路小学这个温馨快乐的和雅园，踏入充满神秘和希望的新旅程，在这神圣的惜别时刻，我代表全校4000多名师生，向321名毕业生送上我们真诚的祝福和期待！祝福你们小学学习生活圆满结束，期待你们初中学习更上一层楼，向为同学们健康成长而奉献心力与智慧的老师们致以崇高的敬意！

虽然你们是我校第三届毕业生，但你们是长江路小学真正意义上的第一届毕业生，因为你们是长江路小学历史上第一批学生，是你们陪着学校一起成长，为我们带来6年的欢歌笑语，我为你们骄傲。这6年来，你们刻苦学习，努力拼搏，用辛勤的汗水浇灌出累累硕果。你们从天真稚气的孩童，成长为“举止文雅、谈吐温雅、内涵博雅、气质贤雅、品德敦雅、学识慧雅”的纯真少年，作为校长，我感到由衷的高兴。同学们，你们即将离开小学，踏上人生的新征程，愿大家在今后的学习道路上能够像在长江路小学一样和乐文雅：尊敬师长，热爱学校，团结同学，勤奋好学，勇于思考，善于创新，敢于探索，为校争光；愿大家能够铭记我校“襟怀和雅，力行勤创”的校训，怀着对未来的憧憬和对理想的坚持，以和立德，做一个“和爱向善、和顺至孝、和合立仁、和乐有信”开心幸福的人；以雅塑品，做一个“博雅启智、文雅明礼，儒雅求真、贤雅尚美”自信高雅的人。

你们即将离开母校，从这里起飞，像雏鹰一样展翅翱翔，去放飞理想，放飞希望。在此，我有几句话送给你们：

（1）要懂得记忆与珍惜。记住你成长路上这充满欢乐的6年，记住与你同行的和爱儒雅的老师，记住和美优雅的校园，珍惜你我的友谊。

（2）要胸怀理想和志向。希望你们早日树立自己的远大理想，并为之奋斗。让我们每个人的梦想汇聚成伟大的中国梦。

（3）要牢记做人与成才。在今后的学习、生活路上，不要忘记母校老师曾对你们的教诲，成才先成人，品为先，德为重。

（4）要常有感恩之心。一日为师，终身为父。要懂得尊师重学的道理，无论你多么完美，多么富有，拥有多么大的权力，都不要也不能忘却师恩。

同学们，长江路小学是你们人生中值得记忆的地方，是你们成长历程中快乐的家园，这里永远是你们心灵的港湾，将来不论你成功还是遇到困难，都记着随时回来，我们与你共同分享，共同承担。

最后，真诚地祝福你们在毕业考试中取得骄人的成绩，将来学业有成，梦想成真！

放飞梦想　为成长拔节

——长江路小学2017届毕业典礼致辞

亲爱的同学们：

今天，我们在这里隆重举行我校2017届毕业典礼。在此，我谨代表学校向即将毕业的同学们表示衷心的祝贺！同时，也向为培养同学们付出辛勤劳动的六年级任课教师表示衷心的感谢！

短短的6年，你们告别了天真，走向了沉稳，脱去了稚气，获得了自信，抛弃了依赖，懂得了自尊、自立、自强。生活就像一本厚厚的书，6年的时光，2000多页就这样匆匆翻过。在长江路小学6年的学习生活中，你们在老师的悉心培育下，通过自己的努力，在学习、思想、能力等方面都取得了长足进步，这为你们今后的成长奠定了扎实的基础。我相信，3年后、6年后同学们一定会以优异的成绩来证明自己的实力，我也相信你们一定不会辜负学校、老师对你们的期望。

在座的415名同学即将离开母校，像雏鹰一样展翅高飞，去放飞理想，放飞希望。在此，我想叮咛你们几点。

1. 学会利用时间

一位哲学家曾经说过，如果生命有两次，每个人都可以成为伟人。也就是说，当一个人知道自己还一事无成时，他已不可能再回到当年，再去经历学习、工作。这时，他才感觉到已虚度光阴，假如能重来，一定刻苦学习，可惜已不可能。人的成长就是在不经意之间完成的，你现在知道努力，将来就不会后悔。

2. 要胸怀大志

“志当存高远”，希望你们早日树立自己的远大理想，并为之奋斗。有了远大的理想，不去努力等于没有理想；有奋斗目标，不踏踏实实地去学习，去追求，那什么理想目标都不能实现。在人生的道路上，没有艰辛与曲折，没有持之以恒的态度，是难以到达成功的彼岸的。

3. 要牢记做人与成才

在今后学习、生活的路上，不要忘记母校老师曾对你们的教诲，成才先成人，品为先，德为重。在自己的人生路上，我们要与人为善、宽容大度、尊老爱幼，感恩他人，做一个对集体、对国家有益的人。

同学们，小学毕业是一个转折点。但是，小学毕业不是学习的结束，而是新的学习的开始。在此毕业之际，希望同学们把在长江路小学养成的“襟怀和雅、力行勤创”的胸怀气度、“明礼诚信、乐学善思”的气质，带到今后的学习和生活中。同学们，你们都是长江路小学的孩子，长江路小学是你们的家，愿今天你们能以长江路小学为荣，更愿明天长江路小学能以你们为荣。谢谢大家！

下篇

和雅教育课题研究

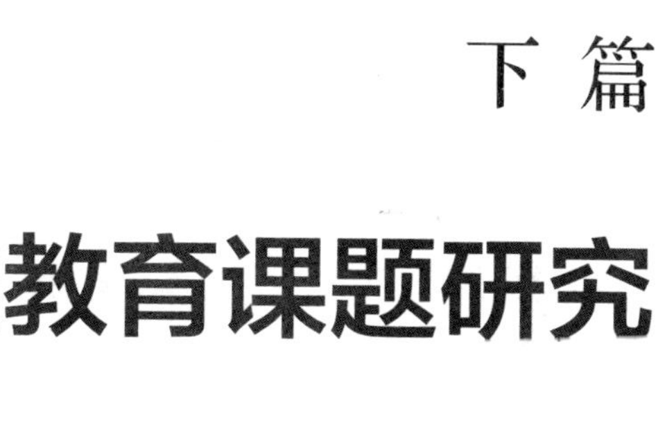

第一节 《构建学校和雅教育的实践研究》研究综述

构建和谐社会是当今时代的主旋律，也是未来社会发展的方向，作为未来社会的接班人和祖国建设的继承者，只有从小树立和谐发展、团结合作的思想和理念，才能在成长的道路上有序、渐进地发展。

和雅文化在现今文化领域和学校教育教学领域中具有十分广泛的意义，是对祖国传统文化与现代文化的有机对接，也是增强民族凝聚力、弘扬民族文化的体现。当前有许多学校都在不同层面上进行和雅文化的实践与探索，但未形成完整的体系，也未真正形成理论与实践的有机对接，因此，需要进行深入的研究，形成和雅文化价值体系，为学校的可持续发展与特色发展树立旗帜。

学校发展，文化先行。灌南县长江路小学是一所新建学校，需要有先进而深刻的文化理念引领学校发展，为此，学校经过集思广益，充分听取各级领导与专家的意见，确立了以和雅文化为学校的核心理念，并以此引领学校的发展。

一、和雅教育的含义

和：取自《论语》中的“君子和而不同，小人同而不和”，就是以中和之道追求教育的祥和、和谐之态。和孔子“中庸”思想的核心体现，在现代教育中仍然有现实的指导意义，它要求学校教育符合教育发展规律，顺应国家课程改革，学校内部之间、学校与社会之间和谐交流、友好合作、协作发展。

雅：“正而有美德者谓之雅”。雅是一种品性，一种胸怀，一种气质，是素质教育成果的最高体现，学校教育就是要努力让学生成为举止文雅，谈吐温雅，内涵博雅，气质贤雅，品德敦雅，学识慧雅的高素质人才。

和雅：以孔子教育思想为理论支持，以“立德树人、立学培智”为根本任务，构建“和谐雅致”的教育文化。

构建学校和雅教育文化的实践研究传承与创新“立德树人、立学培智”的教育理念，培养德美、人和、礼正、学术高的现代人。课题研究拟从三个方面来实践：一是建设优雅的校园，二是打造儒雅的教师团队，三是培育文雅的学生团队。课题研究以培养个性鲜明，博雅智慧和谐发展的现代雅士为研究重点。

“和”从“为人、立德、礼仪”三方面，培养德美、人和、礼正的现代人。

“雅”研究的理论依据是：“和”文化是中国传统文化的精华。“和”的理念内涵丰富，主要体现“天人合一”“中和”“合而不同”“和为贵”等思想。

1.“天人合一”观

“天人合一”观是整个中国传统文化思想的归宿。“天人合一”代表中国人的人生精神就是追求人与自然界的统一。儒家、佛家、道家在人与自然和谐的观点上基本一致。

2.“中和”的理念

古人有“中和”一词，《中庸》说：“中也者，天下之大本也；和也者，天下之达道也。致中和，天地位焉，万物育焉。”意思是指在正道“和谐”的情况下，天地就会各安其位，万物便生长发育了。

3.“和而不同”的观念

古人所谓“和”，是“异”中之“和”，无“异”就无“和”。而“同而不和”则不然，它旨在排斥异己，消灭差别，这种单一性倾向最终必然导致事物的发展停滞直至灭亡。

4.“和为贵”

《论语·学而》：“礼之用，和为贵。”

在我国悠久的文明历史中，“和”一向是我们中华民族推崇的传统道德，是涵盖自然、社会、内心等层面与各领域的基本原则，以及修身、齐家、治国、平天下的本质规定，是传统文化的精华，是一种高尚的民族精神。

“和”表达出和睦、和谐、和平、平和等思想观念，“和为贵”和“贵和”的思想是我国传统文化最核心的价值取向。千百年来，“和为贵”“与人为善”“仁者爱人”等渗透于历史上各家各派的思想，成为人们普遍接受和认同的人文精神和道德原则。

5. 教育的辩证法

根据辩证法，教育谋求教师主导作用与学生主体作用的和谐统一。根据对立统一规律，我们建立了教育和雅观。唯物辩证法指导下的学生主体和谐发展的指导思想是和雅教育模式最根本的指导思想。在学生发展的各种内在关系上，如德与才，情与知，手与脑，心与身，个人与社会、集体、自然等方面不能制造对立。

6. 教育的认识论

根据辩证唯物主义的认识论，确认和雅教育命题的提出是符合教育实践发展要求的。这个模式必须在实践中不断加以充实、调整、完善。

7. 专业理论基础

根据教育学，确立和雅教育的本质论。和雅教育体现了我国社会主义现代化建设的总体目标对人才的要求和学生个性成长的内在需求。教育形态必须与社会生产方式相适应，教育进程必须与个体身心发展状态相适应。

根据心理学，树立正确的学生观。确认每个智力正常的学生，都有可观的心理潜能和成才的可能。只要教育措施符合学生心理发展的内因，针对学生的差异施教，就能激活其心理状态，发挥其潜能。

二、国内外研究综述

和雅教育有着深厚的历史基础和现实意义。古希腊的“博雅教育”、亚里士多德的“和谐教育”、约翰·洛克的“绅士教育”以及我国古代的儒家教育思想精髓都为和雅教育的实践研究提供了理论基础。

在课程改革这10年里，一些学校在和雅教育方面做了一定的尝试，如四川绵竹市天河小学于2009年提出和雅教育。绵竹市天河小学和雅教育研究认为和雅教育得益于天时、地利、人和。和谐社会、以人为本、全民素养的提升等教育理念使和雅教育生逢其时。理解包容的家校关系，平等、雅正的干群关系，民主赏识的师生关系，温馨协同的伙伴关系，互惠共建的社区关系是学校和雅文化得以实施的基础和努力的方向。该校以引导师生形成儒雅阳光的生活态度、促进师生身心健康和谐发展，用激情和智慧实实在在打造了一个让人们看得见、摸得着、感受得到的“和雅环境”，形成了以和雅为核心的学校精神、学校文化，从而提高了师生的校园生活质量，实现了学校精神的升华和文化品位的提升。即使是各项规章制度的建立和完善，也坚持以人的需求、人的生命成长和发展为本。

广东东莞板石小学于2009年创建和雅教育模式，构筑学校文化气质。他们致力于建设“和”的环境，让“雅”发展成贯穿师生终身发展需要的修养和生活方式。他们实施学校“和雅校园文化”，提出打造“身正学高、德才兼备”的教师队伍，培育“德美人和、才高人雅”的学子为主要内容，主要通过写字、传统文化经典诵读两个特色项目建设来实施。他们追求三个目标——学校是大雅之堂，教师为儒雅之士，学生成文雅之子。重庆市68中以绿色校园文化为切入点实施和雅教育。山东文登市（现为文登区）高村中学以“树立和雅理念、创建和雅校容、争做和雅校友、带动和雅家庭、形成和雅校风”为中心诠释和实践“推行和雅教育、构建绿色校园”。他们在这方面已经做了有益的尝试，为我们学校开展和雅教育研究提供了经验支持。

而在我们江苏省目前还未发现有哪所学校全面开展和雅教育的实践研究，为填补我省该方面的研究空白，结合我校办学的具体情况，我们拟开展构建学校和雅教育的实践研究。

我校是一所新建学校，位于城乡接合部的灌南县开发区。在城市化进程中农村人口进入县城读书的需求不断高涨，灌南县长江路小学成为我县为促进教育均衡化而创办的一所新学校。教师是从各校招聘来的骨干教师，他们人人都是教学骨干，但具有不同的教育理念，没有统一的价值取向，所以建设一支高素质的教师团队，提升教师专业素养是学校的目标任务之一；培养具有“传统美德、经典文化涵养、科学思维方法和现代人文素养”的学生，使其成为知书达理、礼正而博识的现代雅士，也是我校的神圣使命。由此可见，和雅教育的实践研究对促进师生成长和学校成长都具有重要的现实意义。

三、和雅教育的研究内容

学校工作的重心是，以和雅的文化为核心，以文雅学生培养策略研究、儒雅教师团队打造途径研究、和雅智慧课堂内涵研究、和雅自主管理策略研究、和雅个性课程开发研究五个方面为抓手，重点从三个体系开展子课题研究。

1. 和雅的教育理念架构与实践

通过现状调查分析和文献研究剖析，结合当前学校均衡发展的新形势及“立德树人”的教育目标追求，以学校文化建设为核心，构建学校精神文化，完善它的理论内涵及实践意义。

2. 优雅的校园环境建设与实践

着力实施两项工程：一是高品位的校园环境文化建设工程，二是高效益的自主管理制度文化建设。

3. 儒雅的教师团队建设与实践

引领大家做像孔子一样耐心、细心、有爱心的教师，用“爱心、细心、责任心、耐心”做精品教育，着力实施教师专业成长引领工程，紧抓教师师德修炼、专业研修和读书科研三项工作的创新研究。

4. 文雅的学生群体培育

引导学生像君子一样生活，使其做有信心、有恒心、有责任心的社会人，努力成为“举止文雅、谈吐温雅、内涵博雅、气质贤雅、品德敦雅、学识慧雅”的礼正而识高的现代素养的高雅之士。同时，着力实施德育素养体系开发课程文化、课堂模式研发和社团建设三项工作，全力培养学生的综合素养。

本课题的研究重点是文雅学生素养目标体系的构建和培养策略的探索。

四、开展和雅教育实践研究的必要性

传统的学校教育关注的是学生的发展，甚至只关注学生短期的学业，忽视了对学生终身发展的研究，忽视了学生综合素质的提高，对于教师群体发展的研究更是少之又少。教师的成长是一个自我自发完成的过程，学校缺少对教师成长和发展的整体引导。我校特殊的地理位置致使我校学生有很多留守儿童，家庭教育的缺失导致相当比例的学生没有生活的目标，缺少生活志向的熏陶。我校开展和雅教育实践研究，就是在教育活动中，在教师、学生相互交往、相互影响的过程中，在校园文化的浸润和感染中，教师和学生追求生命的高贵、雅洁、平和，与平凡相伴时的宁静与深邃。我校开展和雅教育的目的分为三个：一是建设优雅的校园，二是打造儒雅的教师团队，三是培育文雅的学生团队，最终目的是实现学生的发展。无论是从育人的角度来说还是从教学的角度来说，只有使之和雅，才能高瞻远瞩，促进学生发展，促进学校发展。我校通过打造办学特色和构建学校文化，带领每个学生和教师追寻生命的本真，探寻生命的价值。根据“和而不同”的理念，学校树立了以尊重人、信任人、激励人、发展人为出发点的人本思想，让教师和学生感受到民主、平等、信任、友善；学校从现代教育的特点和文化的角度去研究、提升和满足教师实现自身价值的精神需求，唤醒教师内在的职业意识，增强教师的自豪感、责任感和使命感；学校践行“让每一面墙壁都会说话”的理念，努力建设一个优雅有序、整洁大方的校园环境，建设严谨、朴素、儒雅的校园文化。

五、和雅教育实践研究中存在的问题

针对和雅文化的研究虽然已经开展了一段时间，各个不同的学校也都有了各自的做法。他们立足各自的地域和文化特色，开展了多项研究，从校园文化、制度建设、师生发展各个方面着力，取得了一定的成绩。但是在研究的过程中，他们对学生和教师深层次的发展缺少更多的关注。如何在现有的教育体系下，将和雅文化的研究深入下去是我们主要思考的问题。

随着江苏省在全省范围内对未成年人开展“八礼四仪”教育，对学生礼仪的教育被空前关注，和雅教育与“八礼四仪”教育的融合将成为我校研究的一个重要方面。将礼仪教育融入学校的日常教学工作中，学校设计的活动需要关注的地方很多，如活动是否影响正常的教学工作，怎样将和雅的理念变成学生自觉自愿的行为模式，如何突破教师职业发展的高原期促使教师的可持续发展等都将是本课题研究的方向。

我们将在以下几个方面加强和雅教育实践研究：

（1）学生的外部行为虽然发生了极大的改变，但是内心的素养却还有提升的空间。如何让学生由内而外散发出文雅的气质，是我们今后思考和努力的重点。

（2）教师儒雅素养的培养不是朝夕之间的事，要采取切实有效的措施，不断提高教师的文雅素养，让大部分教师能够做像孔子一样的教师。

（3）校园和雅文化氛围的设置要尽量体现学生的想法，让学生积极参与学校的文化建设。

（灌南县长江路小学和雅教育的实践研究课题组）

第二节 《构建学校和雅教育文化的实践研究》实施方案

灌南县长江路小学是一所新学校，位于县城城乡接合部的开发区。学校是在教育均衡发展的背景下，在我县城市化步伐不断加快的形势下，县委县政府为满足新区发展与老百姓子女“上好学”的需求而投资7800万元人民币新建的，于2011年9月建成投入使用。

学校投入使用后，如何建设学校校园环境，让校园成为学生的第二家园？如何营建“安静、卫生、优美、书香”的校园环境，为师生提供学习、生活、娱乐、悠闲的优雅场所？如何让校园发挥更好的育人功能？基于以上思考，我们提出了《构建学校和雅教育文化的实践研究》这一课题。

一、课题的提出

（一）基本情况

和雅教育文化是我校从2011年9月办学伊始，进行学校发展规划时就明确提出的学校发展的核心价值。2011年11月，《和雅教育的实践研究》课题被连云港市教科所立项为市级研究课题，经过两年多的实践研究，于2013年12月结题。2013年6月我们进一步完善与修订，提炼为《构建学校和雅教育文化的实践研究》，参加江苏省教科院2013年度课题申报工作，并于2013年11月8日获江苏省教育科学规划办公室批准立项，课题号为D／2013／02／085。我们将在市级课题研究的基础上，重新梳理思路，认真反思、优化，制订新的研究方案，准备进行更深入的研究，现将课题研究计划汇报如下，敬请各位专家审核指导。

（二）课题研究背景

1. 现实背景

我校的教师都是从全县各个学校竞聘来的骨干教师，他们有较强的教学业务能力，但工作经历不同，管理经历不同，没有统一的价值取向，所以打造什么样的教师队伍是我校发展的关键所在。

因地理位置原因，我校学生大多数是乡村留守儿童，把这些乡村孩子培养成为具有“传统美德、经典文化涵养、科学思维、现代人文素养”的学生，使其成为“知书达理、礼正而博识”的现代雅士，是我校教育的神圣使命。

为了保障学校高品位发展，我们从学校文化理念、教师队伍建设和学生培养体系三个层面进行全方面规划，提出以“和雅”为核心的教育文化，指导我们开展构建学校和雅教育文化的研究，努力探索实践，促进学校健康而有个性地发展。

2. 历史背景

“和”与“雅”是我国传统文化的精华，也是我国历来做人的标准和教育的准则。“中国本来是一个由美德筑成的黄金世界”，在中庸之道的“和”的理念引导下，追求人的完善、完美与高雅。我国传统教育一直追求“德、行、学”和谐发展。

随着社会的不断进步，教育改革的不断深入，人们逐渐认识到具有和谐友善的品质、渊博的文化知识、高雅的人文素养的人才是社会迫切需求的。党的十八大在对党的十七大提出的坚持育人为本、德育为先的教育理念深化的基础上，首次确立“立德树人”为教育的根本任务。“立德树人”，即要求教育不仅传授知识、培养能力，还要把社会主义核心价值体系融入国民教育体系，引导学生树立正确的世界观、人生观、价值观和荣辱观。

所以说构建学校和雅教育文化的实践研究具有厚实的历史意义和鲜活的现实意义。

（三）课题研究的依据

1. 经典教育理论

古希腊的“博雅教育”、亚里士多德的“和谐教育”、约翰·洛克的“绅士教育”，我国古代的儒家教育思想精髓都为和雅教育实践研究提供了理论基础。

2. 教育学理论

和雅教育命题是符合教育实践发展要求的。

3. 课程改革的理念

“一切为了每位学生的发展”是新课程改革的核心理念，有三层含义：第一，关注每一位学生。关注的实质是尊重、关心、牵挂。第二，关注学生的情绪生活和情感体验。这要求教师精心设计教学内容、教学过程，使教学过程成为学生一段愉悦的情绪生活和积极的情感体验，帮助学生树立学习的自信心。第三，关注学生的道德生活和人格养成。教师不仅要充分挖掘和展示教学中的各种道德因素，还要积极关注和引导学生在教学活动中的各种道德表现和道德发展，从而使教学过程成为学生一种高尚的道德生活和丰富的人生体验，帮助学生建立爱心、同情心和责任感。

构建学校和雅教育文化的实践研究符合社会发展对人才素养的要求，符合教育改革背景下创新教育行为的要求。

（四）课题研究的意义与价值

1. 是社会发展的客观要求，可促进学生作为社会人的素养与品德的提升

构建和谐社会、强调以人为本和树立科学发展观是当今社会的主流，而和雅教育文化重视学生学习的主体性，坚持以人为本的素质教育的重要内容，是在尊重规律的基础上力求促进人的全面发展，因此在学校教育中实践教育的理念是顺应时代发展的重要举措，是社会发展的客观需求。

2. 是学校发展的需求，可促进学校育人体系的完善与内涵的丰富

基于学校发展的现状，我校将在和雅教育文化创建上做一定的探索与尝试，提炼以和雅文化为核心的办学理念，构建“和合顺雅”的自主管理机制，促进学校各项工作的开展；倡导与实施“和真慧雅”的课堂文化指导下的“三自两段五步”教学，激励学生自主自觉地学习成长；用“和爱儒雅”的理念加强教师队伍建设，引领教师做儒雅教师；用“和乐文雅”的育人理念，创新学生培育策略，引领学生争当文雅少年。我们这些教育实践活动融入我校的教育和管理工作常态，促进学校和谐、规范、健康而有个性地发展。

二、概念的界定

1. 和

我们认为，在课改深入推进的当下，“和”的理念对学校发展仍有深远的指导意义。学校应以“中和”之道追求教育的祥和、和谐之态，即学校要在自然本真的和谐状态下达到四个层面的要求：①学校教育符合教育发展规律，顺应国家课程改革；②学校内部发展适合自身特点与工作要求，校内成员团结协作；③学校与社会之间和谐交流、友好合作、协作发展；④教师与学生之间建立和平、民主、平等、合作的关系。“和”追求从“为人、立德、礼仪”三方面培养德美、人和、礼正的现代人。我校在教育实践中将努力引导师生拥有“和平的心态”，在“和合的状态”中实现“和美”的人生追求。

2. 雅

“雅”是一种品性，一种胸怀，一种气质，一种素养，“正而有美德者谓之雅”。我们认为素质教育成果的最高体现可凝聚为一个“雅”字。我校将这个“雅”具体到教育实践中，力求引领师生具有“充实的儒者内涵、真实的儒者品质和厚实的儒者风范”，努力引导大家成为“举止文雅、谈吐温雅、内涵博雅、气质贤雅、品德敦雅、学识慧雅”的高雅人。

3. 和雅

和雅是指温和文雅，和谐雅正。“和”是“雅”之始，“雅”是“和”之成，和雅教育以“和”为路径，以“雅”为归宿，注重和谐平正，高贵雅致，由“和”生“雅”，由“雅”促“和”。和雅教育是以孔子教育思想为理论支持，为了实现“立德树人”为根本任务，体现课程改革理念的实践性教育。我们将和雅的理念融入教育教学实践，提出打造和雅文化的四个文化准则，指导学校开展和雅教育实践。这四个准则是和爱向善，儒雅求真；和顺至孝，文雅明礼；和合立仁，贤雅尚美；和乐有信，博雅启智。

创建和雅教育理念，可从三个方面来实践：一是建设和美优雅的校园；二是打造和爱儒雅的教师团队；三是培育和乐文雅的学生团队，培养个性鲜明、博雅智慧和谐发展的现代雅士，从而实现办有特色、有声望的和雅学校的办学目标。

三、研究目标

本课题研究以和雅文化为核心，构建学校的制度文化、物质文化、精神文化，最终达成以下四维目标。

1. 提升教育理念

我们将通过和雅教育文化的实践研究，凝练学校教育教学理念，弘扬学校精神，打造办学特色，逐步形成浓郁的校风、教风、学风，营造和雅润泽、潜移默化的育人氛围，为学校开展与实施新课程改革提供理论性的、操作性的支持。

2. 提升学校品位

我们将通过和雅校园环境文化的创建，探索营建优雅校园的策略体系，提炼体现时代要求的办学育人理念，形成学校的思想文化、精神文化；开展丰富的文化活动，形成学校师生的行为文化，激发学校发展潜力，提升学校品牌和竞争力。

3. 提升教师素养

我们将通过专家渗透式引领、校际互动交流、同伴互助式合作、教师自主式研修等校本教研形式，扎实开展读书、上课、论坛、写作、反思等活动，探索出一条新的教师专业发展之路。

4. 提升学生素质

我们将通过德育主题（实施生命教育）、自主课堂（提升学科思维）、高雅社团（丰富艺术素养）等综合性教育活动的开发与实施，为培养有才华的文雅学生探索出有效的育人方式。

四、研究内容

（一）主要内容

本课题拟重点开展和美优雅的校园环境建设、和乐文雅的学生素养培养、和爱儒雅的教师团队打造、和真慧雅的课堂文化建设、和善顺雅的管理文化创新以及和美博雅的课程文化开发等几方面的研究，并将这些内容有机地融入学校管理的理念架构、校园建设、教师队伍建设和学生素质教育四个方面进行实践探索与创新研究。

1. 和雅教育理念的架构与实践

我们将完善和雅教育的理论内涵，升华“三风一训”的内涵与实践意义。

2. 和美优雅的校园环境建设与实践

我们着力开展两项实践研究：一是高品位的校园环境文化建设，打造和美优雅的校园自然环境；二是高效益的自主管理制度文化建设，创设和善顺雅的校园人文环境。

3. 和爱儒雅的教师团队建设与实践

我们着力打造和爱儒雅的教师团队，做实教师专业的成长引领，抓实教师师德修炼、专业研修和课堂教学改革三项实践研究工作。

4. 和乐文雅的学生素养教育

我们引导学生像君子一样生活，以君子品质为规范，努力使学生成为具有传统文化涵养，举止文雅、谈吐温雅、内涵博雅、气质贤雅、品德敦雅、学识慧雅的文雅少年，同时还具有现代素养与时代物质的高雅之士。我们着力进行三个方面的研究，即开发能提升生命素养的生活教育体系的课程文化，构建能提升学习能力的智力教育体系的课堂模式，开展能提升艺体素质综合教育体系的社团活动，全力培养学生的综合素养。

（二）研究重点

课题研究的重点是文雅学生素养目标体系的构建和培养策略的探索。

和雅是教育的目标，也是教育的过程，还是一种教育方法。

和雅教育就是要倡导以“和”育心，以“和而礼正、雅而灵动”的育人理念，培养有传统美德、有科学思维、有现代境界的有理想、有文化、有道德、有纪律的“四有”新人。

本课题在传承课程改革的理念和实践体系的基础上，主张通过创建书香醇美、和谐优雅的校园环境，打造有才能的儒雅教师团队，培养有才能的文雅学生；注重对学生进行智慧的启迪、情感的丰富、人格的熏陶，重视展现独特的个人修养和人格魅力，追求内在的修养与外在行为完美结合的“君子”式现代雅士的培养模式。本课题的重点在于通过自主课堂和高雅社团两个素质教育阵地的建设，传承经典，接轨现代，构建一种传统与现代相结合的和雅教育模式。

五、研究思路与方法

在课题研究总体方案的指导下，我们将课题研究有机地融入学校日常管理与教学工作，成立了和雅教育研究院，与教务处、政教处、教科室联合，在常态工作中全面开展课题研究。

（一）研究思路

确立课题意识→调查发现问题→确定实践策略→总结提炼成果。

1. 确立课题意识

明晰课题研究的内涵，明确《构建学校和雅教育文化的实践研究》的目标内容与实践方法。

2. 调查发现问题

通过现状调查，对学校教育现状进行分析、归纳、整理，找到学校教育在学生素质与文化等方面存在的主要问题，研究其产生的根源，初步提出解决问题的方法，进行课题规划。

3. 确定实践策略

通过不断学习、实践、反思，探索出在和雅理念下学生“六雅”素养的标准体系，形成提升学生文雅素养的教育方式方法。

4. 总结提炼成果

及时收集整理研究资料，反思研究过程，调整研究策略、方法，总结提炼研究成果，不断深化课题研究，以课题研究促进学校教育品质的提升。

（二）研究方法

1. 文献研究法

组织教师加强理论学习，尤其是对本课题研究有理论支撑和重要指导作用的书籍、报刊、网络、学术等文献资料，以提升本课题的科研含金量。

2. 调查研究法

通过对教师、学生进行跟踪问卷调查，访谈了解建构和雅教育文化的实际状况和效果，并根据调查结果制定相关制度、方案，以利于进一步开展研究，形成调研报告等实验结果。

3. 行动研究法

把学校日常工作与建构和雅教育文化的实践研究有机地融合在一起，将课题研究常态化（在学校行政管理、政教处工作、教学研究中开展主题性研究，逐一解决课题研究中的问题），以课题研究提升学校管理的品质，提升教育教学质量，提升学校工作内涵。

4. 个案研究法

通过确定典型研究对象，对其行动表现进行记载和调查分析，形成典型经验，在一定范围内推广实施，促进课题研究的不断深入。

六、课题研究规划

（一）工作进度计划

本课题预计从2014年3月到2016年12月分四个阶段完成。

第一阶段（课题准备阶段）：2014年3—4月

学校成立课题组并通过组织课题组成员学习相关理论，提高对课题研究的认识；建立有效的理论支撑，制订切实可行的课题研究方案。具体开展以下工作：

（1）收集与课题相关的资料和信息，形成课题研究文献综述。

（2）制订计划，设计课题研究方案。

（3）组织开题认证。

（4）课题组成员分工，设计子课题。

第二阶段（课题实施阶段）：2014年5月—2015年12月

此阶段正式启动课题的研究工作。在课题研究的过程中，紧紧围绕课题方案中所确定的研究内容、研究目标、研究方法，开展一系列的理论学习和实践探索，把课题研究和日常教育教学活动紧密结合起来，多形式、多渠道地开展课题研究。

在课题研究的过程中，主要做好以下几方面的工作：

（1）学习方案及相关理论知识。

（2）结合和雅文化开展主题研究，扎实推进课题研究。

（3）定期开展课题阶段性总结，梳理课题研究中的问题，不断调整方案。

（4）开展案例分析，总结提炼课题阶段性研究成果，并进行推广。

第三阶段（拓展推进阶段）：2016年1—12月

根据第二阶段形成的成果，全面推广，指导学校工作，促进学校内涵发展。

第四阶段（总结阶段）：2016年12月

整理实验材料，总结实验成果，撰写实验报告，进行结题准备。

（1）总结课题的实施情况。

（2）对教师和学生进行问卷调查。

（3）撰写结题报告。

（二）具体分工

子课题研究一览表（表3–2–1）。

表3–2–1　子课题研究一览表

研究项目	子课题	主要研究内容	落实部门	主要研究人员
和雅教育理念的架构与实践	学校发展规划与和雅理念整体构建的研究	1. 打造“和谐雅致”的精神文化，丰富校风、校训的内涵	校办公室、工会	杨波、桑剑、谢一奇、刘秀凤
		2. 构建“和爱儒雅”的教师文化，丰富教风的实践意义	教务处、教科室	杨波、付祥、曾庆荟
		3. 丰富“和乐文雅”的学生文化，提升学风的育人功效	政教处、教务处	花红阳、王卫红、付祥
和美优雅的校园环境建设与实践	高品位的学校自然环境建设研究	4. 创设具有鲜明特色的育人环境。 （1）将和雅文化核心镶嵌在整体环境的建设中。 （2）将和雅文化分布在学校的各个场所	总务处	陆宇、陈建兵
		（3）班级特色方面，我们学校要求每个班级都有自己的班级文化特色建设主题	政教处	花红阳、王卫红
	高效益的学校人文环境建设的研究	5. 尝试构建“和合顺雅，雅行修身”的民主管理文化	工会	谢一奇、刘秀凤
		6. 搭建自主互动的育人平台。 （1）自我教育平台。 （2）网络交流平台。 （3）拓展学习平台	教务处	付祥、庞海霞
和爱儒雅的教师团队建设与实践	师德与专业成长的研究	7.关注教师工作与生活状态，让教师以积极的心态、健康的心理和强壮的身体投入工作	教科室、心理咨询室	曾庆荟、孙建平
		8. 关注教师的业务素养和专业成长，让教师有信心、有底气、有质量地进行教学	教科室	曾庆荟、孙建平
		9. 关注教师的文化素养和人文底蕴，让教师有文化、有品位、有特色地从事教育	教务处	付祥、庞海霞

续 表

研究项目	子课题	主要研究内容	落实部门	主要研究人员
和爱儒雅的教师团队建设与实践	探索“自然本真”的教学理念，构建“三自两段五步”教学模式研究	10. 创新“和真慧雅”的课堂文化理念，提升教学品位，用理念和目标引领课堂教学改革——构建“三自两段五步”教学模式	教务处	付祥、庞海霞
文雅的学生素养培育——构建“六雅素养”的教育体系，强化学校的三个特色“学科思维、生命教育、艺体特长”	探索自主学习能力培养策略研究	11.基于学生的学力提高，构建“三自”学习模式，培养学识慧雅的学生。 （1）课前自由预习，开发学生学习潜能。 （2）课内自主探索，培养学生学习能力。 （3）课后自觉学习，提升学生学习毅力	教务处	付祥、庞海霞
	探索生命教育模式——培养学生自主性研究	12. 关注学生的外显素质，成立学生自主管理委员会，培养谈吐温雅、举止文雅的学生	政教处	花红阳、王卫红
		13. 注重学生的道德修炼，开展主题德育活动，培养品德敦雅的学生	政教处	花红阳、王卫红
	完善“高雅社团”的特色教育研究	14. 尊重学生的个性特长，组建特色文化社团，培养气质贤雅的学生	教务处	付祥、庞海霞
博雅的校本课程开发与实践	适合学生综合素养提升的校本课程开发实施研究	15. 重视学生的综合素养，开发校本课程体系，培养内涵博雅的学生。 （1）创新课程设置，探索实施三节小课（晨诵读、午临写、暮演说），引导学生“读经典、写汉字、说收获”，培养他们读书、写字、反思、演讲的习惯	教务处	付祥、庞海霞
		（2）拓展学生的学习空间，做好特色课程的研发	教务处	付祥、庞海霞
		（3）开展综合实践活动，培养学生的生活技能	政教处	花红阳、王卫红

七、课题研究预期成果

课题研究预期成果见表3-2-2。

表3-2-2 课题研究预期成果表

阶段	成果名称	成果形式	完成时间	负责人
阶段成果	培训学习资料	材料	2014年6月	杨波
	基于课改理念指导的和雅教育探索与尝试	论文	2014年12月	罗锐、付祥
	和爱儒雅做杰出教师——例谈儒雅教师团队打造	论文	2015年2月	罗锐、付祥
	和乐文雅做优秀少年——文雅学生培养的实践与尝试	论文	2015年12月	付祥
	过程活动资料图片、课题研究报告、结题报告	结题资料	2016年5月	杨波
最终成果	力行勤创办品牌学校——和雅学校文化构建的实践与思考	论文	2016年7月	罗锐
	《构建学校和雅教育文化的实践研究》报告	结题报告	2016年10月	罗锐、付祥
	构建学校和雅教育文化的实践研究	专著	2016年12月	罗锐

八、课题研究的实施保障

1. 组织形式的保障

本课题研究由校长（罗锐）作为主持人总体负责，副校长（杨波）具体负责，由学校教科室组织实施研究，学校行政人员、各组主研人员、教研组长承担实验的组织、落实和开展工作并参加研究，为课题研究的顺利开展提供有力的组织保障和良好的研究氛围。主持人罗锐为江苏省特级教师、连云港市名师、小学数学学科带头人、连云港市兼职教科员，曾获连云港市“十一五”教科研成果特别奖，连云港市“十一五”教科研优秀个人，主持和参与多个省、市级课题研究并结题。课题组成员都有一定的研究经验及高涨的研究积极性和热情。

2. 课题例会制度的保障

为保障课题研究的顺利进行，在将课题研究的各项内容有机融入学校工作的各个方面的基础上，全体研究人员每月至少进行一次集体研讨。

（1）汇报各组研究进度和实践情况。

（2）汇报实施过程中遇到的疑难问题。

（3）交流研究心得，互通信息和学习体会。

（4）探讨研究解决疑难问题。

（5）安排布置和协调下一阶段的工作。

3. 时间安排

总课题组、子课题小组每两周进行一次学习交流或研究课评课活动。总课题组、子课题小组的活动由组长组织安排，活动时间由各小组安排在周五下午进行。

4. 经费保障

为了确保本课题的顺利开展和圆满成功，学校特制定课题研究经费投入保障制度：

（1）由学校提供课题研究的全部经费，保证课题研究的顺利进行。

（2）课题研究经费主要用于保证研究的物质条件，如理论书籍和研究资料的购买，研究人员的学习培训等，也对在研究过程中取得突出成绩的教师给予奖励。

（3）课题研究经费由专人管理，做好开支记录，学校相关部门予以监管。

第三节 《构建学校和雅教育文化的实践研究》

学校要想办出品位、办出内涵、办出质量，就需要有恰当的教育文化理念作为指导。我校从2011年9月办学伊始就在办学思路上广泛调研思考、全面规划论证和深入分析研究，全校师生形成共识：以和雅文化为学校办学理念核心。为了科学有效地实施和雅教育，2011年我们向连云港市教科所申报课题《和雅教育的实践研究》，经专家论证，于2011年11月获准立项，此后，我校积极开展和雅教育的实践研究，进行了有益的尝试和有效的探索，在学校文化、课堂教学、课程开发等方面形成一定的实践经验，提炼了一些研究成果，于2013年6月结题。与此同时，我们在原有课题研究的基础上，向江苏省教育科研规划领导小组办公室申报了《构建学校和雅教育文化的实践研究》的课题，11月获准立项，批准号为D/2013/02/085，经过一段时间的准备完善，2014年3月开题，我们认真吸取开题论证专家李震教授和张兆权主任的指导意见，重新梳理研究方案、优化整合研究内容，向全校征集子课题，发动教师积极参与课题研究。我们把课题研究和学校教育教学常规工作有机整合，进行常态化推进，经过几年的实践，完成了方案提出的研究任务，取得了良好的预期成果。

一、源起——课题的提出

（一）历史缘由

传统儒家思想核心“仁、义、礼、智、信、恕、忠、孝、悌”倡导崇文重德的人治理念，重视学术品质，重视人的道德素养。当前传承中华传统美德应该是教育的一个重要内容，也是学校践行社会主义核心价值观、全面落实“立德树人”育人目标的主要抓手。

（二）现实需求

用我们的视角看当前社会有严重“缺德”的现象。可能是因为独生子女家风薄弱；可能是因为过分强调自由个性，学生缺少规范意识、缺失礼仪品质；也可能是生活条件优越导致学生耐挫力、意志力不强。

基于以上两点，我校提出和雅教育的理念，立足儿童立场，围绕“立德树人”的育人目标，从“和乐文雅的生命体验、和美博雅的内涵修养、和真慧雅的科学思维”三个维度开展和雅教育实践研究，打造和雅的学校文化，开展慧雅的课堂改革，开发博雅的校本课程。

（三）意义与价值

和雅教育研究的价值有两个方面。

1. 可促进学生作为社会人的素养与品德的提升

构建和谐社会、强调以人为本和树立科学发展观是当今社会的主流，而和雅教育文化重视学生学习的主体性，坚持以人为本的素质教育内容，在尊重规律的基础上力求促进人的全面发展，因此在学校教育中实践和雅教育的理念是顺应时代发展的有效举措，是社会发展的客观需求。

2. 可促进学校育人体系的完善与内涵的丰富

基于学校发展的现状，我校将在和雅教育文化创建上做一定的探索与尝试，提炼以和雅文化为核心的办学理念，构建“和善顺雅”的自主管理机制，促进学校各项工作的开展；倡导“和真慧雅”的课堂文化指导下的“三自五要素”教学，激励学生自主自觉地学习成长；开发“和美博雅”的课程文化，架构多元的校本课程体系，让学生在自主选择中丰富成长经历、丰厚素质素养；用“和合优雅”的理念建设校园，让学校环境饱含课程意蕴和育人功能。

二、依据——理论基础

古希腊的“博雅教育”、约翰·洛克的“绅士教育”以及我国古代儒家教育思想的精髓都为和雅教育实践研究提供了理论基础。

博雅教育即西方经典的Liberal Arts Education，又可译为通识教育、文科教育、人文教育、通才教育、素质教育等。“博雅”的拉丁文原意是“适合自由人”。在古希腊所谓的自由人指的是社会及政治上的精英。古希腊倡导的博雅教育（Liberal Education）旨在培养具有广博知识和优雅气质的人，让学生摆脱庸俗、唤醒卓异。其所成就的不是没有灵魂的专家，而是有文化的人。在现代社会中，博雅教育被认为是一种基于社会中的人的通才素质教育。它不同于专业教育、专才教育。

绅士教育思想是近代欧洲三大教育思潮之一，对英国的学校教育产生了重大影响。绅士教育的理论根源一方面来源于经验唯物主义认识论和资产阶级功利主义伦理观，另一方面源于自由主义的宗教观和社会契约论的政治主张。绅士教育的目标是培养身体健康、精神健全的各种社会活动家和企业家，即绅士。洛克提出绅士应当具备德行、智慧、礼仪和学问四种品质。这反映了英国社会近代化过程中的一种对精英人才的需求，是英国资产阶级新贵族的教育理想，也成为当时公学教育教学的主导理念。绅士教育的主体思想为绅士既要有贵族的风度，能活跃于上流社会和政治舞台，又有事业家的进取精神，是发展资产阶级经济的实干人才，绅士应受体育、德育、智育和礼仪等方面的教育。我国重视发展学生的个性和主体性，注重培养学生的综合素质，注重对学生进行养成教育和心理教育等理念也是受绅士教育的启示而提出的。

我国教育的传统可以追溯到先秦时代的六艺教育和汉朝以后的儒家教育。六艺教育注重综合知识和技能，而儒家教育偏重人格和人文素质。

三、定位——研究目标

本课题研究以和雅文化为核心，构建学校的制度文化、物质文化、精神文化和行为文化。我们努力达成以下四个目标。

1. 探索学校精神文化，提升教育理念，建构和雅教育文化体系

我们将通过和雅教育文化的实践研究，为学校开展与实施新课程改革提供支持。

2. 探索学校物质文化，提升学校品位，形成和雅教育的个性、特质

略。

3. 探索学校制度文化，优化评价机制，建立和雅师生素养内涵

我们将通过学校相关制度的构建和专业成长纲要，探索教师专业素养内涵；通过学生自主管理平台的建立和赏识评价的使用，探索学生成长的“六和”“六雅”素养体系。

4. 探索学校行为文化，优化教育行为，形成和雅学生培养模式

我们将聚焦课程、课堂、课外三个维度的改革，通过德育主题实施生命教育，通过慧雅课堂提升学科思维，通过社团课程丰富艺术素养，探索学习共同体、兴趣小组、文化社团和“选课走班”等综合性教育行为的开发与实施，为培养有才华的文雅学生探索出有效的育人方式。

四、定义——课题研究主要概念及课题的界定

课题研究主要通过三个实践体系来达成三个追求：一是创建“和善顺雅”的管理；二是建构“和真慧雅”的课堂；三是开发“和美博雅”的课程，让学校充满活力的活动焕发学生内在潜质，修炼学生贤雅气质。

和雅是教育的目标，是教育的过程，也是教育的方法，让儒雅的教师走进慧雅的课堂，在和谐的氛围中与文雅的学生平等对话，深度交流，共同分享对知识的理解、对问题的思考、对人生的领悟，最终培养出知书达礼，全面发展的和乐文雅学生。

五、范畴——研究内容

我们把学校文化的精神文化、物质文化、制度文化和行动文化分解为“和合优雅的环境文化建设，和善顺雅的管理文化开发，和爱儒雅的教师文化打造，和乐文雅的学生文化培育，和真慧雅的课堂文化建构，和美博雅的课程文化研发”六项特色工程来进行实践探索。

本课题创新之处在于通过和真慧雅的课堂与和美博雅的课程这两个素质教育的关键阵地，传承经典，接轨现代，构建一种传统与现代相融合的和雅教育。在传承课程改革的理念和实践方法的基础上，我们主张通过创建书香醇美、和合优雅的校园环境，借助和善顺雅的管理，依靠有才能的儒雅教师团队，来培养有才能的文雅学生。

实践研究主要内容包括以下四个方面。

（一）凝练“襟怀和雅，力行勤创”的校训，修炼具有和雅品质的团队精神文化

1. 提炼和雅文化凝聚团队精神

我们以“襟怀和雅，力行勤创”为校训，从学校核心理念、基本理念出发提出学校的学校精神为“和合共济，雅行深致”，追求的学校形象是“和

美温馨，雅致书香”，描绘学校的发展愿景是“传承经典厚积学生文化底蕴，追踪前沿引领教师科研航向，秉承和雅成就学校品牌特色”，确立的办学宗旨为“关注教师生存状态，营造学生成长乐园，撑起生命多彩的天空”。

2. 凝练“和爱儒雅，实践创生”的教风，塑造具有和雅气质的教师文化

“和爱儒雅”为教师文化核心，“实践创生”为教师行动准则，我们在团队助推特色强化，课题引领校本研修，慧雅课堂和雅社团教育教学系列化样本活动中，通过民主管理促进自由发展、引领积极工作。

3. 凝练“和乐文雅，勤学善思”的学风，培育具有和雅气质的学生文化

我们围绕培养科学精神与人文素养和谐发展的文雅学子的目标，努力开创“和乐文雅，勤学善思”浓郁的学风，倡导自主学习、引导自主探索和追求自觉成长。

（二）打造“和美温馨，雅致书香”的学校形象，营造具有和雅品质的校园物质文化

我们把学校物质文化落实为学校六项特色文化工程之一进行探索与实践。我们以和合优雅的文化理念指导学校环境文化建设，全力打造“和爱谦谨，求真向善，书香醇美”的和雅校园环境。课题组成立了优雅校园文化设计中心，主要负责做好优雅校园环境的设计与策划工作。校园文化设计中心的成员努力构建和雅教育理念下的优雅校园文化。

（三）搭建“和顺集智，雅仁通达”的治校理念，营造具有和雅品质的学校管理文化

1. 搭建双线交叉的管理平台，让师生享受成长的快乐

在管理实践中，我们以人为本，以和善顺雅为管理文化追求，把制度管理与情感管理有机结合起来，既重视过程管理，又重视终端管理。我们充分做好学校职能处室的建设，同时还成立了和雅教育研究院，进行事务与业务双线管理。我们建立了以工会和教师民主管理委员会牵头的校务管理委员会，以教务处和教学研究院牵头的教学管理中心，以政教处和学生自主管理委员会牵头的学生成长中心，以总务处和生活技能委员会牵头的后勤保障委员会，以家校共建委员会、第三方与评价监督委员会牵头的家校管理体系，把管理设计成目标、内容、标准、考核等课程性板块，依托年级部、教研组深入推进，以班级为重点分项负责、分层管理和分块考核，使学校管理规范化、制度化、科学化和民主化。

2. 创新多元评价方式，让学生享受成功的快乐

学生的学习行为应该成为激发其内在需求和自觉的行为。这就需要我们引导学生沿着自己的兴趣点进行更深层次的发展，为学生个性发展提供展示的平台，健全人格品质，紧扣赏识激励，开展绿色评价。

我们开展绿色评价，在一、二年级实行无纸化学业考核，其他年级采用等级制学业评价方法，弱化学科分数。我们搭建多元化的评价平台，促进学生自主积极地学习，自信阳光地生活，健康快乐地成长。我们进行展示特长的炫耀性评价，各年级每周组织一次“校园达人秀”表演展示活动，彰显学生的个性特长。我们每学期召开趣味运动会，每年举办六一艺术节，为学生提供展示才艺的舞台。我们进行挖掘潜能的激励性评价，每个年级每周一个版面开展优秀作品展，分享收获的喜悦，增强学生的自信。我们每学期开展“数学小博士”“小小版画家”“校园足球小子”“小小发明家”等专长评选活动，为学生搭建分享的平台，激发学生学习的潜能。我们进行增强自信的赏识性评价，开展“星满校园炫”系列评比活动，班级周评、级部月评、学校学期展示，让文雅之星在校园里闪耀，引领学生品味成功的快乐，激励学生阳光地成长。

（四）紧扣“和真慧雅，力行勤创”的课改理念，探索具有和雅特质的学校行为文化

我们在课题研究过程中努力优化和乐文雅的学校行为文化，从和爱儒雅教师、和乐文雅学生、和美博雅课程、和真慧雅课堂四个层面探索实践学校行为文化，为学校课程改革与课堂教学提供丰富的行为支撑。

1. 和爱儒雅做孔子式教师

儒雅教育的核心理念是做“以人为本的教育”，我们通过营造儒雅环境文化、树立儒雅价值观、培训儒雅教师、培养儒雅学生、学做儒雅家长、开发儒雅课程和创建儒雅课堂等，构建一整套具有儒雅特色的育人体系，形成一个“教师带动学生、学生影响家长、学校影响社会”的良好循环体系，为培育外表优雅、内涵博雅、谈吐文雅、举止典雅、气质高雅的学生奠定了基础，以此打造学校儒雅教育的特色。

我们凝练具有“宽雅的爱生胸怀，博雅的教育知能，邃雅的教学艺术”的儒雅教师品质。

（1）关注教师的工作状态和生活状态。学校成立教育科研研究中心，通过研究中心，吸纳了一批优秀的教师积极参与学校管理。学校的各项制度的制定和决策的形成都能够公开、公平、公正地进行，让教师真正成为学校的主人，从而真正意义上打造出一批符合我校校情的儒雅教师团队。

（2）暖心工程，让教师带着温暖的心走进课堂。①为了教师有健康的身体积极投入到工作中去，学校后勤为每位教师准备丰富的爱心早餐，让教师感受到学校大家庭的温暖，用这种温暖去关爱自身并且能够传递到平常的工作中去。②儒雅教师评比，让教师积极高效地教学。学校从教师的师德修养方面启动"五心"教师评选，每个学期都要评选有爱心、耐心、细心、责任心、将心比心的"五心"教师群体。期末结束还要评选感动校园十佳人物的儒雅教师，通过签订拒绝有偿家教签字仪式、家校共建会议的召开，不断提升我校教师的师德修养。③健心健身活动，让教师心平气和地工作。工会每月开展的文体娱乐活动是让教师能够放松身心的一次集体活动，大家能够有一次集体活动的乐趣，并能在下一阶段的教学中心平气和地工作。学校的太极、武术操都要求教师学会，这样教师也在无形中学会了一样体艺技能，丰富了专业技能。

（3）关注教师的业务素养和专业成长，让教师有信心、有底气和高质量地进行教学。①课堂改革，艺术而有效地教学。教师通过学校的《"三自"教学模式的实践与探索》课题研究，人人都是课题研究者和参与者，课堂教学质量提高，课堂教学水平获得发展，创建了高效的课堂模式，提高了学校的教育教学质量。②校本研修，科学而合理地教学。为了形成科学而合理的教学，我校进行了各个学科的校本研修，特别是"1+2+5"教研范式在我校的实施，在一定程度上为我校儒雅教师的打造提供了场所与时间，并能够真正科学、有效、合理地促进教学。③专业技能，儒雅而专业的群体。我们通过教师的专业研修活动来打造儒雅教师群体。学校投入大量的培训经费，每次安排不同学科的教师参加各级各类专业培训活动：积极参加市、县级别赛课、论文评选活动。我们通过开展学校的和雅论坛，开展名校联盟等大型教科研活动，让专家走进校园，让名师牵手相约，努力改变教师的专业行走方式，引领教师走上科研型、专家型的教师发展道路。

（4）关注教师的文化素养和人文底蕴，让教师有品位、有特色地从事教育。和爱儒雅的学者气质、传统经典的文化素养、琴棋书画的艺术、科学思维的才华、现代文明的时尚元素等都是教师修炼内涵的内容。学校为每一位教师拨专项资金，订阅教育类杂志，为教师购买一万多册教育专著，流动读书，书写博客，通过每日的粉笔字、钢笔字、毛笔字的书写，定期开展教师专业素养单项和全能比赛，促进儒雅教师内涵的发展。

（5）关注教师的团队打造和人才梯队建设，让教师有机会、有能力走出自己的专业之路。①特级教师工作室与名师工作室的专业引导。借助罗锐主持的特级教师工作室和名师工作室的专业引领，我校已经有一批优秀的专业教师成长起来了。通过书香阅读、专家指导、名校联盟等多种方式，我校教师已经在数学、英语、综合、劳技、班主任等方面都能有长足的发展。②教师专业成长团队工作的专向引领。由于儒雅教师的倾力打造，目前我校已经有19位教师成为连云港市“333工程”的学科带头人、骨干教师、骨干班主任，13位教师进入了灌南县“555工程”的团队里。为了有新一批儒雅教师团队的形成，我校进行了青年教师的打造工程，用青蓝结队的方式在我校倾力打造青年教师队伍。目前我校已有多名青年教师，如许伟伟、郜云天等在县青年教师的考核中获得了优秀等级。

2. 和乐文雅做君子式学生

我们引领学生做像君子一样有信心、恒心和责任心的学生，努力成为“举止文雅、谈吐温雅、内涵博雅、品德敦雅、气质贤雅、和学识慧雅”的文雅少年。①构建“和乐文雅”的学生培养模式。我校注重文雅礼仪教育，不间断地开展文明礼仪、尊师重教等方面的教育，使学生外表优雅、谈吐文雅；长期开展爱国爱家、环境保护、美好校园建设活动，使学生内涵博雅；坚持开展吟诵经典、修身明理活动，使学生举止典雅、气质高雅，脱浮躁之气，修雅正之情……使每一个接受过我校教育的学生真正成为一名文雅少年。学校鼓励学生把在学校学到的礼仪带回家，纠正父母不文明的语言、行为，把学校的和雅之气辐射到家庭和社会。②开展和乐欣赏教育。我校每天设立10分钟的“雅乐”欣赏来净化学生心灵，陶冶学生情操。我校通过人手一支葫芦丝的音乐熏陶和学习，每天半小时的师生跳绳运动，让师生锻炼身体，涵养启智，培养师生健康高尚的审美情趣和积极乐观的生活态度，提高师生艺术文化品位。

（1）关注学生的外显素质，成立学生自主管理委员会，培养谈吐温雅、举止文雅的学生。为了让学生积极地进行自我教育，我们在各个年级组建校园小警察、安全守护神、环保小卫士、文明示范岗、学习小标兵等榜样引领委员会，促进学生行为、品德、学习等各种外显素质的提升。

（2）提高学生生命状态，实施“阳光体育”活动，让学生健康生活。我校开发大课间游戏，以武术操、太极操、轻松晨跑、花样跳绳等为常态内容；组建校体育运动队，举行师生体育运动会、亲子体育运动会等；开展体育艺术节，利用啦啦操、小足球、羽毛球等体育类社团活动平台展示阳光运动成果。

（3）尊重学生的个性特长，组建兴趣小组和文化社团，培养气质贤雅的学生。我校开展三级课外活动，丰富学生第二课堂：班级兴趣小组，“我是小达人”自主修炼；年级特长团队，“达人秀”级部展示；学校文化社团，“系列节日节目展”活动展演。

（4）注重体验劳动，开展综合实践活动，让学生学会生活、认识世界。我校开辟“种植园”，通过“班级责任田”的形式，让学生感受生命的神奇，体验劳动的乐趣。我们让学生参与“民族园”建设，通过“民族大家庭”的活动，了解、认识我国民族特点，增强民族意识。我们让学生进入“地球村”，通过“国旗常识秀”活动，放眼世界，认识地球。我们开展系列动手劳动，如包饺子、叠被子等实践活动，增强学生的生活技能，让学生感受生活的幸福。

（5）注重学生的道德修炼，开展主题德育活动，培养品德敦雅的学生。我们通过传统道德、感恩教育、安全教育，现代文明、心理健康、生活新方式，健康教育、环境教育、法制教育，规范走路、文明说话、平等交往、独立生活等系列专题活动不断提升学生的道德水平和行为能力。

（6）搭建和乐互动的育人平台，让学生体验成长过程。我们在做好学校图书室和阅览室建设使用的基础上，还在学生易到达、常停留的地方设置开放式读吧。我们通过学校网站的学生专栏，让学生在家长的带领下开展开放式的学习。

3. 和真慧雅做自主式教学

我们追寻“自然本真”的教学理念，以和真慧雅为课堂文化核心，探索“慧雅课堂”学习范式；开展“1+2+5”特色教研，搭建多维度、全方位师训平台，打造“和真慧雅”的课堂，激活学生自主学习的潜能。

（1）优化课堂师生学习行为，丰富“慧雅课堂”的深度。教学应该是自然的、本源的、真实的，只有基于学生、适合学生的教学才是真实的教学。

我校课堂教学改革以连云港市教育局的“小学深化课改行动计划”和灌南县教育局的“高效课堂”实施方案为指导，注重课前自由预习，强调课内自主探索，重视课后自觉实践，不断完善和丰富“慧雅课堂”教学模式。

课堂教学不仅重视知识的获得过程，更要重视能力的形成和思维的锻炼。在新知学习探究的过程中，我校的课堂重点通过“精彩2分钟”，呈现自学成果；“合作8分钟”，探究新知；交流10分钟，深化理解；反思5分钟，完善认知；新知学习后还安排两个环节——练习10分钟，形成技能；拓展5分钟，发散思维。我们还通过演讲、日记、手抄报的形式展示学习成果，让学生交流学习心得，提升学生的表达应用能力。

（2）提炼“1+2+5”教研范式，丰满“慧雅课堂”的厚度。我们以课堂教学改革、课程资源开发、教学技能创新为目的，开发“1+2+5”主题教研范式——每周的教研活动中，都开展一个主题讲座、两节主题微课、五名教师课堂评析。我们以慧雅教学的本质与特征、慧雅教学的方法与策略为教研的核心内容，从两个方面确立研修主题：一是从教师工作中的实际问题中选出有代表性的问题作为研讨主题，全方位深度剖析问题成因，多角度寻求解决策略；二是按学科内容板块，以同课异构的形式，进行经典课例的开发与打磨，形成该教学领域具有代表性、示范性、可辐射性的经典案例。

4. 和美博雅做自助式课程

我们认为，学校教育应该让学生快乐地生活、健康地成长、智慧地学习。我校提出和美博雅的课程文化理念，对校本课程的开发、实施、评价进行有益的探索。

（1）重构课程体系，丰实学习内容的宽度。多元课程主要针对我校学生的兴趣和需要，结合我校实际，由学校、教师和学生共同自主开发和实施。我们制定了《“和美博雅”多元课程纲要》，进一步完善“和美博雅”多元课程体系。我们从“生命教育、内涵修养和科学思维”三个维度开发出生存技能类、心理健康类、修身养性类、社会能力类、课堂学习类、学科体验类、强身健体类、音乐艺术类、书画艺术类和表演艺术类10个类别共80余门课程，为学生的个性化学习提供了丰富的课程资源。

（2）开辟“课程超市”，丰盈学生成长的温度。我校从课程的角度整合学校的教育教学行为，积极创新教学方式，将学校建成立体式的“课程超市”，以个性化的课程促进学生快乐成长。我们以课程的理念设计与组织学校的各类活动，在活动中为了培养学生的自主管理能力，我们根据岗位需要开设了“人才超市”，将活动中的各项工作岗位摆在“购物架”上，供全校学生自主选择。事实证明，“人才超市”不仅提高了各项课程活动的质量，也有效提高了学生参与活动的积极性与自主意识。我校每周专门设置2课时开展“选课走班”实验活动。学期初，学生就从“和美博雅”多元课程中选择自己喜爱的课程。每周五下午，全校学生打破传统的班级建制，按照自己选择的课程组成新的课程学习班，就感兴趣的内容进行学习。为了提高“选课走班”的质量，我们根据各课程点学生的学习与教师的教学情况，定期开展课程学习效能评价，对课程点的学生实行流动管理。“课程超市”不仅发展学生的兴趣和特长，培养学生的个性，促进学生多元化发展，也为师生发挥自身特长、体现自身价值提供了平台。

（3）创建课程基地，丰厚办学品质的知名度。我校已经建有3个市级学科教室，成功创建连云港市“博雅文化”艺体课程基地、江苏省“慧雅文化”数学课程基地。在课程基地建设中，我们营造浓郁的课程文化氛围，建设数学步道、数学广角、艺术长廊、主题园……让学生在感受中学习；我们开发课程资源，编写校本教材，开发太极操、版画等课程，让学生在探究中学习；建设学习场所，如数学体验室、数学创客室等功能室，让学生在实践中学习；开展体艺达人秀、数学文化节等实践活动，让学生在展示中学习。

以上内容的具体实施，在课题研究总体方案的指导下，把课题研究的内容植根于学校日常工作的方方面面。我校每周的工作安排都从“和雅学校、儒雅教师和文雅学生”三个方面进行规划，努力让和雅教育的课题研究与学校日常工作有机整合，深入师生校园生活，成立和雅教育研究院与教务处、政教处、教科室联合，对5个项目、8个子课题进行15个实际做法的实践研究。在此期间和雅课题研究小组定期有计划、系统地深入开展研究，讨论出具体的阶段目标和各项工作细化的指标，为师生提供和雅标准规范，推进建设进程。

六、行动——研究过程

我校的和雅教育实践研究工作其实始于办学之初，2011年至2013年我们结合学校的工作特色把和雅教育的实践研究申报为市立项课题进行研究，形成了一定的认识和经验，2013年下半年又升级为省立项课题，在连云港市教科所指导下，于2014年3月份在灌南县实验小学开题后，便进入实践研究的实施阶段。围绕课题组拟订的方案，我们主要开展了以下几个方面的工作。

（一）准备阶段（2013年5月—2014年3月）

1. 成立课题组，搭建研究网络

优选骨干教师组建和雅教育研究课题组，全面负责和雅教育研究的规划实施、资料收集、效能评估等。

2. 组织学习培训，丰富研究水平

组织课题组主要成员进行相关理论学习，以阅读的方式进行文献资料的检索，了解学校文化内涵、学校特色创建等理念；借网络公开课等视频资源听专家讲座，吸取其先进的办学思想和教学方法，为课题研究积累基础。在此期间，课题主持人参加了2次省级、4次市级课题研究专项培训，在一定程度上提高了课题研究的领导力。

3. 调查研究分析，了解研究现状

为了全面了解我校文雅少年、儒雅教师、优雅校园的现状，研究小组组织各课题组教师运用问卷调查、访谈、观察等方法对全校师生进行了不同角度的调查分析。我们对文雅少年的“六雅”素养进行观察和调查研究，对家长进行访谈，以了解学生的成长及家庭教育和先前学校教育的情况。通过这些调查分析，我们掌握了学生的基本情况。与此同时，我们还邀请我校骨干教师进行成长经验分享，让更多的教师真切地感受到儒雅教师的基本素养和培养途径，便于在今后的课题研究中，供课题组成员学习参考。

4. 提交开题报告，启动课题研究

在广泛调查、检索学习的基础上，课题组成员确定研究对象、研究原则、研究内容和研究方法，修订研究方案，制订具体的研究工作计划，形成具体可操作的课题研究方法，为课题研究奠定了良好的基础。

（二）实施阶段（2014年3月—2016年9月）

本课题于2014年3月通过专家论证后，便进入实施阶段，在此过程中主要以行动研究和案例研究为主，围绕学校和雅文化的发展进行教育教学实践探索。我们主要开展了以下几个方面的研究。

1. 开展和雅教育专题研究活动，提炼和雅教育理念

我们在教师群体中通过校长讲、行政人员讲、教师讲等全员参与的形式，让大家充分感受和雅、理解和雅，自觉践行和雅教育；几年里我们共开设和雅讲坛20余场次，60多位教师参与宣讲。

2. 开展和雅教育范例探索活动，发掘和雅教育方法

我们把和雅教育的实践研究融入学校常规工作，追求教育教学管理的精致和品质。我们在教学中渗透和雅教育，开展慧雅课堂教学案例研究，以课堂教学改革、课程资源开发、教学技能创新为目的，开发“1+2+5”主题教研范式。

3. 开展和雅教育绿色评价研究，催生和雅教育动力

我们建构和雅素养评价体系：六和——和爱和善，养和习，习性谦和；和乐和美，树和风，风尚悦和；和合和顺，建和家，家风孝和；和容和礼，交和友，友好崇和；和协和同，求和安，安详宽和；和音和吟，诵和文，文韵醇和。我们搭建多元化的评价平台，促进学生自主积极地学习、自信阳光地生活、健康快乐地成长。为了提高评价的激励作用，我们分阶段、分节点，步步落实，具体推进研究方案中的师生活动，每周、每月、每学期都评比不同类别的文雅学生和儒雅教师，树立和雅人物典型，推广和雅先进事迹，营造浓厚的和雅氛围。

4. 开展和雅教育品牌传播活动，丰富和雅教育功能

我们在校内建文化长廊、办校报和校园广播，定期宣传和雅教育活动；每周一次的和雅教育体艺达人秀活动，展示学生才艺，丰富和雅教育过程与内涵；开展系列评比表彰和雅教育先进，即每周一次升旗仪式上周文雅少年评比、每月一次年级文雅少年事迹图片展、每学期一次文雅少年专版报纸和每年一次文雅少年“星满校园”记忆展，宣传和雅教育成果；通过家校共建委员会，协调家庭、社区、学校的和雅教育，开展与社区、学校有关的教育活动。

5. 建立和雅教育实施保障机制，保证和雅教育进程

为确保课题研究有序实施，学校在组织上、制度上、时间上和经费上都加大投入。

（1）组织方面。成立和雅教育研究院，总管课题研究。本课题按学科分为四个小组：语文、数学、英语和其他学科。四个小组互相探讨，交流信息，共同完成课题的研究任务。总课题组重理论研究，课题小组重实践研究。

（2）制度方面。建立课题研究例会制度，全体研究人员每月至少参加一次集体研讨，汇报各组研究进度和实践情况，实施过程中遇到的疑难问题；

交流研究心得，互通信息和学习体会；探讨研究解决疑难问题；安排布置和协调下一阶段的工作。

（3）时间安排。总课题组、子课题小组两周进行一次学习交流或研究课评课活动。

（4）经费方面。加大课题组教师培训学习的投入，加大子课题项目开发的奖励。据不完全统计，几年来和雅教育实践研究的投入达80余万元。

（三）总结阶段（2016年10月）

整理研究数据与资料，对研究效果进行评价；整理优秀教学案例，做好研究论文成果汇编；梳理分析研究过程，总结提炼研究报告；提交结题相关资料，申请结题终期评估。

（四）推广阶段（2016年10月起）

根据结题专家的指导意见，提炼和雅教育理论与实践研究经验与方法层面的策略，做好学校和雅教育发展纲要，用于指导学校工作，提升学校文化内涵、课程特色、教学水平和办学质量。

七、效能——研究成果

我校的和雅教育在和爱儒雅的儒家教育哲学思想的引领下，以“办有品位的学校，塑有品格的教师，育有品质的学生”为发展愿景，以培养“科学精神与人文素养和谐发展的文雅学子”为育人目标，构建有鲜明个性特色和浓郁生命气息的和雅教育。

（一）探索出具有和雅特色的学校文化

我校通过广泛调研、缜密论证，对学校发展愿景、办学宗旨、培养目标、学校管理等进行了理性剖析、精心梳理、整合与提升，提炼出以和雅为核心的学校文化理念系统，成为打造“和美温馨，雅致书香”校园的重要精神力量。

1. 凝聚和爱儒雅的学校精神文化

我校以“襟怀和雅，力行勤创”为校训，以“和诚谦雅，求真向善”为校风，以“和爱儒雅，实践创生”为教风，以“和乐文雅，勤学善思”为学风，以“和顺集智，雅仁通达”为管理理念，以“和善敦品，雅德修身”为德育理念，以“和孝义勇，雅趣有信”为生活理念，以“和贤礼士，雅才汇融”为人才理念，成就学校品牌特色。

2. 构建和善顺雅的学校制度文化

学校将精神文化与制度文化协同管理，出台了《和雅教育发展纲要》《儒雅教师评比方案》《文雅学生评选办法》等文件，注重导向，刚柔相济，为和雅教育发展提供了有力的保障。我校使目标管理与绩效成就同步开展，改变教师被动管理的现状，通过制定教师个人发展规划与落实绩效考核机制，激励教师主动成长；将常规管理与专题研究协同推进，在《长江路小学儒雅教师准则》《长江路小学文雅学生准则》的指导下，开展常规的教育教学工作。与此同时，我校还组织骨干教师开展课程开发、课堂教学改革、“选课走班”等专题性研究工作，不断提升学校办学特色的内涵。

3. 营造和美优雅的学校物质文化

我们建设“和雅温馨、清雅有序、典雅大方、书香醇美”的公园式校园，将和雅文化渗透在学校的楼、路、园、景观等场所建设中，以“雅”命名楼宇，以“和”命名道路，以“品质特征”命名绿园和景观，让学生见物思贤。我们在学生综合学习区悬挂各种励志的名人警句及学生优秀作品，引领学生乐学善思。我们在校园里建有文化长廊、开放书吧、数学步道、数学主题园等，让学校的每个角落都充满浓郁的和雅文化气息和潜移默化的育人功能。

4. 优化和合文雅的学校行动文化

我们从教师文化、学生文化、课堂文化和课程文化四个维度探索学校行动文化的建设策略。我们积极引领教师做像孔子一样细心、耐心、有爱心的教师，打造具有“宽雅的爱生胸怀、博雅的教育知能、邃雅的教学技艺”的儒雅教师团队。我们引领学生做像君子一样有信心、恒心和责任心的学生，努力成为“举止文雅、谈吐文雅、内涵博雅、品德敦雅、气质贤雅、和学识慧雅”的文雅少年。

（二）形成了具有和雅特色的育人方式

1. 打磨出和真慧雅的课堂教学

我们结合学科特点，分类优化提炼，形成以下学科教学模式：语文学科的“问题引领—文本感悟”教学范式，数学学科的“五步”引探式智慧课堂，英语学科的“引悟用”体验式教学范式，音乐学科的“自主唱演”课堂教学模式，体育学科的“游戏式”课堂教学模式，美术学科的“开放式”教学模式，劳技学科的“实践生活”课堂教学模式，综合实践学科的“合作学习”课堂教学模式，品德学科的“情境式”课堂教学模式。

2. 开发出和美博雅的校本课程

我校制定了《“和美博雅”多元课程纲要》，我们从“生命教育、内涵修养和科学思维”三个维度开发出生存技能类、心理健康类、修身养性类、社会能力类、课堂学习类、学科体验类、强身健体类、音乐艺术类、书画艺术类和表演艺术类10个类别共80余门课程，为学生个性化学习提供了丰富的课程资源。

3. 开辟出和乐文雅的德育形式

我们将生活技能与德育活动引入学生管理，以主题活动的形式设计具有社会实践性质的综合活动，让学生在自主活动中提升能力。

（三）形成具有和雅特质的办学策略

我校积极探索与实践和雅文化理念，形成具有校本特色的“123456”的办学策略，积极追寻“和风雅韵”的教育梦想。

（四）形成了具有和雅特质的研修模式

在和雅文化教育的实践研究过程中，我校一直关注教师的成长，致力于探索教师研修的有效模式。在新课改精神引领下，我们以和雅文化为参照，形成了以下研修模式。

1. 围绕和雅，开展专业阅读

阅读，一直是教师研修的最佳路径。我校积极倡导教师进行“真阅读”。除了自主阅读外，学校还建立了电子阅读室；每个办公室还有专门的阅读区域；学校每学期为每位教师征订教育教学类杂志，确保教师及时接触前沿的教育理念；读书沙龙定期、有主题地进行，教师对阅读书目进行深入的研讨与交流，提高阅读效果。

2. 围绕和雅，开展教学研究

学校以“1+2+5”的教研范式为平台，引导教师深入钻研教材，进行教学设计评比。每次教研活动，都有指定的教师进行教材分析，确定教学中的重点和难点，研讨解决问题的措施。教学设计的再加工是活动的重点。每位教师先独立备课，再在教研活动时进行集体备课。教师的教学设计能力得到了提升。近三年来，我校教师的教学设计获得省、市级各种奖项。教师的教学技能训练毫不放松。我校每学期开展一次“儒雅教师”专业技能竞赛，以粉笔字、演讲、教学设计、课堂教学等项目为载体，全面提升教师的教学素养。我校庞海霞、潘广伟等8位教师获市教学基本功、优课竞赛一等奖。

3. 围绕和雅，开展“小焦点”教育科研

我校教研的落脚点在一个“小”字上，将教学中存在的具体问题转化为课题，进行扎实的实践研究。“小焦点”的研修方式让我校教师的专业素养有了极大的提升。我校有省级课题6个、市级课题31个，大部分已结题。同时，我校还围绕教学热点问题开展了专题沙龙活动，确保教育科研虽“小”但“实”。

4. 围绕和雅，开展教学优势展评

我校每位教师都有自己的优势：有人会教学生写作文，有人擅长计算教学，有人善于指导学生默写英语单词……这些优势也成为我校的一种教育资源。教研活动时，只要三五分钟时间，一个片段展示，教师就获得了不少启发，优秀的教育经验也得到了推广。每学期，这些优势都有不同的教师进行展示，也得到了系统的经验积累。

（五）提炼了具有和雅特质的办学品牌

近年来，我校和雅文化品牌在全体长江路小学教师的共同努力下，取得了骄人成绩。

1. 开发和雅校本课程

围绕和雅教育，课题组编撰出版了《和雅文化课程纲要》《慧雅之智》《秋水潮韵》《尚贤思雅》《荷风雅韵》《汇川润雅》系列丛书，诠释了和雅教育的课程理念。

2. 发表和雅系列论文

课题组成员共发表60余篇论文，其中主持人罗锐发表于《教学与管理》上的《慧雅文化小学数学课程基地的创建》等和雅教育研究论文共13篇。撰写论文和论著的编撰丰富了和雅教育的理论。

3. 承办和雅教育活动

我校承办了省、市、县70余次和雅教育专题研究活动；提炼和雅教育理念，注重宣传学习，开设和雅讲坛。

4. 致力和雅品牌宣传

我校在江苏省深化小学课程改革现场会、连云港市教学工作现场会、灌南县走班推进会等会议上交流和雅教育经验8次，接待外校参观10余次，办学经验文章被省级刊物发表宣传5次。

八、反思——存在的问题

课题研究使我校的和雅教育已经形成了可操作的实践体系，和雅文化的教育理念改变了教师和学生的行走方式，提升了学校的质量与品牌。

和雅教育利于培养文雅学生、儒雅教师，我校将继续践行和雅教育理念，让校园充满和雅之气。

参考文献：

[1] 张志明. 论约翰·洛克的教育思想[D]. 呼和浩特：内蒙古大学，2008.

[2] 朱小蔓. 情感教育论纲[M]. 南京：南京出版社，1994.

[3] 张大均. 教育心理学[M]. 北京：人民教育出版社，1999.

第四节　和雅生活感悟录

待人，宽、爱、和、容，不辜负他人的信任与委托；对己，乐、享、信、求，不委屈自己的追求与梦想。善待别人，爱戴自己。

（1）望着阳光生活：期望和理想是好的，我们就向着光明进发，就会获得快乐，活得阳光！要是整天担心这个害怕那个，烦恼和晦气就会如影随形，担心什么就会被什么控制，这就是我们常说的担心什么来什么。不要杞人忧天，做随性自然、和善积极、主动融入的生活主人。

（2）行动才会收获：一开口就讲困难，成长已经远离你；一付出就想回报，机会已经远离你；一做事就想个人利益，收获已经远离你；一有起色就谈条件，未来已经远离你；一合作就想自己如何不吃亏，事业已经远离你。成功的秘诀就是我要，我付出，我愿意！

（3）适度示弱也是一种智慧：生活教会我很多书本上学不到的东西——遇到不可理喻的事情：接受，处理，远离，不追问。

（4）用接纳的心态与别人沟通：我们习惯了听别人的赞扬，更喜欢接受同伴的赞赏，其实在我们的生活工作中，别人未必都能认同我们的观点，未必都能赞赏我们的行为。我们经常会遭遇别人的误解、不理解，甚至反对，但善于解释、沟通、交流，乐于接受反对意见的人并不多，我们应该用悦纳平和的心态思考：别人的反对意见中哪些是善意的？哪些与我的观点是互补的？哪些有些道理？哪些是恶意的、嫉妒的、不正确的？对于正确的反对意见，我们要欣然接受；对于错误的反对意见，我们也没有必要激烈地反驳。我们要学会接受反对意见，用哲学思辨的态度重新审视自己的观点，完善自己的行为体系。这样一定能使我们变得杰出，尤其是管理者，更要修炼这样的气度和胸怀。

（5）走好自己的人生路：我们这一生所有的路都是需要自己亲自走的，

也总有一些事需要自己亲自去做。无论崎岖不平，还是平坦大道，无论一帆风顺，还是坎坷棘手，总得自己去面对，去迎接，去解决。任何人，不论亲疏都无法代替。艰难，我们得自己去克服；困苦，需自己承受；顺利，我们要学会体验；欢欣，我们得自己去感受。用一种感恩平实的心态、淡然求真的心境和友善和爱的心情，把我们的人生路走踏实，把我们一生的事做得愉悦，把我们一生的朋友处得真诚。

（6）幸福是心理感觉：心态、状态、形态、质态。不幸福的表现：选择的痛苦、想象的恐惧、不实的愿望、平庸的生活、固执的自私、紧张的人际、狭窄的处事、膨胀的欲望、麻木的感觉。

（7）诚信也有危机：人与人太熟，就知道刀从哪里捅最痛、最致命。所以害你吃苦的都是和你一起吃饭的那些哥们，管住自己的嘴不要漏出你心里的话。

（8）现在拥有的东西我们常常会忽略，把更多的时间和精力放在得不到的东西上，这不是理想，真正的理想是珍惜当下，拥有今天！

（9）心想事成，心忧事败：在悲观的人眼里，原来可能的事也能变成不可能；在乐观的人眼里，原来不可能的事也能变成可能。悲观只能产生平庸，乐观才能造就卓绝。

（10）像看别人一样反省自我：只看到自己的不足，你会自卑；只看到自己的长处，你会自负。只有冷静、客观地审视自己，坦然面对缺点，并善于发现自己的长处，扬长避短，才能发现优秀的自己。人无完人，敢于正视自己的缺点是一种勇气，善于把自己的缺点转化成优点是一种睿智。优劣无绝对，懂得运用，缺点也能成优点。

（11）路遥知马力，日久见人心：看一个人的人品，不是看瞬间，也不是看细节，而是看长远，时间久了，人品好坏自然凸显。

（12）笑着生活会更好：人只要生活在这个世界上就会有很多烦恼。但是，痛苦和快乐取决于你的内心。再重的担子，笑着也是挑，哭着也是挑。再不顺的生活，微笑着撑过去了，就是胜利。多笑一笑，你的人生会更美好，一定让自己微笑如花，只有具备了淡然如花的人生态度，任何困难和不幸才能被锤炼成通向平安的门路。

（13）教育的生命是生命教育：生命教育应该历练孩子的生活能力，磨砺孩子的生长意志，让孩子滋润地生活、开心地成长，能用心聆听自己生命花开的声音！

（14）学习就要付出：人生最紧要的是在积累时关键的那几步！

（15）要有期望，要有适度的期望：不要埋怨别人让你失望，其实是你自己期望太多！

（16）参访徐州市政奎山小学有感：乔振银校长自然本真的办学理念，宏观方面能整体架构学校德育和教学两个方面的特色与工作；微观方面扎实推进课堂教学改革，用小组合作作为提升学生学习力的切入口。观摩了语文数学两节研修课，总体感觉用小组合作的方式推进徐州市的学讲课堂扎实有效。这样的课改行动中，课堂是学生的，学习是学生的，知识是学生的，方法是学生的，思考也是学生的。教师的引领在关键处、重点处、困难时。教师是课堂活动的组织者，学生出错时的点醒人，学生学习激情的煽动者，学习小组的缔造者。学习小组中每一位成员的学习力体现为：面对陌生而不确定的各种信息，观察寻找发现需要的信息，分析梳理，萌发疑问与不解，进而提出问题引发思考，开启自主探索式的学习。

（17）要有耐挫力：大雪塑青松，苦寒孕红梅，劳苦励青志，鞭挞上红榜！

（18）努力地拼搏：哪有不努力的成功，哪有不竞争的选拔！人生&事业怎一个“拼”字了得！

（19）品高才是人才：我可以能力不高，但不能人品不好！

（20）用文化做事：好的管理培养习惯，好的习惯形成品质，好的品质滋润文化，好的文化涵育素养，好的素养成就品牌，好的品牌润泽幸福。

（21）2016凝练教学主张，慧雅数学，点亮慧雅课堂，全景展示，赞慧雅之智；2017深化课程改革，和雅文化，润泽博雅课程，评价改革，奏和雅之歌。金猴点赞：六载春秋，播撒耕耘，谱写教育篇章；雄鸡放歌：百名园丁，携手并进，共绘文化蓝图。和雅园里，春风化雨迎新春；长江路上，捷报频传贺佳节。

（22）“相识系于缘，相知系于诚！”今天利用期末考试结束的空闲，组织了一年一度的儒雅教师演讲活动，今年我们学校新增42名新成员，他们快速融入学校，快节奏适应工作，高质量创造成绩，传承长江路小学的传统，光大了长江路小学的优势。回首5年，长江路小学从13人、35人、57人，一直到今天的150多人，我们一步一个印痕，一步一个台阶，一步一季收获……展望未来，我们约定在以后长时间的教育路上，在每年的岁末年初，我们相聚，以“说辛苦，晒收获，话感恩，品幸福”为宗旨，回眸过去的一年，展望新的一年，为新的一年描绘，为新的一年憧憬，为新的一年确定目标。为每年确定关键词：2011——相聚，2012——启航，2013——自夸，2014——加油，2015——奔跑，2016——前行……感动，感谢，感恩充斥着我们和雅温馨的长江乐园；辛苦、兴奋、幸运伴随着我们和爱儒雅的教师团队；成功、成长、成名关照着我们典雅大方的学校品质。我们耕耘，我们收获，我们享受教育的幸福。

（23）点赞2016，展望2017——和雅教师年度演讲：说辛苦，晒收获，品幸福，回眸来路，点赞当年，展望来年，憧憬未来。这是一场心灵的交流，这是一场精神的洗礼，这是一场自我的欣赏，这是一场榜样的学习。我们一次一次为同伴的辛酸而流泪，一次一次被同伴的坚韧而感动，一次一次被同伴的成功而激励，一次一次被同伴的机智而同化。我们愿在自己的人生旅途中留下闪眼的印痕，我们愿在同伴的人生财富中注入坚定的能量，我们愿在团队的品牌荣誉中添进智慧的精彩。“一个人走得快，一群人走得远。”让我们一起前行，爱你一起，爱你有奇。让我们一起创造新奇的长江路小学。

（24）群策群力，现场呈现精彩有序；自我赏识，活动取得无法言语的成果——连云港市2016年小学教学工作推进现场会在我校顺利闭幕。感谢市教育局各位领导给我们的平台，增强了我们教育改革与实践的信心，鼓励我们继续探索前行！感谢县教育局领导长期的指导关心，厚积我们教育的方法与底蕴，引导我们规范个性特色前行！感谢我校所有倾力付出的各位教师，你们的创新创造，敬业奉献，让我们的设想落地前行，有你们同行我倍感荣幸！感谢学校孩子们的精彩演绎，你们灵动的学习、聪颖的思维、多彩的生活、多才的展示，让我们之间共同的教育约定生根发芽，成长结果。你们是人生幸福的制造者，为你们提供教育服务我感到无上幸福！加油，爱你要奇！

（25）2015平安夜我写下的祝福语：将好事装进平安的衣袋里，将顺利装进平安的仓库里，将幸福装进平安的夜景里，将甜蜜装进平安的气氛里，将健康装进平安的生活里，将满足装进平安的心愿里，漫步平安夜，畅想平安梦，描绘平安愿，装点平安人生！——愿我、我的家人、我的友人平安幸福！

（26）教育是为了成长，成长是有成本的。人在年轻的时候，千万不要借口工作忙而忽略对孩子的教育，也不能因心疼孩子而舍不得教育，更不能因想占便宜失去对孩子教育的机会。当教育时机过去了，在你年老的时候，一切荣华富贵都是过眼烟云，孩子成长已成定式，一个不成器的孩子，足以让你晚景惨淡。

（27）评价就是欣赏：学校评价应该评学生、评教师、评校长、评学校，关键和核心还是评学生。我的学生评价观是：评价应该具有文化意蕴与育人功能。我们把评价纳入“和善顺雅”的管理与“和美博雅”的课程文化。

（28）让我来试试：尝试是敲开成功大门的试金石，除非你亲自尝试一下，否则你永远不知道你能够做什么。我们常常被自己预想的困难吓得停止向前的脚步，是我们自己剥夺了自己成功的机会！大胆尝试吧，成功就在眼前！

（29）生活不轻松，有工作岗位的烦琐和工作质量的压力，有家庭生活的忙碌和家庭成员的责任，有交友的面子，有自我追寻的欲求……我们有太多的需求和追求，有太多的目标和任务，有太多的责任和放不下，但我们应该这样过每一天：在忙碌和烦恼的时候，煮一杯茶，坐在阳光的窗下，品茶想童年趣事；躺在雨时的床上，听雨品开心乐事；饭后夫妻子女父母一起闲聊……我们定会有不一样的生活趣味！

（30）学习，会在不知不觉中影响你的思想、谈吐、容貌，提升你的内在修养、精神气质、处事能力。现在学习的深度决定今后远行的长度。坚持每天学习一点点，给自己一段灵魂修炼的时光。

（31）我们每天的生活、工作、交友……什么最重要？不是拥有多少财富，不是身处重要显赫的岗位，不是三朋四友吆五喝六，我觉得重要的是我心飞扬，重要的是身体健康，重要的是心情舒畅！所以，不要为钱所累，够用就行；不要为情所困，有爱就行；不要为名而醉，适度就行；也不要为所谓的责任拼命，你一个人改变不了什么，你只能为他人的前行助力，尽力就行。没有身体的健康，一切皆为零！失去生命的存在，一切都归零！！

（32）看见优点，你的教育就成功了一半。著名教育专家魏书生说：“当你把学生看成天使，那你天天生活在天堂里；当你把学生看成魔鬼，那你天天生活在地狱里。”是的，我们的教育会面对性格不同、能力不同、水平不同的学生，可我们却都用优秀的标准去衡量他、要求他，结果事与愿违。那么，我们的地狱和天堂是什么？我觉得地狱是我们对薄弱、缺点、错误的紧盯不放，天堂是方法，解决问题的方法。我们应该用积极的心态审视薄弱与优势，寻找可以突破和提升的点，发掘每个人身上潜在的有个性的特质和优势，探究可行的方法，不断推动每一个人前行。这才是我们教育人应该做的！

（33）目标与过程：一个团队，如果定下的事大家齐心协力，共同努力去为设定的目标和标准而行动，其过程一定是感人的，也是育人的，结果一定是令人振奋的，更是催人上进的！

（34）阅读在一些家庭很难真正实现，所以一些家庭就很难真正脱离平庸的生活。阅读，何时才能真正让阅读习惯植入学生生活，让购书成为家庭消费的自觉部分？

（35）对友人更应心生善念：嫉妒心害人害己。我们心中的嫉妒都不是针对陌生人的飞黄腾达，而是身边亲近人的飞黄腾达。陌生人的飞黄腾达是我们前进的目标，努力的动力；而对身边人飞黄腾达的眼红与嫉妒是友谊的毒药，前进的绊脚石！

（36）学生问苏格拉底：人生是什么？苏格拉底就带着学生从一个果园中走过，让每人挑选一个最大的苹果，不许走回头路。回来后他问：满意吗？学生说：让我们再选择一次吧，我们要么选早了，后面又有更大的；要么选晚了，漏过了最大的。苏格拉底笑了：这就是人生，人生就是一次次无法重复又无法更改的选择。所以，要用欣赏的心态品味自己的选择，用品味的心态看待自己的拥有，用拥有的心态珍惜自己的幸福，用幸福的心态漫步人生。

（37）灵动处之：不同的事，用不同方式处之；不同的人，用不同的态度待之；不同时候，用不同的视角审之。

（38）记忆与忘记都是生活的技巧：我什么也没忘，只是有些事适合收藏，让它成为美好的记忆；有些事像流星一样一闪而逝，留下短暂的印痕；有些事应该封存，不再惹是生非；当然也有些事需要屏蔽，别让它坏了我们的心情，扰乱大家的格局。

（39）珍惜是最好的财富：今天，招聘新教师面试在我们学校进行，体会了就业的艰难，珍惜眼前拥有的职业岗位，不要去挑剔它的不是，用我们的态度和心情积极对待它，不容易啊！

（40）你管不了别人怎么想，人活得糊涂一点挺好。我不太想去知道别人背后是怎么评价我的，人们内心的真实想法总会毫不留情地戳伤你，不要意外，这很正常，不是因为你不好，只是大多数人都会在背后放大你的缺点。

（41）梦想成真之前，总会感觉它是那么遥不可及；当看到别人梦想成真时，总会有我早就想到了，就是耽误了时间没来得及做的想法——坐而论道，空中楼阁！

当别人问你是怎样实现梦想的，你的回答是没什么，只要努力谁都能做到。这不是谦虚，也不是怕别人去学。是真的，梦想是目标，努力是过程，经历中步步紧逼目标，梦想实现就水到渠成！——脚踏实地，力行勤创！

（42）用我想做的心态去做每一件事：做一件事情，心甘情愿地去做，我们就是一种享受创造与快乐的过程；还是做同一件事，迫不得已去做，我们就经历一种受人逼迫与痛苦的过程。不管做什么事，都要先把心情理顺，清空杂念，积极对待！

（43）“过错是暂时的遗憾，错过却是永久的遗憾！”我们常说人非圣贤，孰能无过，生活中偶尔的小过错不要紧，以后注意谨慎、改正和不要再犯，只能让我们的生活带来小小的遗憾，增加一些经历，丰富人生的体验。生命的长河就是每一个美好的相遇。遇到是缘，不可逆转，无法复制，错过了就是一生的遗憾！所以，珍惜你当下的一切——身边的人，不论亲人、同事、朋友、陌路人还是竞争对手，甚至敌人，他们可给你带来或愉悦，或合作，或帮助，或警觉，或动力。从事的工作，不论顺境还是逆境，都是成长的财富！

（44）勇往直前：前路布满荆棘，我们可以迟疑，可以换个角度、换条路，努力前进，绝不能后退！

（45）教育就是为了学生的生活：学校教育应当充满生命活力，让学生在校园里积累生存的技能，体验成长的快乐，享受生活的情趣，追求幸福的人生，提升生命的品质。在学校生活里生命中这四样东西必须有：扬在脸上的自信、长在心底的善良、融进血里的骨气、刻进生命里的坚强。

（46）人之所以宽容在于相互理解，人之所以幸福在于对生活的知足，人之所以痛苦在于不合理的索求太多，人最大的痛点在于被熟悉的人伤了心！

（47）“实际和行动，梦想和希望一样重要。”脚踏实地，让我们低下头，坚定地行动，让梦想成真，让希望变成现实。梦想让我们抬起头，仰望星空，给现实赋予美丽的梦幻，希望给我们带来期待和憧憬，给我们的行动增添动力！

（48）抓住现实中的一分一秒，胜过想象中的一月一年。“生活就得前思后想，想好了你再做。”这是一首歌中的一句，它告诉我们生活需要理想与信念，用我们的梦想描绘生活的蓝图和美好的愿景。而理想的实现需要落地生根，想好后的关键在于做，抓住生活中的一分一秒，每一个机会，每一个平台，努力扎实地做，是我们实现梦想的必经之路。

（49）平凡人就应过平凡的生活：“平平淡淡看世界，踏踏实实写人生！”做世界的看客，当自己人生的主角。这个世界对我们的诱惑太多，名声的、金钱的、权力的、享乐的……也有太多的困惑，个人成长的、家庭和睦的、朋友相处的、职场竞争的……更有许多的收获，内在的涵养、外在的气质、表面的功名、物质的富有、精神的享受……但真正属于我们的是自己的生活，是真实的人生，是我们自己的生命状态。对待世间的繁华和苍凉，我们该用平平淡淡的心态做一名普通的看客。对自己的人生，要做好自己人生的主角、经营者和管理者，踏踏实实地走好每一步，于平坦处快步，于拐弯时探幽，于坡路上攀登；真真切切过好每一天，开心时品读，忧闷时品茶，烦恼时品友；勤勤恳恳做好每件事，顺利时做创新事，平凡中做常态事，逆境中做奋进事！

（50）时间看似永恒，可对于每一个个体来说却是有限的：“生命中，再无聊的时光也是限量版。”在我们的生命中最珍贵的就是时光了，时光流逝不可逆转，请警惕：再无聊的时光也是限量版的，所以我们常说不能虚度光阴，珍惜时间就是珍爱生命，珍爱生命从关心自己的身体、从用好自己的时间开始！

（51）“人生的每一场相遇都是缘分，没有对错！”人生就是一场场的相遇，在不同的地点与不同的人相遇，在不同的时间与不同的事相遇。相遇有时甚至没有选择，我们要把每一场的相遇当作一种缘分，不论好坏，不管对错，积极地相待、友善地对待、乐观地对待，避开消极因素，开发阳光因子，向着明亮那方前行！

（52）“别以时光之名错过那些美好和旧人！”时间都去哪儿了？我们常常会说我太忙了，没有时间陪孩子，敬父母，与兄弟姐妹聊手足情，甚至没时间和爱人说生活，更不要谈反省自己了。最好的家庭和睦是陪伴，最好的事业心是看清自己。在我们的生命里出现过的人和经历过的事，都是我们的财富，要花点时间和我们的亲人培育亲情、和友人畅想事业、和旧人思念共创之路；也要用点时间给我们生活中美好的事，回眸成功的经历，咀嚼人生的味道，经营成长的快乐，品味生活的幸福，停一停，歇歇脚，攒攒劲，往生活的前方奋进，向事业的高地攀升！

（53）“将来的我，一定会感谢现在拼命努力的自己！”回眸今年，期盼来年，我们驻足休憩，欣赏来路上的各种美景。我们穿越时空来到未来的世界，那时的成功，幸福的我们非常感谢今天努力的我，因为今天的努力才有将来幸福的那个我。加油今天，珍惜今天，把握今天，创造今天，丰富今天，为了美好的将来，努力经营好今天。

（54）“生命有限，没留时间给我们带着遗憾迎接每一天！”怀着留恋和惜别的心情告别昨天，带着期待和希望的情怀迎接明天，用珍惜和拥有的状态经历今天，不留遗憾，不留余力，让积极的阳光照进我们的生活。

（55）“可以相信别人，不可以指望别人！”我们生活与工作中都会强调团队的作用，团队成员的合作协调，互助共进，能放大个人功能，减少个人的付出，取得丰厚的效果。但我们应该始终清楚地认识到：鞋子合不合脚，只有脚知道。自己的目标追求、能力水平、思想方法、内在潜能等生命能力要素，只有自己心里有数。就像我们的掌纹，虽曲折纵横，但却掌握在自己手中。别人终归是我们生命的看客，最多在我们困难时给予帮助，所以我们可以相信别人，相信他的友情和对我们的助力，但不能指望别人、依靠别人，路是靠自己走出来，我的责任我做主！

（56）“把不忙不闲的工作做得出色，把不咸不淡的生活过得精彩！”我们都是平凡的人，怎样才算幸福呢？我觉得首先是心情好，把不是优秀的平实的自己看成潜能无限的能人，做自己的欣赏者；还要工作好，把不是白领的平凡的工作不忙不闲地扎实做好，做出色，做自己的增值者；更要生活好，把不是浪漫的平常的生活不咸不淡地过丰实，过精彩，做自己的生活主角。有一个好心情，一个好工作，一个好家庭，你就会拥有一个好生活，一个幸福的人生！

（57）“人生不是等价交换，凡事不要斤斤计较！”我们常常勉励自己，付出必有回报！诚然，要想收获就要耕耘；要想饮水就得挖井。可生活的现实是，耕耘未必一定有硕果，挖井也有无水时，付出不一定有回报。年终了，面对着单位发奖，得奖的高高兴兴，没得奖的失望、怨恨，恨单位领导不公平：荣耀的光环为什么没有照到我，我也努力我也付出，我也有成绩啊。其实，我们知道生活本就不是等量交换，不必事事斤斤计较！大度豁达地对待一切，我们会觉得生活真轻松，人生很惬意！

（58）“繁华三千，看淡即是浮云；烦恼无数，想开便是晴天！”人的一生，总会有因自己的努力和天时地利的优势而顺风顺水，风光无限，繁华三千的时候，这时最重要的是头脑保持清醒，这样繁华于我们的生命而言不算神马，只不过是过眼云烟。生活中，也会有走入低谷，麻烦不断，烦恼无数的时候，这时最关键的是我们要有豁达的心和坚强的意志，把这些烦恼当作人生的历练，天将降大任于斯人也，是苦我心智的！总有云开日出时候，万丈阳光照耀你我！再大的困难，再多的烦恼，想开了就是晴天！

（59）“以树的姿态，活出花的色彩！”树有挺拔的身姿，伟岸的躯干，茂密的枝叶，扎实的根系，这是树的姿态，有了枝繁叶茂和根深蒂固的扎实姿态，才开出多姿多彩的花朵，花的五彩是对树的姿态的回报，是树的另一种神采！

（60）“已走的不要惋惜，留下的好好珍惜！”时间是生命的驾驶员，它会在行驶过程中带走我们的友情，带走我们的青春，带走我们的辛劳，带走……我们想要的，不想要的，也会给我们留下成绩，留下经历，留下遗憾，留下我们需要的，不需要的，我们应该有这样的心态——已走的不要过分惋惜，因为我们可以好好珍惜留下的一切，它是希望！

（61）“做人，不贪，不妒；处事，不掐，不骄！”我们来到这个世界，就是一个有独立思想和独特思维的人，我们有自己的个性，有自己的处事原则，那就是：做人不能过于贪念，过于欲求，更不应这山望着那山高，妒忌好于你的人；处事不看身份地位，只在乎自己的内心，不谄媚上位者，不骄横下位者，世间众人皆平等！

（62）“身处顺境时，不要张扬；身处逆境中也不要轻言放弃！”没有谁能一直顺顺当当，所以在你一帆风顺时记住要保持清醒冷静的头脑，不要过分张扬和忘乎所以，更不要张狂地失去优势和身边的朋友；在我们遇到困难挫折，身处逆境时，要心怀希望，不要气馁沉沦，轻言放弃，乐观分析失利的原因，寻找振作的路径，努力，奋起！

（63）“愿十年后我提着老酒，你还是我的老友！”时间啊，是磨砺意志的磐石，是忘记苦恼的法宝，也是酿造友谊的美酒。

（64）“淡然与心，从容与表，优雅自在地生活！”每天我们要面对很多：忙不完的工作，理不清的家务，操不完的心。其实有一点我们忽略了，那就是生活的快乐与幸福不在于收入的高低、金钱的多少、身份的高低、权力的大小。决定快乐幸福的其实是自己的内心，从容面对面前的困苦磨难，淡然地处理内心的占有欲望，人清自我，把握今天，过优雅的生活！

（65）“也许错过上一站的美好，才能遇见下一站的惊喜！”人生，虽然是一个没有返程的单行道，但即使错过了上一站的美好，也不要灰心，因为还有很多富含惊喜的下一站在等着我们，就看我们能不能把握！

（66）“别把最好的时光浪费在无谓的等待与犹豫不决中！”做事的预期效果，生活的目的追求，人生的目标梦想，都是我们中国梦的有效因子。我们要从理想的层面描绘宏伟蓝图，从行动的层面进行翔实路径的规划，还要从结果的可能性方面进行浪漫美好的预测！有了这些其实还是空中楼阁。行动，真正扎实的，落地的行动，且行且珍惜才是实现梦想唯一有效的方法。别把最美好的时光浪费在所谓的理想规划中，浪费在无谓的等待和犹豫不决中！其实目标和理想能否达成并不重要，生活有许多不确定、新情况和新惊喜！做，真做实干，行，前行攀升，经历才是真人生，过程才是真享受！

（67）“朝阳是新生的力量，新年是希望的伊始！”日出日落，周而复始，一年一度，循环往复！太阳，不会因为我们的拖拉而停止东升西落的节奏；年轮，不会因为我们的珍惜而放慢没有回程的奔驰。每天都有不一样的阳光照耀我们，给我们带来新的气息、新的力量；每天都有不一样的希冀召唤着我们，给我们送来新的生活、新的动力。享受阳光吧，它是上苍给我们用之不竭的能量；珍惜生命吧，它是上帝赐予我们没有返程的单行道。

（68）“送一份平安果，做一生幸福人！”将好事装进平安的衣袋里。

（69）“喜欢的就努力，拥有的就珍惜，失去的就忘记！”人生要明确目标方向，要知道我是谁，我要干什么，我要去哪里，我喜欢什么样的生活，明确我的喜好，就努力把自己的时间、精力、智慧、努力交给它，让它也喜欢你。我们更要有珍惜眼前，珍惜当下，珍惜拥有的心，要在意你的生活，它是快乐的源泉，在乎你的工作，它是你的生活依赖，珍惜你身边的亲人和朋友，他们是你的心灵支柱，珍惜……失去了就很难再拥有。真的失去我们还要有一种释怀的气度，只有忘记失去的，忘记不可能再拥有的，我们才能拥有希望，开创未来！

（70）“永远不要放弃自己想要的东西，等待虽难，但后悔更甚！”我们走向目标，追求幸福的路途不可能一帆风顺，会有许多不便、困难，也会有许多挫折、失败，更会有对手的阻挠、敌视，我们要清醒地认识到：困难与挑战同在，失败孕育着成功，敌视能激发斗志。此时需要我们有一颗坚定不移的心和勇往直前的毅力。虽然道阻且长，困难重重，等待艰难，但等待总是有希望的，若因一点困难而停滞、放弃，我们只能后悔，而后悔对我们的伤害是无法用时间弥补的！

（71）“生活是用来经营的，不是用来计较的！”生活是个万花筒，要用心经营，用心感受，才能有体验与收获，不能患得患失，斤斤计较，那样反而会裹足不前！

（72）“把努力当成一种习惯，而不是一时的热血！”持久的努力是收获成功、实现目标、圆梦的路径和力量。一时的热血可能会带来短暂的快乐，却不易收获理想的成绩！

（73）“没有清醒的头脑，再快的脚步也会走歪！”做任何事情，都应该思考、规划、设计在前，做到心中有数才能有序推进，还要始终保持清醒的头脑，去辨别前行路上遇到的各种问题与诱惑，调整和调节前行的方向与节奏，否则，用力再大也未必如愿，甚至有走偏的可能！

（74）“少走了弯路，也就少看了风景，无论如何，感谢经历。”我们常常自我祈求或祝愿他人一帆风顺，其实一路攀升，顺利登上高峰直接抵达目的地有时未必是好事，那样的成功会很脆弱。而经历曲折的甚至崎岖的道路，可以看尽路边的风景，还能历练我们的心志。人生的路，不通时，选择拐弯；我们的心，不快时，选择看淡；大家的情，渐远时，选择随意。成长是无止境的，生活中很多东西是难以把握的，但是成长是可以把握的，这是对自己的承诺。

（75）“用加法爱人，用减法怨恨，用乘法感恩，用除法解忧！”这是人生的四则运算。我们把自己爱的人和喜欢的事用加法来运算，把自己生活中所有的爱越积越厚；用乘法来对待需要感恩的人和事，谢字当头，让生活正能量大放光芒；用减法和除法运算生活里的烦恼忧愁、麻烦困难等所有消极和负能量。

（76）“不要羡慕别人，不要输给自己。”做人做事挣钱，不论做什么，对待别人时，我们都要做到不歧视比自己差的人，因为他们不知什么时候就有超过我们的可能；也不要羡慕比自己强的人，因为在他们强大的背后你不知道的是他们付出了多少努力和汗水。对待自己，要有信心，勇气和干劲，不能输给自己，要为自己定目标，不断达标，不断超越，不断提升！

（77）“让梦想大于胆怯，让行动盖过言语，让信念强于感觉。”我们可以平凡，但不能没有梦想，为了它，我们永不退缩，永不言弃，永不彷徨。感谢所有的相遇和别离，就像时光刻在心底的纹路，也曾伤感过，惆怅过，但留下的更多的是温暖。

（78）“因为爱过，所以慈善，因为懂得，所以宽容。”我们只有经历过的事，才会懂得，因为懂得，所以才有理解，认同和宽容，因为爱过，所以才有关注，珍惜和慈善。

（79）“事从容则有余味，人从容则有余年。”凡事预则立，不预则废，就是说我们做什么事都应该做好充分准备，从容应对，这样做起来才能游刃有余，才能按预定计划有序推进，在收获成果时也才能有时间品味过程的意味。而我们的生活也是这样，做一个有准备、有计划、有目标、有梦想的人，按人生规划，寻着目标向前，偶尔停下脚步，坐在路旁看看风景，回味来路，体验生活的味道！

（80）“遥不可及的并不是十年后，而是今天以前。”我们常常因为沉醉于昨天的繁华，而忘记自己；畏惧明天的未知，而退缩不前。正确的处理方式是：客观对待昨天的得失功过，理性看待昨天的成绩荣耀，把它当成前进的动力、经验。

（81）朋友是人生路上除了亲人以外最走心的人，他是在你身处逆境、一筹莫展时，能不计报酬地拉你一把，帮你振奋崛起，走出重围的人；在你顺风顺水、一展宏图时，能不顾后果地损你一下，让你沉静反思的人这就是患难与共的朋友，愿我们在一起工作的同事都成为朋友，单位变成没有管理的团队，变管理为相处！

（82）苏州教育的另一种印象：教育质量与核心素养不只体现在学生的素养上，更体现在普通市民的生活细节上。①学生素养在常态交往中体现。我们14日早上7点多到苏州平江实验学校开始一周的跟岗学习，从门卫师傅那里知道校长室在11号楼，进入陌生而宽广的校园，一下子不知11号楼在哪里，边走边找，边找边口中不由念叨：11号楼在哪里呢？这时一个一年级的小朋友走过我们身旁，听到我们的疑虑，热情大方地停下来详细地告诉我们去11号楼怎么走。于此有两点感悟：一是学校教育的全面——在学生课本知识外的教育，一年级新生入学一个月能熟练地了解自己的学校，熟悉身边的环境，折射出学校聚焦核心素养——人和环境。二是孩子大方得体的交流能力。面对陌生人，面对需要帮助的陌生人，孩子能用自己的知识经验给予帮助，这也折射出核心素养的另一方面——交往能力。②学校教育成效更决定了其对社区社会成员的影响力，也就是市民的素质。我对苏州市这一经济高度发达城市市民的素质没有太多感知，一件小事让我有了一个深刻的印象。结束连续几天紧张的跟岗学习，我们准备去周庄游玩，在酒店大厅的一个旅行社找到一个租车的联系电话谈好价格准备去周庄。等到车主来接我们，车主却耐心地向我们介绍："现在去周庄，有许多景点都下班关门了。花钱看不到。"他还建议我们先在苏州市区看看，明天早点儿去，一点儿没有唯利是图商人的样子。感悟：在经济利益面前不忘良心，在有些地方要是遇到这种情况，直接把你送去收钱了事！所以我觉得：教育的成功在于让学校教育扎根学校，着力学生的同时，能辐射社会，影响普通市民，所有人的素养提高才是教育的真谛！

（83）人的发展过程中必须经过一个阶段，那就是教育。提到教育的责任，绝大多数人都会聚焦学校教育，我们往往会忽略另外三个比学校教育还重要的教育：家庭教育、社会教育和自我教育。我们接受三种教育，一种来自父母，一种来自教师，另一种来自社会。

（84）教育不仅仅是捧上一张张高一级学校的录取通知书，更是捧出一个个有鲜明个性的活生生的人；教育不仅仅是追求百分之多少的升学率，更是追求每个学生的生动、活泼、主动发展；教育不仅仅是汇报总结时的经验，检查创建时的数据，评比竞赛时的名次，更是教师与学生共度的生命历程，共创的人生体验，共享的生活情趣，使校园里的人群开心、快乐、幸福的生活！

（85）学校是培养人的地方，肩负着促进学生生命成长与发展的使命。学校文化建设要用整洁优雅的环境感染人、正面阳光的精神引领人、和谐合理的制度规范人、积极活跃的行为历练人。

（86）天天向上：人们常说，我们有三天，昨天、今天和明天。怎样正确对待人生的三天，我以为昨天是用来回味和反思的，明天是用来憧憬和寄托希望的。不论品味昨天的辉煌还是期待明天的希望，都不要忘记和忽略今天的奋斗和享受，因为只有今天的努力才有明天的收获，只有今天的拥有才是幸福的源泉！

（87）把同事当作人生的相遇，把管理当作生活中的相处：人的一生有各种相遇：亲人的相遇、爱人的相遇、友人的相遇、勤奋与成功的相遇、智慧与才华的相遇、地位与名利的相遇……每一种相遇不在早，而在于巧，也就是正好！

（88）自主，自我，自己。做自己的主宰：不要被“别人，金钱和过去”这三个貌似重要的因素左右乃至控制，要为“自己，知识和当下”这三个容易忽略的关键而努力！

（89）生活中白天和昼夜在时间上是一样的，用阴暗的心情看待一切，白天也会成为黑暗，事事失去光明；而用阳光的心态对待一切，昼夜也是白天，处处充满希望。用阳光的心态对待一切时，白天会更辉煌，时时都能创造奇迹！

（90）高贵与敬畏：平凡与高贵的标准，有人把它定位在生活阶层上，有人把它定位在职业种类上，有人把它定位在职位等级上，有人把它定位在生活品质上，不同的人有不同的态度和看法，我的看法是平凡与高贵应该在于我们自己的内在心灵，也就是灵魂的高贵。具有高贵灵魂的人，对他人怀有感恩之心，对生活的环境和条件怀有感激之情，对自己怀有敬畏之意。唯有自我敬畏才会珍惜当下，不会被眼前的利诱迷惑，才会有通透空灵的心！

（91）心胸与力量：我们常说“宰相肚里能撑船”，说的就是人的心胸要宽广。当我们拥有一颗大心时，可以装下自己的喜怒哀乐，装下别人的长处和短处，装下知识与经验，装下社会的真善美，其实也就在我们宽大的心胸中装下了我们生活、成长的力量，在必要时让我们迸发出前进的力量。力量的源泉在我们每个人强大的心中！

（92）为他人着想，为自己而活！我们是生活在人组成的圈子里的，在与人交往的过程中，不能过于自我，言行举止，做人做事，满足自己的同时不能伤害别人的利益，要常想着我能给他人哪些帮助，我做的这件事对他人是否有好处。当我们的行为产生他人收益的附加效果而收获别人的谢意和感恩时，其实这时我们才是真正的受益人。为他人着想，我们就能获得更好的人际关系，成长环境，发展空间；为他人着想，他人就会用他的回报给你以方便和帮助。所以为他人着想是为自己活着的表现！

（93）责任心和善心：我们每一个人都自觉不自觉地承担着各种各样的责任，有对父母的，有对子女的，有对爱人的，有对朋友的，也有对单位对工作的。这些责任或多或少地成为我们生活的负担，因为我们要对自己以外的人和事负责，就要有所付出、有所退让，因而失去自我。而善心也是我们对他人发自内心的支持和帮助。当我们的责任心升格为善心时，我们就会从对他人的帮助中获得精神心灵上愉悦的享受，行善也就成为我们内在的自我需求。

（94）静守心灵的宁静：如今的社会，诱惑太多，变化无常，人与人之间也常常因利益而改变关系，淡化了友谊，甚至自己也会因为各种诱惑而改变自己的本性，改变自己的初衷。当我们回眸时，我们会发现我们因外界的风波而改变了人生航程，偏离了人生轨迹，这时再费力转向纠偏，浪费人生精力。其实我们只要"守住内心的宁静，才不怕外界的风波！"

（95）在我们的生活、工作还有休闲中，所有的一切行为都是有目的的。目的大一些，行动的方向有了明确的指向，这样的目的就是目标；目标再远大些，富含个人的抱负和志向，这样就升华为理想，理想规划我们的生活，引航我们的人生；当理想成为一群人，一个民族乃至一个国家的共同愿望，成长发展为远景时，它就是成了梦想。我们要用一往无前、放纵的心去追逐梦想，用满腔豪情、智慧的行动和努力的拼搏去实现梦想！

（96）我们人人都极力想摆脱贫穷，追求富有的人生，可谁又能看清这世界的贫穷和富有的真正含义呢？什么是贫穷？没钱，缺衣少食，没知识，缺文化，这些都不能算贫穷，我们可以通过努力获得它们。贫穷是贪婪的结果，因为贪婪，就会不断占有，无论我们拥有的物质多么丰富，我们都会觉得不够富有。所以我觉得贫穷和富有其实只是心态，全在一念之间，不要贪婪地想着永远占有，满足才是最大的富有！满足能让我们珍惜当下的一切，因为珍惜，所以我们还会用更好的状态去努力奋斗，从而更进一步；满足能让我们有淡然的心态对待得失，从而有平和的心态和健康的身体，这才是我们人生的财富。

（97）手表和画在手上的表：小时候我们都会在手腕上画个手表，它是我们小孩子期待拥有、向往美好的外在表现，也是孩童纯真特性的彰显。现在我们回忆起来，仍然有着淡淡的甜美和惆怅：画出来的手表虽然不走，但它同样带走了美好的时光，带走了我们的童年，带走了……留给我们的是永久的记忆和深刻的印象！请看清楚我们的生活现实：时间是留不住的，我们能做的是留住美好的记忆，憧憬希望的未来。

（98）交友智慧：理解而不探秘，看透而不看穿。我们每一个人都渴望被理解，被接纳，被欣赏，所以就有了伯牙只为钟子期弹奏《高山流水》的典故，有了刘备为了诸葛亮三顾茅庐的故事。但我们要吸取曹操杀杨修的教训，谁都不愿被看穿，暴露无遗地呈现在别人面前。要留给好友一定的私密空间。交友与做事一样，恰当留白！

（99）梦想，未必都能实现，但我们在追逐梦想的路上会越走越远，离目标越来越近；盲目，注定会让我们原地打转，梦想是我们应该具有的人生精神；勇气，未必全部所向披靡，但勇气能激励我们的行动，增加我们成功的概率；胆怯，一定是无济于事的，勇气是我们必须拥有的生活态度！

（100）路，是迈向目标的路径。通向远方的路，不论平坦还是曲折，一定会到达彼岸。远，是一定的，再累也要做到永不言弃，不要原地踏步，勇往直前，冲！

后 记

任何一所学校都有自己独特的文化魅力，关键在于我们能否发现和把握机遇，能否充分挖掘自身的资源，能否去完善和规划校园建设，并认真地、持之以恒地实施，让其散发出更多的魅力，这显得尤为重要。

学校文化建设是近年来基础教育改革与发展研究的热点问题，也是一个较有争议的问题。2012年，我调入长江路小学工作。7年时间里，我和曾任长江路小学校长的罗锐特级教师一直从事“和雅”文化建设的研究工作。我们秉承实施“和合优雅的环境、和善顺雅的管理、和美博雅的课程、和真慧雅的课堂、和爱儒雅的教师、和乐高雅的学生”六项工程，做优、做实、做强“和雅”教育品牌。在研究的过程中，有过欣喜，也有过迷茫。因为是喜欢的工作，一直坚持了下来……

在撰写本书的过程中，参考了一些专家和学者的资料。由于时间关系，参考文献中未能一一列出，借此一并向所有曾经帮助过本书编写和出版的朋友表示诚挚的谢意！

由于编者在教育领域的研究水平有限，书中的有些内容还不够全面，不够完整。一些观点和文字有不足之处，也有疏漏，还请读者能够见谅，并在阅读中提出宝贵的意见和建议。

付 祥